BA KOMPAKT

Reihenherausgeber

Martin Kornmeier, Duale Hochschule Baden-Württemberg, Mannheim

Gründungsherausgeber

Martin Kornmeier, Duale Hochschule Baden-Württemberg, Mannheim
Willy Schneider, Duale Hochschule Baden-Württemberg, Mannheim

Die Bücher der Reihe BA KOMPAKT sind zugeschnitten auf das Bachelor-Studium im Studienbereich Wirtschaft an den Dualen Hochschulen und Berufsakademien. Sie erfüllen vollständig die im Curriculum zur Erlangung des Bachelor festgelegten Anforderungen (Lerninhalt, Lernmethoden, Konzeption und Ablauf der Veranstaltungen).

Die Reihe BA KOMPAKT zeichnet sich aus durch:

- Fokussierung auf die elementaren Lernziele
- Starker Praxisbezug durch konkrete Beispiele
- Einbindung von Fallstudien für Einzel- und Gruppenarbeit
- Unmittelbare Anwendbarkeit des vermittelten Wissens durch Tipps und Hintergrundinformationen
- Übersichtliche, anschauliche Darstellung durch zahlreiche Kästen, Abbildungen und Tabellen
- Kontrollfragen zur Prüfung des Lernerfolgs

Weitere Bände in dieser Reihe http://www.springer.com/series/7570

Liane Buchholz · Ralf Gerhards

Internes Rechnungswesen

Kosten- und Leistungsrechnung,
Betriebsstatistik und Planungsrechnung

3., aktualisierte und ergänzte Auflage

Liane Buchholz
Berlin, Deutschland

Ralf Gerhards
Mannheim, Deutschland

ISSN 1864-0354
BA KOMPAKT
ISBN 978-3-662-48404-3   ISBN 978-3-662-48405-0 (eBook)
DOI 10.1007/978-3-662-48405-0

Die Deutsche Nationalbibliothek verzeichnet diese Publikation in der Deutschen Nationalbibliografie; detail-lierte bibliografische Daten sind im Internet über http://dnb.d-nb.de abrufbar.

Springer Gabler

Lektorat: Stefanie Brich/Margit Schlomski

Gedruckt auf säurefreiem und chlorfrei gebleichtem Papier

Springer Gabler ist Teil von Springer Nature
Die eingetragene Gesellschaft ist Springer-Verlag GmbH Berlin Heidelberg

Vorwort

Die Kosten- und Leistungsrechnung stellt ohne Zweifel die zentrale Komponente des internen Rechnungswesens dar. Dennoch: In den allermeisten Lehrbüchern werden die anderen Komponenten des internen Rechnungswesens, nämlich die Betriebsstatistik einerseits und die Planungsrechnung andererseits, nur der Vollständigkeit halber erwähnt. Eine tiefer gehende Behandlung dieser Themen unterbleibt weitestgehend.

Dies haben die Verfasser zum Anlass genommen, im vorliegenden Band *alle* Bereiche des internen Rechnungswesens zu behandeln. Gleichwohl liegt der Schwerpunkt auf der Kosten- und Leistungsrechnung.

Der vorliegende Band gibt einen mittels vieler Beispiele und Abbildungen erläuterten, zum Teil durchaus auch vertiefenden Einblick in das gesamte interne Rechnungswesen. Ausgehend von der klassischen Dreiteilung der Kosten- und Leistungsrechnung in die Kostenarten-, Kostenstellen- und Kostenträgerrechnung werden im Abschnitt zur Betriebsstatistik auch die softwaremäßigen Implikationen vorgestellt. Im Abschnitt über die Planungsrechnung werden die wesentlichen betrieblichen Teilpläne sowie die Anforderungen an die Koordination dieser Teilpläne erläutert.

Der vorliegende Band ist vor allem für Studierende in dualen Studiengängen sehr gut geeignet. Sie erhalten in kompakter, aber dennoch vollständiger und aktueller Form das gesamte interne Rechnungswesen vorgestellt. Die hier behandelten Gebiete des internen Rechnungswesens sollte jeder Studierende eines betriebswirtschaftlichen Studiums beherrschen.

Wegen seiner inhaltlichen Vollständigkeit und wegen der vielen veranschaulichenden Beispiele ist der Band auch an Fachhochschulen und Universitäten sinnvoll einsetzbar. Auch für Praktiker, etwa aus der Unternehmensberatung, mögen sich interessante Einblicke ergeben.

Auch die dritte Auflage wurde ergänzt und erweitert. Die Erweiterungen betreffen insbesondere

- die Einordnung der Kosten- und Leistungsrechnung innerhalb der betriebswirtschaftlichen Funktionsbereiche (Kap. 1.6): Geschäftsprozesse sind häufig dadurch gekennzeichnet, dass sie mehrere betriebliche Funktionsbereiche durchziehen. Daher ist es bedeutsam zu erkennen, wie die Schnittstellen der Kosten- und Leistungsrechnung zu anderen Funktionsbereichen aussehen. Damit werden die Interdependenzen innerhalb der betrieblichen Funktionsbereichen herausgestellt, die zum Gesamtverständnis betrieblicher Prozesse unerlässlich sind, in den meisten Lehrbüchern jedoch fehlen.

- die Nutzung von Data Mining-Technologie im internen Rechnungswesen (Kap. 8.5): Die Nutzung von statistischen Verfahren zur selektiven Nutzung der Daten aus dem internen Rechnungswesen nimmt an Bedeutung stetig zu. Es reicht nicht mehr aus, Sachverhalte im internen Rechnungswesen lediglich festzustellen. Viel mehr wird stärker in den Vordergrund gerückt, das Zustandekommen dieser Sachverhalte zu hinterfragen und nach Zusammenhängen zu suchen. Auch dieser Entwicklung wird in der 3. Aufl. mit einem eigenen Kapitel Rechnung getragen.

Anmerkungen und Kritik nehmen wir weiterhin dankend, gerne und jederzeit entgegen.

Berlin und Mannheim, 2016   Prof. Dr. Liane Buchholz
                                                                                    Prof. Dr. Ralf Gerhards

Inhaltsverzeichnis

Abbildungsverzeichnis

Tabellenverzeichnis

Betriebliches Rechnungswesen

1.1 Begriff und Einordnung

Unter dem betrieblichen Rechnungswesen versteht man im Allgemeinen ein innerbetriebliches System zur „Ermittlung, Aufbereitung, Darstellung, Analyse und Auswertung von Zahlen (Mengen- und Wertgerüsten) über den einzelnen Wirtschaftsbetrieb und seine Beziehungen zu anderen Wirtschaftssubjekten" (Weber 1993, S. 2). Demzufolge umfasst das betriebliche Rechnungswesen die Mengen- und Wertgerüste sowohl der innerbetrieblichen Funktionen (Beschaffung, Produktion und Absatz) als auch der Beziehungen des Unternehmens zu seinen Stakeholdern.

Im betriebsinternen Bereich erfolgt die Umwandlung der von außen bezogenen Güter und Dienstleistungen zu fertigen Produkten bzw. Leistungen, die am Absatzmarkt veräußert werden. Im Zusammenhang mit den betriebsinternen Prozessen entstehen Zahlungsströme, die im betrieblichen Rechnungswesen erfasst werden. Darüber hinaus erfolgt im Unternehmen die Umwandlung des aufgenommenen Kapitals in Vermögen. Die Zahlen des betrieblichen Rechnungswesens dienen sowohl der Abbildung der Prozesse von der Produktionsfaktorenbereitstellung über die eigentliche Leistungserstellung bis hin zur Leistungsverwertung (innerbetrieblicher Produktionsprozess) als auch der Abbildung der Prozesse von der Kapitalaufnahme und dessen Umwandlung in Vermögen bis hin zur Verwendung des Vermögens (Finanzierung und Investition).

Das Beziehungsgeflecht des Unternehmens zu seinen Stakeholdern ist ein geschlossenes System von Nominal- und Realgüterströmen. Während Nominalgüterströme Transaktionen im finanzwirtschaftlichen Sinne darstellen, umfassen Realgüterströme Warenbewegungen. Dabei stehen den Realgüterströmen in der Regel immer so genannte Zahlungsströme gegenüber, was nichts anderes bedeutet, als dass Warenbewegungen mit Zahlungen verbunden sind.

© Springer-Verlag Berlin Heidelberg 2016

L. Buchholz und R. Gerhards, *Internes Rechnungswesen,* BA KOMPAKT,

DOI 10.1007/978-3-662-48405-0_1

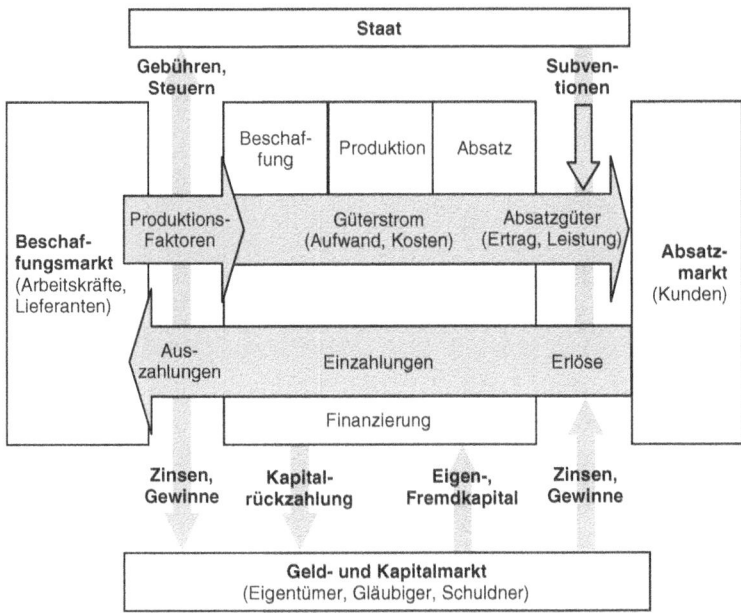

Abb. 1.1 Stellung des Unternehmens im Gütersystem. (Quelle: eigene Darstellung auf der Basis von Kloock u. a. 2005, S. 3, Coenenberg 2003, S. 4)

Die Liste der Stakeholder eines Unternehmens erstreckt sich vom Eigentümer über Gläubiger, Arbeitnehmer und Unternehmensleiter, Lieferanten, Kunden, Öffentlichkeit und Staat bis hin zu den Schuldnern. Zur Systematisierung der Beziehungen eines Unternehmens zu seinen Stakeholdern werden diese in Interessengruppen zusammengefasst. Auf dem so genannten Beschaffungsmarkt agieren Anbieter von Produktionsfaktoren, wie beispielsweise Lieferanten und Arbeitskräfte. Auf dem Absatzmarkt erhalten Unternehmen von ihren Kunden Zahlungen für erbrachte Güter oder Dienstleistungen. Die Öffentlichkeit inklusive des Staates stellt den Unternehmen die erforderliche Infrastruktur zur Verfügung und unterstützt diese gegebenenfalls mit Fördermitteln und Subventionen. Im Gegenzug zahlt das Unternehmen Steuern und Gebühren. Die vierte Interessengruppe, der Geld- und Kapitalmarkt, verbindet das Unternehmen mit seinen Eigentümern, Gläubigern und Schuldnern. Die Beziehungen der Unternehmen zu den genannten Interessengruppen sowie die innerbetrieblichen Prozesse sind in der Abb. 1.1 zusammengefasst.

Alle Mengen- und Wertgrößen sowohl des innerbetrieblichen Bereichs als auch der Beziehungen eines Unternehmens zur Unternehmensumwelt werden, soweit sie quantifizierbar sind, durch das betriebliche Rechnungswesen erfasst, durch zusätzliche, wirtschaftlich relevante Daten ergänzt und in den verschiedenen Stufen des Rechnungswesens abgebildet. Demzufolge umfasst das betriebliche Rechnungswesen sowohl einen

Mengen- als auch einen Wertbereich. Darüber hinaus lässt sich festhalten, dass das betriebliche Rechnungswesen sowohl nach außen (Stakeholdersicht) als auch nach innen (innerbetriebliche Sicht) gerichtet ist.

1.2 Aufgaben

Die Aufgaben des betrieblichen Rechnungswesens lassen sich in drei Kategorien zusammenfassen:

(1) Planungsaufgaben
(2) Kontrollaufgaben
(3) Informations- und Dokumentationsaufgaben

Diese drei Aufgabentypen werden in jedem Bereich des betrieblichen Rechnungswesens in unterschiedlicher Intensität umgesetzt.

Planungsaufgaben erfüllt das Rechnungswesen grundsätzlich durch die Bereitstellung von Daten, die eine Prognose künftiger Entwicklungen beinhalten oder diese unterstützen, wie beispielsweise Erfahrungswerte. Planungsaufgaben werden in allen Bereichen des Rechnungswesens erfüllt. Aufgrund der Komplexität eines Planungsprozesses in einem Unternehmen stellt die betriebliche Planung gleichzeitig ein Teilgebiet des betrieblichen Rechnungswesens dar. Der Unterschied zwischen den Planungsaufgaben des Rechnungswesens einerseits und der betrieblichen Planung als Teilgebiet des Rechnungswesens andererseits besteht darin, dass die verschiedenen Bereiche des Rechnungswesens jeweils erforderliche Informationen in den Planungsprozess einbringen, während die betriebliche Planung die gesamte Koordination und Umsetzung des Planungsprozesses im Unternehmen umfasst.

Die **Kontrollaufgaben** des Rechnungswesens umfassen:

- Überwachung der Einhaltung bestimmter Vorgaben in den einzelnen Bereichen des Rechnungswesens, wie z. B. die Einhaltung bestimmter Planwerte,
- Kontrolle bestimmter Vorgänge, wie z. B. die Zahlungseingänge sowie
- Überwachung bisheriger Entwicklungen, wie z. B. die Entwicklung des Unternehmenserfolgs.

Die **Informations- und Dokumentationsaufgaben** des betrieblichen Rechnungswesens resultieren aus:

- gesetzlichen Vorgaben, wie z. B. dem Handels- oder Steuerrecht,
- vertraglichen Vereinbarungen, wie z. B. Kreditverträgen, oder
- freiwillig auferlegten Informationsverpflichtungen seitens des Unternehmens, z. B. zur Erhöhung der Ergebnistransparenz der Informationen an die Eigentümer.

Die Dokumentationsaufgaben des betrieblichen Rechnungswesens sind sehr umfangreich. Dazu gehören im Wesentlichen:

- die Erfassung aller mengen- und wertmäßigen betrieblichen Vorgänge (Stromgrößen),
- die Feststellung der Bestände und des Erfolgs des Unternehmens,
- die Aufzeichnung von Entwicklungen sowie
- die Darstellung von Vergleichsrechnungen.

Das betriebliche Rechnungswesen ist demzufolge ein Informationssystem innerhalb des Unternehmens, welches alle wirtschaftlich relevanten Daten über vergangene, gegenwärtige und zukünftige innerbetriebliche Vorgänge und Sachverhalte sowie zurückliegende, aktuelle und zukünftige Beziehungen des Unternehmens zu allen Stakeholdern mengen- und wertmäßig erfasst. Mit diesen Vorgängen sind Entscheidungen verbunden, die wiederum Informationen bezüglich spezifischer Fragestellungen sowohl zur Unternehmensumwelt als auch zu innerbetrieblichen Tatbeständen erfordern. Das interne Rechnungswesen eines Unternehmens gilt als **geschlossenes Informationssystem** zur:

(1) Informationsgewinnung
     z. B. durch Inventur,
(2) Informationsverarbeitung und -speicherung
     z. B. durch Buchung von Belegen in Buchungssystemen,
(3) Informationsauswertung und -interpretation
     z. B. durch Zusammenführung verschiedener Einzelinformationen,
(4) Informationsweiterleitung
     z. B. durch innerbetriebliches Berichtswesen.

Die Geschlossenheit des Systems wird durch die Abfolge des Informationsprozesses deutlich. Die Informationen werden im betrieblichen Rechnungswesen gewonnen, weiterverarbeitet und gespeichert, ausgewertet und interpretiert sowie am Ende an die Informationsempfänger weitergeleitet.

Zur Erfüllung der in diesem Abschnitt erläuterten Aufgaben wird das Rechnungswesen in verschiedene Teilgebiete untergliedert.

1.3   Systematisierung und Teilgebiete

Die dargestellten Aufgaben des Rechnungswesens machen verschiedene Teilrechnungen erforderlich. Auf der Grundlage der unterschiedlichen Stromgrößen des betrieblichen Rechnungswesens werden vier verschiedene Teilrechnungen unterschieden, die aus Abb. 1.2 hervorgehen. Diese Teilrechnungen lassen sich wiederum in die Teilgebiete des betrieblichen Rechnungswesens überführen.

Teilrechnungen	Stromgrößen	Salden	Bestandsgrößen
Finanzrechnung	Einzahlungen Auszahlungen	Zahlungssaldo	Geldvermögen
Liquiditätsrechnung	Einnahmen Ausgaben	Zahlungssaldo im weiteren Sinne	Liquidität
Gewinn- und Verlustrechnung, Bilanz	Erträge Aufwendungen	Gewinn oder Verlust	Gesamtvermögen
Kosten- und Leistungsrechnung	Leistungen Kosten	Betriebsergebnis	Betriebsvermögen

Abb. 1.2 Teilrechnungen des betrieblichen Rechnungswesens und die damit verbundenen Grundbegriffe

Die ersten drei Teilrechnungen der Abb. 1.2 werden Sinne in der **Finanz- oder Geschäftsbuchhaltung** durchgeführt. Dabei werden die ersten beiden Teilrechnungen im engeren Sinne der Finanzwirtschaft im Unternehmen zugeordnet und fachlich im Wissenschaftsgebiet Finanzierung und Investition abgehandelt. Aus didaktischen Gründen und zur Herleitung der Grundbegriffe des Rechnungswesens werden im Weiteren die Grundbegriffe der Finanz- und Liquiditätsrechnung betrachtet. Die Finanz- oder Geschäftsbuchhaltung ist zugleich das erste Teilgebiet des betrieblichen Rechnungswesens, welches auch als **externes Rechnungswesen** bezeichnet wird, da es im Wesentlichen Informationen für außenstehende Dritte, so genannte Externe, bereitstellt. Demgegenüber stellt die vierte und letzte Teilrechnung der Abb. 1.2 das zweite Teilgebiet des betrieblichen Rechnungswesens dar. Dieses wird in Abgrenzung zum erstgenannten häufig auch als **Betriebsbuchhaltung** oder **internes Rechnungswesen** bezeichnet. Damit soll zum Ausdruck kommen, dass die innerbetrieblichen Vorgänge und Tatbestände in diesem Teilgebiet erfasst und ausgewertet werden und zur Information der Entscheidungstrager innerhalb des Unternehmens dienen. Die wesentlichen Unterscheidungsmerkmale zwischen dem externen und internen Rechnungswesen sind in Abb. 1.3 zusammengefasst.

Während die primären Aufgaben des externen Rechnungswesens in der Erstellung der Bilanz sowie in der Durchführung der Gewinn- und Verlustrechnung, der Finanzrechnung und der Liquiditätsrechnung liegen, erfüllt das externe Rechnungswesen zugleich sekundäre Aufgaben für eine Kosten- und Leistungsrechnung, und damit für das interne Rechnungswesen. Diese sekundären Aufgaben bestehen insbesondere in der Abgrenzung der Kosten und Erlöse von den Aufwendungen und Erträgen sowie in der Bereitstellung der Mengengerüste für die vom externen Rechnungswesen abweichenden Bewertungen verschiedener Verbräuche.

Demgegenüber besteht die primäre Aufgabe des internen Rechnungswesens in der Durchführung der Kosten- und Leistungsrechnung, wobei auch das interne Rechnungswesen sekundäre Aufgaben für die Geschäftsbuchhaltung erfüllen kann. Diese sekundäre

Unterscheidungsmerkmal	Externes Rechnungswesen	Internes Rechnungswesen
Stromgrößen	Einzahlungen/Auszahlungen Einnahmen/Ausgaben Erträge/Aufwendungen	Erlöse/Kosten
Zielgrößen	externer Erfolg = Ertrag – Aufwand	interner Erfolg = Leistung – Kosten
Informationsrichtung	nach außen gerichtet	nach innen gerichtet
Gesetzliche Grundlagen	Handelsrecht, Steuerrecht	keine gesetzlichen Grundlagen
Zeithorizont	üblicherweise das Geschäftsjahr	unterschiedlicher Zeithorizont je nach Informationszweck
Sachlicher Bezug	Tatbestände und Vorgänge des gesamten Unternehmens	Tatbestände und Vorgänge des Unternehmens, soweit sie den originären Betriebszweck und den betrachteten Zeithorizont betreffen
Aufgaben	Ermittlung des Jahreserfolgs sowie der Vermögens- und Schuldenbestände	Ermittlung des kurzfristigen Betriebserfolgs sowie des betriebszweckgebundenen Vermögens bzw. der betriebszweckgebundenen Schulden
Ergebnis	Gewinn oder Verlust, Bilanz, Jahresabschluss	Betriebserfolg, umfangreiche Kosteninformationen
Aussage	gibt an, wie erfolgreich das Unternehmen insgesamt war	gibt an, wie erfolgreich das Unternehmen bei der Erfüllung des originären Betriebszwecks war

Abb. 1.3 Unterscheidungsmerkmale zwischen externem und internem Rechnungswesen

Aufgabe des internen Rechnungswesens besteht insbesondere in der Bestimmung der Kosten zur Bewertung von Beständen an unfertigen und fertigen Erzeugnissen.

Betrachtet man das Rechnungswesen in der Aufbauorganisation eines Unternehmens, so kann es in Abhängigkeit von der Unternehmensgröße in einer oder mehreren Organisationseinheiten des Unternehmens umgesetzt werden. Häufig wird das externe Rechnungswesen in größeren Unternehmen aufgrund der zu bewältigenden Informationsmengen weiter unterteilt und in eigenständigen Abteilungen organisiert. Beispiele hierfür sind die Materialbuchhaltung, die Lohn- und Gehaltsbuchhaltung oder auch die Anlagebuchhaltung, die in eigenständigen Organisationseinheiten geführt werden können. Die aufbauorganisatorische Gliederung des Rechnungswesens findet aufgrund ihrer Abhängigkeit von der Unternehmensgröße in diesem Lehrbuch keine weitere Beachtung.

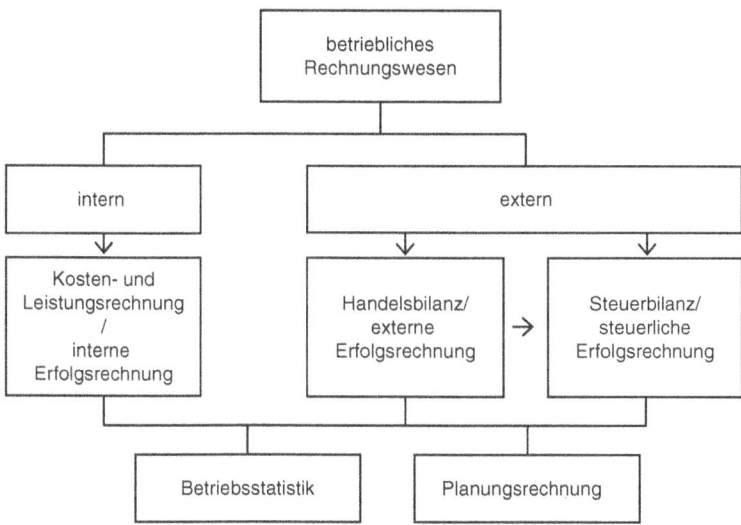

Abb. 1.4 Teilgebiete des betrieblichen Rechnungswesens. (Quelle: Däumler und Grabe 1993, S. 16)

Neben den beiden oben genannten Teilgebieten, dem externen und internen Rechnungswesen, werden dem betrieblichen Rechnungswesen darüber hinaus **die Betriebstatistik sowie die Planungsrechnung** als Teilgebiete zugeordnet. Das betriebliche Rechnungswesen umfasst demzufolge vier Teilgebiete:

(1) die Finanz- oder Geschäftsbuchhaltung (externes Rechnungswesen), die einen Überblick über die Vermögens- und Ertragslage des Unternehmens liefert,

(2) die Kosten- und Leistungsrechnung oder Betriebsbuchhaltung, die alle angefallenen Kosten erfasst und den verschiedenen Stellen und Produkten des Unternehmens zuordnet,

(3) die Betriebsstatistik, die verschiedene Daten und Informationen des betrieblichen Rechnungswesens in Kennzahlen, Tabellen und Grafiken zusammenfasst bzw. auswertet,

(4) die Planungsrechnung, die künftige Entwicklungen in Zahlen und Informationen zusammenfasst und dabei verschiedene Teilpläne darstellt.

Während die Finanz- (1) und die Betriebsbuchhaltung (2) klar voneinander abgegrenzte Teilgebiete des Rechnungswesens darstellen, bauen die Betriebsstatistik (3) und die Planungsrechnung (4) wahlweise auf dem externen und dem internen Rechnungswesen auf. Einen zusammenfassenden Überblick über die Teilgebiete des Rechnungswesens gibt die Abb. 1.4.

Stromgrößen	Erläuterung
Einzahlung	Zugang an Bar- und Buchgeld innerhalb einer Periode
Auszahlung	Abgang an Bar- und Buchgeld innerhalb einer Periode
Einnahme	Wert eines veräußerten Produkts oder einer abgerechneten Dienstleistung in einer Periode
Ausgabe	Wert eines zugegangenen Realguts oder einer Dienstleistung in einer Periode
Erträge	Wert eines erzeugten Produkts oder einer erbrachten Dienstleistung in einer Periode
Aufwendungen	Wert eines verbrauchten Realguts oder einer in Anspruch genommenen Dienstleistung in einer Periode
Leistungen/Erlöse	Wert eines erzeugten Produkts (Dienstleistung), welches dem originären Betriebszweck des Unternehmens zugeordnet ist, in einer Periode
Kosten	Wert eines verbrauchten Realguts (in Anspruch genommene Dienstleistung) für die Erstellung der typischen betrieblichen Leistung (Betriebszweck) innerhalb einer Periode

Abb. 1.5 Stromgrößen des betrieblichen Rechnungswesens

1.4   Grundbegriffe

In den einzelnen Teilgebieten beziehungsweise Teilrechnungen des betrieblichen Rechnungswesens werden verschiedene Stromgrößen[1] erfasst, für die feststehende Grundbegriffe verwendet werden (siehe auch Abb. 1.2). Eine klare Abgrenzung der verwendeten Begrifflichkeiten ist insofern von großer Bedeutung, als nur so späteren Missverständnissen aufgrund der Begriffsvielfalt im Rechnungswesen vorgebeugt werden kann. Gleichzeitig setzt das Verstehen der Zusammenhänge und Wirkungsweisen innerhalb des betrieblichen Rechnungswesens das Verständnis der Stromgrößen voraus.

Im betrieblichen Rechnungswesen werden acht Grundbegriffe für Stromgrößen unterschieden. Sie bilden vier Begriffspaare, die den vier Teilrechnungen des betrieblichen Rechnungswesens zugeordnet werden können und sich auf die zwei Teilgebiete, das externe und das interne Rechnungswesen, verdichten lassen.

In den Erläuterungen der Abb. 1.5 wird jeweils Bezug genommen auf eine Periode. Diese kann unter den Teilrechnungen des betrieblichen Rechnungswesens verschieden sein und zwischen einem Tag und einem Jahr variieren. Die oben stehenden

---

[1]Stromgrößen sind Werte, die im Zusammenhang mit Geldbewegungen im Unternehmen anfallen und in den verschiedenen Teilrechnungen des betrieblichen Rechnungswesens erfasst werden.

Auszahlungen	Einzahlungen
+ Schuldenzugänge, die in Folgeperioden gezahlt werden und zu späteren Auszahlungen führen	+ Forderungszugänge, die in Folgeperioden bezahlt werden und zu späteren Einzahlungen führen
– Schuldenabgänge aus vorangegangenen Perioden, deren Zahlung in dieser Periode erfolgte	– Forderungsabgänge aus vorangegangenen Perioden, deren Zahlung in dieser Periode erfolgte
– Auszahlungen, die nicht im Zusammenhang mit der Beschaffung von Gütern/Dienstleistungen in der Periode entstanden sind	– Einzahlungen, die nicht im Zusammenhang mit der Veräußerung von Produkten/Dienstleistungen stehen
= Ausgaben	= Einnahmen

Abb. 1.6 Zusammenhang zwischen den Stromgrößen der Finanz- und Liquiditätsrechnung

Stromgrößen stellen in den betrieblichen Teilrechnungen jeweils Begriffspaare dar, die näher erläutert werden.

Einzahlungen und Auszahlungen sind die Grundbegriffe der Finanzrechnung. Auf der Grundlage der Ein- und Auszahlungen wird beispielsweise der Finanzplan eines Unternehmens erstellt oder der Überhang bzw. das Defizit an Zahlungsmitteln festgestellt. Die Differenz zwischen Ein- und Auszahlungen ist die Bestandsveränderung an Bar- und Buchgeld eines Unternehmens.

Einzahlungen sind die Geldmittel, die dem Unternehmen zufließen, wobei der Zweck des Mittelzuflusses irrelevant ist. So kann eine Einzahlung beispielsweise vorliegen, wenn ein Kunde des Unternehmens seine Rechnung bezahlt oder ein Arbeitnehmer des Unternehmens ein Arbeitnehmerdarlehen zurückzahlt.

Auszahlungen sind die vom Unternehmen gezahlten Geldbeträge, wobei auch hier der Zweck der Zahlung keine Bedeutung hat. So ist die Bezahlung eines gelieferten Anlageguts in gleicher Weise eine Auszahlung wie beispielsweise eine Lohn- oder Gehaltszahlung.

Einnahmen und Ausgaben sind Grundbegriffe der Liquiditätsrechnung. Sie ergeben sich aus den Bewegungen der Forderungen und Verbindlichkeiten gegenüber vorangegangenen Perioden. Auf der Grundlage der Einnahmen und Ausgaben wird beispielsweise der Liquiditätsplan eines Unternehmens erstellt. Die Differenz zwischen Einnahmen und Ausgaben mehrt oder mindert die Liquidität des Unternehmens.

Zwischen den beiden Begriffspaaren der Finanz- und Liquiditätsrechnung besteht ein rechnerischer Zusammenhang, wie Abb. 1.6 zeigt.[2]

---

[2]Der rechnerische Zusammenhang zwischen den Begriffspaaren der Finanz- und Liquiditätsrechnung wird in verschiedenen Literaturquellen unterschiedlich dargestellt.

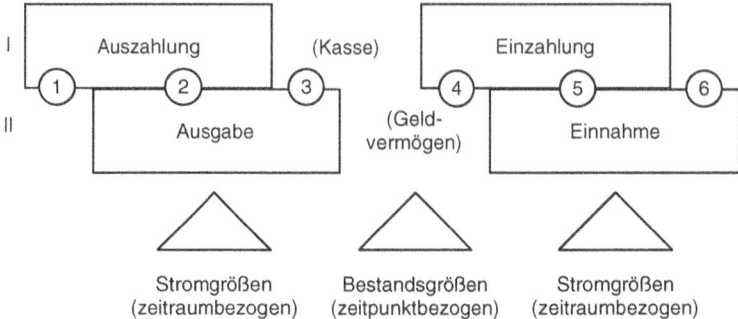

I/II: Ebene der Finanz- und Liquiditätsrechnung

Abb. 1.7 Abgrenzung zwischen Aus- und Einzahlungen sowie Ausgaben und Einnahmen. (Quelle: eigene Darstellung auf der Basis von Haberstock 2005, S. 16)

Fall	Begriff	Beispiele
1	Auszahlungen, die keine Ausgaben sind	Tilgung eines Kredits
2	Auszahlungen, die gleichzeitig Ausgaben sind	Kauf und Bezahlung von Rohstoffen in einer Periode
3	Ausgaben, die keine Auszahlungen sind	Zielkauf von Waren
4	Einzahlungen, die keine Einnahmen sind	Aufnahme eines Kredits
5	Einzahlungen, die gleichzeitig Einnahmen sind	Barverkauf von Produkten
6	Einnahmen, die keine Einzahlungen sind	Zielverkauf von Waren

Abb. 1.8 Abgrenzungsbeispiele zwischen Aus- und Einzahlungen sowie Ausgaben und Einnahmen

Während in der Regel die Masse der Aus- und Einzahlungen in der gleichen Periode auch Ausgaben und Einnahmen sind, gibt es darüber hinaus Unterschiedsbeträge zwischen den beiden Teilrechnungen. Abb. 1.6 verdeutlicht, dass es Aus- und Einzahlungen gibt, die keine Ausgaben bzw. Einnahmen sind (Abzugsbeträge). Darüber hinaus gibt es Ausgaben und Einnahmen, die keine Aus- und Einzahlungen sind (Additionsbeträge). Diese Unterscheidung wird auch als Abgrenzung der Aus- und Einzahlungen von den Ausgaben und Einnahmen bezeichnet (Abb. 1.7).

Die in Abb. 1.7 verwendeten Nummerierungen bilden die Basis für die Erläuterungen in Abb. 1.8 und dienen der fallweisen Beschreibung.

Die Nummerierungen in der oben stehenden Abbildung dienen der nachfolgendenfallweisen Beschreibung.

Ausgaben	Einnahmen
– Ausgaben für Güter und Dienstleistungen, die in späteren Perioden verbraucht werden	– Einnahmen für Leistungen aus früheren Perioden
– Ausgaben, die nicht durch einen Verbrauch an Gütern und Dienstleistungen verursacht wurden	+ Wertzuwachs durch selbst erstellte und selbst genutzte Vermögensgegenstände
+ Ausgabenfür Güter und Dienstleistungen aus früheren Perioden, die in dieser Periode verbraucht werden	+ zukünftige Einnahmen für in dieser Periode erstellte Leistungen
= Aufwendungen	= Erträge

Abb. 1.9 Zusammenhang zwischen den Stromgrößen der Liquiditätsrechnung und der Geschäftsbuchhaltung

Aufwendungen und Erträge sind Grundbegriffe der Ergebnisrechnung bzw. der Gewinn- und Verlustrechnung. Die Differenz zwischen Erträgen und Aufwendungen ist der Gewinn oder Verlust des Unternehmens, der das Gesamtvermögen des Unternehmens mehrt oder mindert. Aufwendungen sind dabei der gesamte Werteverzehr an Gütern und Dienstleistungen in einer Abrechnungsperiode, während die Erträge alle Wertzugänge, die dem Unternehmen innerhalb einer Periode aus der Erstellung von Produkten und Dienstleistungen zufließen, umfassen.

Zwischen den Begriffspaaren der Liquiditätsrechnung und der Gewinn- und Verlustrechnung besteht ebenfalls ein rechnerischer Zusammenhang, der in Abb. 1.9 aufgezeigt ist.

Auch in dieser Darstellung wird deutlich, dass es Ausgaben und Einnahmen gibt, die nicht als Aufwendungen bzw. Erträge gelten und umgekehrt. Zur Unterscheidung dient nachfolgende Grafik, wobei die Nummerierungen in gewohnter Weise zur weiteren Beschreibung verwendet werden.

Aus Abb. 1.10 gehen die nachfolgend aufgeführten Unterschiede zwischen den Grundbegriffen der Liquiditätsrechnung und der Gewinn- und Verlustrechnung hervor.

Aus der Gegenüberstellung von Erträgen und Aufwendungen ergibt sich für das betrachtete Geschäftsjahr der Erfolg des Unternehmens. Diese Darstellung dient ausschließlich der Abbildung des Unternehmenserfolgs für externe Informationsempfänger. Für die Kosten- und Leistungsrechnung werden sowohl Aufwendungen als auch Erträge in (Abb. 1.11):

- dem Betriebszweck dienende und
- neutrale Bestandteile untergliedert.

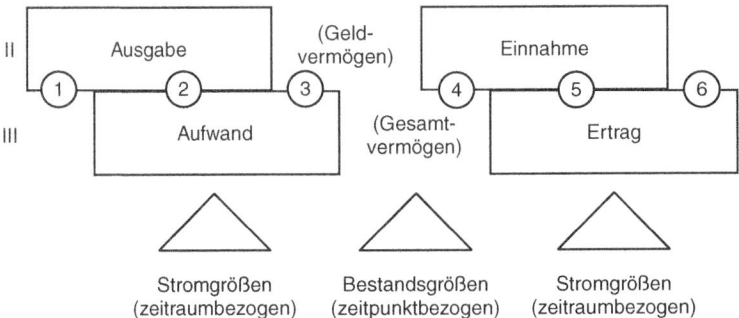

Stromgrößen   Bestandsgrößen   Stromgrößen
(zeitraumbezogen)   (zeitpunktbezogen)   (zeitraumbezogen)

II: Ebene der Liquiditätsrechnung
III: Ebene der Finanzbuchhaltung (Bilanz und GuV)

Abb. 1.10 Abgrenzung zwischen Ausgaben und Einnahmen sowie Aufwendungen und Erträgen. (Quelle: eigene Darstellung auf der Basis von Haberstock 2005, S. 16)

Fall	Begriff	Beispiele
1	Ausgaben, die keine Aufwendungen sind	Kauf von Rohstoffen (auf Lager) und Verbrauch in einer späteren Periode
2	Ausgaben, die gleichzeitig Aufwendungen sind	Kauf und Verbrauch von Rohstoffen in der gleichen Periode
3	Aufwendungen, die keine Ausgaben sind	Verbrauch von Rohstoffen aus Lagerbeständen
4	Einnahmen, die keine Erträge sind	erhaltene Anzahlungen
5	Einnahmen, die gleichzeitig Erträge sind	Verkauf von Produkten/Dienstleistungen, die in der Periode hergestellt bzw. erbracht wurden
6	Erträge, die keine Einnahmen sind	Herstellung einer eigengenutzten Anlage, Produktion von Erzeugnissen (40 auf Lager) und Verkauf in einer späteren Periode

Abb. 1.11 Abgrenzungsbeispiele zwischen Ausgaben und Einnahmen sowie Aufwendungen und Erträgen

Die Abbildung verdeutlicht die konkrete Unterteilung der Erträge. Diese Darstellung ist vollständig auf die Gliederung der Aufwendungen übertragbar. Es müssen lediglich die Begriffe Ertrag und Aufwand getauscht werden. Aus diesem Grund wird auf eine gesonderte Darstellung der Unterteilung der betrieblichen Aufwendungen verzichtet.

Zu den neutralen Erträgen und Aufwendungen:

(1) Betriebsfremde Erträge und Aufwendungen
Diese umfassen all jene Positionen, die nicht aus dem Betriebszweck resultieren. Dabei können betriebsfremde Erträge und Aufwendungen sowohl regelmäßig als auch unregelmäßig anfallen. Bei regelmäßigem Anfall werden die Positionen als ordentliche Erträge bzw. Aufwendungen in einer Gewinn- und Verlustrechnung des Unternehmens ausgewiesen. Ein typisches Beispiel für regelmäßige betriebsfremde Erträge ist der Mietertrag eines Unternehmens aus der Vermietung eines Gebäudes.[3] Für regelmäßige betriebsfremde Aufwendungen ist die regelmäßige Zahlung von Zuschüssen zum Betriebskindergarten ein mögliches Beispiel. Fallen hingegen betriebsfremde Erträge und Aufwendungen unregelmäßig an, so werden sie in der Gewinn- und Verlustrechnung des Unternehmens als außerordentliche Erträge bzw. außerordentliche Aufwendungen ausgewiesen. Beispiele dafür sind Erträge aus dem Verkauf eines nicht betrieblich genutzten Grundstücks (außerordentlicher Ertrag) bzw. gelegentliche und steuerlich abzugsfähige Spenden (außerordentlicher Aufwand).

(2) Außergewöhnliche Erträge und Aufwendungen
Diese Positionen sind in Art und Umfang von dem Ergebnis aus gewöhnlicher Geschäftstätigkeit zu trennen. Sie fallen unregelmäßig oder gar einmalig an und können sowohl betrieblich als auch betriebsfremd sein. Typische Beispiele für außergewöhnliche Erträge und Aufwendungen sind Erträge aus dem Verkauf einer Maschine oder Aufwendungen aus einem ungewöhnlich hohen Schadensfall.

(3) Periodenfremde Erträge und Aufwendungen
Diese sowohl betrieblichen als auch betriebsfremden Positionen gehören nicht in die laufende Betrachtungsperiode, sondern in eine bereits abgelaufene oder zukünftige Periode. So können beispielsweise Steuernachzahlungen oder -vorauszahlungen als periodenfremde Aufwendungen gezählt werden. Zu beachten ist an dieser Stelle, dass periodenfremde Erträge und Aufwendungen auch dadurch entstehen können, dass die Abrechnungsperioden des externen und internen Rechnungswesens voneinander abweichen.

(4) Verrechnungsverschiedene Erträge und Aufwendungen
Darunter versteht man Erträge und Aufwendungen, deren Wertansätze nicht mit denen der Kosten und Leistungsrechnung übereinstimmen. Sie werden als neutrale Erträge und Aufwendungen betrachtet, da in der Kosten- und Leistungsrechnung andere Werte zugrunde gelegt werden. Man spricht in diesem Fall in der Kosten- und Leistungsrechnung von so genannten Andersleistungen und Anderskosten. Die verrechnungsverschiedenen Erträge und Aufwendungen sind betrieblich und regelmäßig anfallend. Sie wurden jedoch in der Abb. 1.12 nicht gesondert dargestellt, da sie sich von den Kosten und Leistungen nur hinsichtlich des Wertansatzes unterscheiden.

---

[3]Dies gilt jedoch nur dann, wenn die Vermietung kein Betriebszweck des Unternehmens ist.

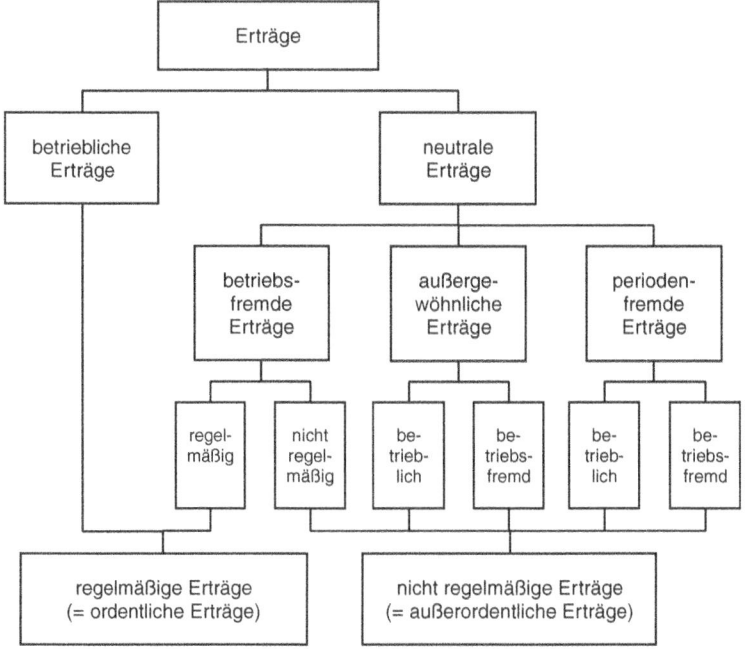

Abb. 1.12 Unterteilung der betrieblichen Erträge. (Quelle: eigene Darstellung auf der Basis von Däumler und Grabe 1993, S. 16)

Aus Abb. 1.13 geht hervor, dass ein Aufwand bzw. Ertrag mit den Merkmalen:

• betrieblich,
• ordentlich (im Sinne der gewöhnlichen Geschäftstätigkeit),
• periodenbezogen sowie
• verrechnungsgleich

als Zweckaufwand bzw. Zweckertrag gilt. Alle anderen nicht genau markierten Flächen symbolisieren den neutralen Aufwand bzw. Ertrag.

Kosten und Leistungen sind Grundbegriffe des internen Rechnungswesens bzw. der Kosten- und Leistungsrechnung. Auch diese Begriffe lassen sich aus der übergeordneten Teilrechnung, der Gewinn- und Verlustrechnung, ableiten. Dabei gelten die in Abb. 1.14 dargestellten Zusammenhänge.

Die Ableitung der Kosten und Erlöse aus den Aufwendungen und Erträgen der Geschäftsbuchhaltung erfolgt im Rahmen einer Abgrenzungsrechnung. Diese wird innerhalb der Kostenartenrechnung des internen Rechnungswesens durchgeführt. Auf eine

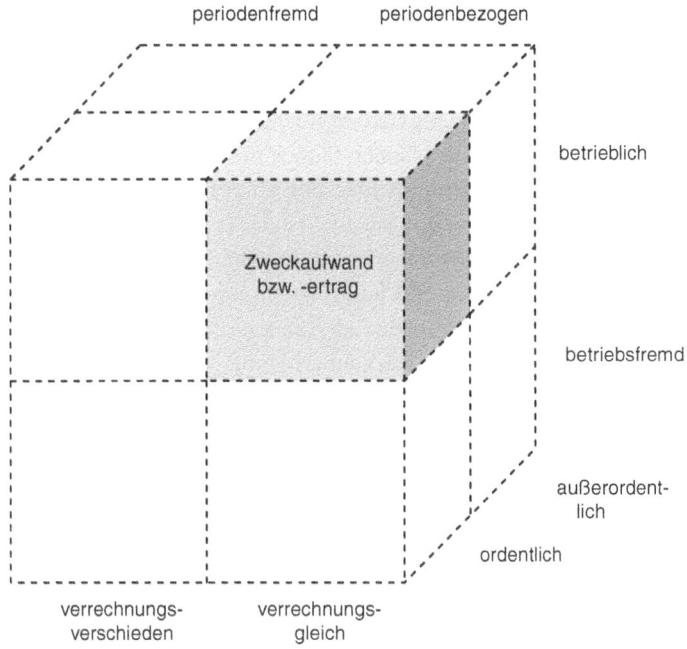

Abb. 1.13 Abgrenzung des Zweckaufwands bzw. -ertrags vom Aufwand bzw. Ertrag insgesamt. (Quelle: eigene Darstellung auf der Basis von Kloock u. a. 2005, S. 44)

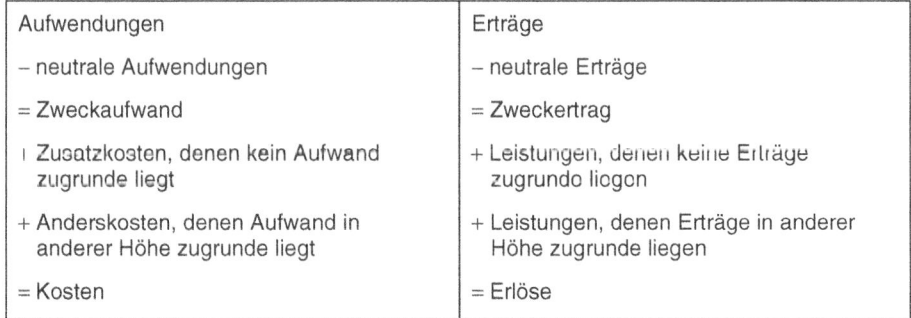

Abb. 1.14 Zusammenhang zwischen den Stromgrößen der Geschäfts- und Betriebsbuchhaltung

weitergehende Erläuterung sowie eine Beschreibung von Beispielen zu Aufwendungen/ Erträgen, die keine Kosten bzw. Erlöse darstellen und umgekehrt, wird an dieser Stelle verzichtet. Die Abgrenzung zwischen Aufwendungen und Erträgen sowie Kosten und Erlösen wird im Kap. 3 dargestellt.

1.5   Konvergenz zwischen internem und externem Rechnungswesen?

Mit der Anglo-Amerikanisierung der externen Rechnungslegung auch in Deutschland ist die Frage nach einer Konvergenz der beiden Säulen des betrieblichen Rechnungswesens erneut aufgekommen. Darunter ist die Auffassung zu verstehen, dass in einem externen Rechnungswesen nach anglo-amerikanischen Standards bereits wesentliche Informationen enthalten sind, die ansonsten im internen Rechnungswesen erhoben werden. Die Fokussierung anglo-amerikanischer Rechnungslegungsvorschriften (IFRS, US GAAP) auf entscheidungsnützliche Informationen („decision usefullness") divergieren allerdings mit der Kernintention der externen Rechnungslegung nach deutschem Handelsrecht, wonach dem Gläubigerschutz oberste Priorität beizumessen ist. Ansatz- und Bewertungsvorschriften, die diesem obersten Grundsatz Rechnung tragen, können dadurch zu verzerrten Informationsausweisen führen. Entsprechend eingeschränkt lassen sich diese Daten für Steuerungszwecke verwenden. Dies erfordert ein internes Rechnungswesen, um für das Management genau diese Informationen bereitzustellen. Die klassische deutsche Trennung (Divergenz) in das externe und das interne Rechnungswesen ist also ganz wesentlich bedingt durch die Rechtsfolgen, die an den Jahresabschluss geknüpft sind (Steuerbemessungs- und Ausschüttungsbemessungsfunktion). Dass die gesamte externe Rechnungslegung durchziehende Vorsichtsprinzip dient dem Gläubigerschutz und nicht der Generierung steuerungsrelevanter Informationen. Der zentrale Grund für die Divergenz liegt also in den unterschiedlichen Zwecksetzungen beider Bereiche begründet. Die handelsrechtliche Rechnungslegung dient der Rechenschaftslegung für die Jahresabschlussadressaten.

Anglo-amerikanische Rechnungslegungsvorschriften richten sich dagegen primär an Investoren und bereiten zukunftsorientierte Informationen auf, um zeitliche Kongruenz zu schaffen zwischen den Investitionsentscheidungen einerseits und der investitionsnützlichen Informationsbereitstellung andererseits.

Zu diesem Zweck sind zum Zwecke der Finanzberichterstattung Daten aus dem internen Berichtswesen offen zu legen. Dieser so genannte „Management Approach" findet sich etwa

- bei der Abgrenzung so genannter zahlungsmittelgenerierender Einheiten („cash generating units") nach IAS 36 zum Zwecke des Werthaltigkeitstests (impairment test),
- bei der Ermittlung von Entwicklungskosten für selbst geschaffene immaterielle Vermögenswerte nach IAS 38, die dem Kostenrechnungssystem des Unternehmens entnommen werden können,
- bei der Abgrenzung von Segmenten im Rahmen der Segmentberichterstattung.

Die Qualität von Informationen für die Finanzberichterstattung hängt also von der Qualität des internen Rechnungswesens ab. Dabei ist zu beachten, dass Unternehmen grundsätzlich kein Interesse daran haben, interne Daten, die auf Wettbewerbsvorteile schließen lassen können, zu veröffentlichen. Dies schränkt die Belastbarkeit der über den „Management Approach" gewonnen Daten für den externen Adressaten grundsätzlich ein.

Obwohl die IFRS seit 2005 für börsennotierte Mutterunternehmen eines Konzerns mit Sitz in der Europäischen Union Einzug auch bei deutschen Konzernmüttern gehalten hat, ist für den Einzelabschluss deutscher Unternehmen nach wie vor das Handelsrecht bindend. Das Bilanzrechtsmodernisierungsgesetz aus dem Jahr 2009 hat die Intention formuliert, das Handelsgesetzbuch als Alternative zu anglo-amerikanischen Rechnungslegungsvorschriften weiterzuentwickeln. Wenn auch Planinformationen nunmehr auch im deutschen Handelsrecht verstärkt Einzug gehalten haben (z. B. bei der Ermittlung latenter Steuern), so wurde durch das Bilanzrechtsmodernisierungsgesetz letztlich die Divergenz zwischen externem und internem Rechnungswesen in Deutschland gestärkt.

Davon losgelöst sprechen weitere Argumente gegen die Konvergenz beider Ausprägungen des betrieblichen Rechnungswesens. Steuerungsrelevante Informationen im Rahmen des Jahresabschlusses zu publizieren impliziert die Gefahr, Wettbewerbsvorteile nach außen zu kehren. Zudem ist das externe Rechnungswesen eine pagatorische Rechnung. Für die Steuerung im Unternehmen werden aber daneben auch wertmäßige Größen ermittelt, die einer Konvergenz entgegenstehen.

1.6 Integration des internen Rechnungswesen mit anderen betriebswirtschaftlichen Funktionsbereichen

Geschäftsprozesse durchlaufen häufig verschiedene betriebswirtschaftliche Funktionsbereiche. Die Funktionsbereiche sind einander interdependent, wenn zur Abbildung von Geschäftsprozessen Daten ausgetauscht beziehungsweise in andere Funktionsbereiche weitergegeben werden müssen.

Die Kosten- und Leistungsrechnung ist mit verschiedenen anderen Funktionsbereichen integrativ verbunden. Daten werden von anderen Funktionsbereichen in die Kosten- und Leistungsrechnung weiter gereicht beziehungsweise es werden Daten aus der Kosten- und Leistungsrechnung in andere Funktionsbereiche übergeben. Beispiele dafür sind:

- Die Finanzbuchhaltung als primäre Datenquelle für die Kosten- und Leistungsrechnung verbucht mit dem Zweckaufwand zugleich die Grundkosten. Die Kosten- und Leistungsrechnung ermittelt die Herstellkosten als Basis für die Herstellungskosten in der Finanzbuchhaltung. Für die Abbildung der Gewinn- und Verlustrechnung (GuV) nach dem Umsatzkostenverfahren (UKV) kann die Kostenstellenrechnung Informationen liefern.
- Im Vertrieb werden Isterlöse verbucht und in die Kosten- und Leistungsrechnung übertragen, die dann zur Kosten- und Erlösrechnung wird. Dies kann ergänzt werden mit der Übernahme von Kundenaufträgen aus dem Vertrieb als Planerlöse in der Kostenträgerzeitrechnung.

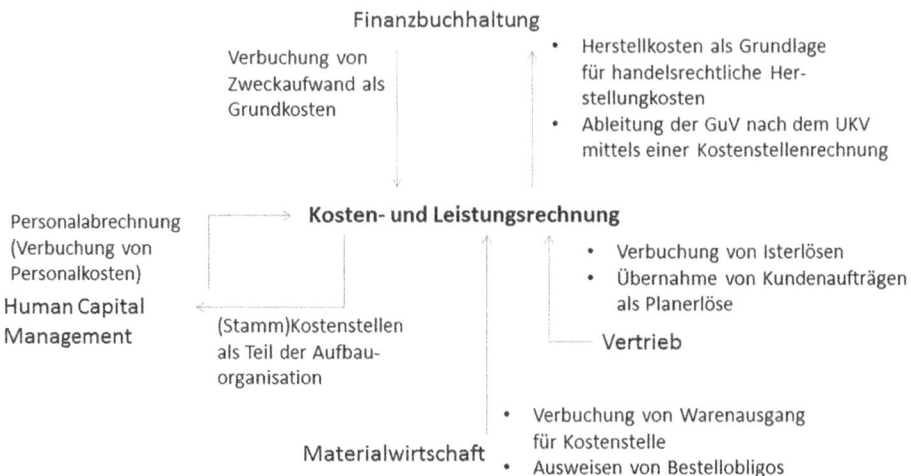

Abb. 1.15 Zusammenfassende Übersicht

- Warenausgänge für Produktionszwecke werden ausgehend von der Materialwirtschaft direkt als Materialkosten in die Kosten- und Leistungsrechnung erfasst. Bestellungen, die noch zu keiner Verbuchung in der Finanzbuchhaltung führen, können als Obligos in der Kosten- und Leistungsrechnung ausgewiesen und etwa gegen dort bereitgestellte Budgets verprobt werden.
- Personalabrechnungen, etwa die Verbuchung von Gehältern, werden, ausgehend vom Human Capital Management, als Personalkosten gleichzeitig in die Kosten- und Leistungsrechnung verbucht. Die Kosten- und Leistungsrechnung kann für das Human Capital Management Kostenstellen anlegen, die dort als Stammkostenstellen der Mitarbeiter Teil der betrieblichen Aufbauorganisation sind.

Die von anderen Funktionsbereichen in die Kosten- und Leistungsrechnung weitergereichten Daten stellen dort Primärkosten dar.

Zur Abbildung integrativer (Abb. 1.15), d.h. mehrere betriebliche Funktionsbereiche betreffende Geschäftsprozesse bedarf es, schon aus Datenkonsistenzgründen, spezieller Softwaresysteme (Enterprise Resource Planning Systeme).

1.7   Fragen zum betrieblichen Rechnungswesen

1. Was versteht man im Allgemeinen unter dem betrieblichen Rechnungswesen?
2. Welche Beziehungen eines Unternehmens zu seinen Stakeholdern werden im betrieblichen Rechnungswesen abgebildet?
3. Welche Aufgaben hat das betriebliche Rechnungswesen?

4. Welche Details umfassen die Kontrollaufgaben des betrieblichen Rechnungswesens?
5. Woraus resultieren die Informations- und Dokumentationsaufgaben?
6. Was gehört im Wesentlichen zu den Informations- und Dokumentationsaufgaben des betrieblichen Rechnungswesens?
7. Wozu dient das betriebliche Rechnungswesen als geschlossenes Informationssystem?
8. Welche Teilrechnungen umfasst das betriebliche Rechnungswesen?
9. Welche Merkmale unterscheiden das interne und externe Rechnungswesen?
10. Welche primären und sekundären Aufgaben erfüllen das interne und externe Rechnungswesen?
11. Welche Teilgebiete lassen sich dem betrieblichen Rechnungswesen zuordnen?
12. Welche Stromgrößen werden im betrieblichen Rechnungswesen unterschieden?
13. Was sind Ein- und Auszahlungen in einem Unternehmen?
14. Wie kommt es zu Einzahlungen, die keine Einnahmen sind?
15. Wie kommt es zu Auszahlungen, die keine Ausgaben sind?
16. Was sind Einnahmen und Ausgaben in einem Unternehmen?
17. Wie entstehen Einnahmen, die keine Einzahlungen sind?
18. Wie entstehen Ausgaben, die keine Auszahlungen sind?
19. Welche Beispiele gibt es für Einnahmen, die keine Erträge sind?
20. Welche Beispiele gibt es für Ausgaben, die keine Aufwendungen sind?
21. Was sind Erträge und Aufwendungen in einem Unternehmen?
22. Wie entstehen Erträge, die keine Einnahmen sind?
23. Wie entstehen Aufwendungen, die keine Ausgaben sind?
24. Welche Beispiele gibt es für Erträge, die keine Erlöse sind?
25. Welche Beispiele gibt es für Aufwendungen, die keine Kosten sind?
26. Was sind Erlöse und Kosten in einem Unternehmen?
27. Was sind Zusatz- und Anderskosten?
28. Was zeichnet den Betriebszweck eines Unternehmens aus?
29. Wie lassen sich neutrale Erträge und Aufwendungen beschreiben?

Grundlagen der Kosten- und Leistungsrechnung

2.1 Kostenbegriffe

2.1.1 Allgemeiner Kostenbegriff

In der betriebswirtschaftlichen Theorie finden verschiedene Kostenbegriffe Anwendung. Im Wesentlichen lassen sich drei Definitionen für Kosten unterscheiden:

- der wertmäßige Kostenbegriff
- der pagatorische Kostenbegriff
- der entscheidungsorientierte Kostenbegriff

Der **wertmäßige Kostenbegriff** geht auf SCHMALENBACH zurück. Dabei gelten Kosten als der bewertete Verzehr bzw. die bewertete Inanspruchnahme von Produktionsfaktoren und Dienstleistungen, die zur Erstellung und zum Absatz der betrieblichen Leistungen sowie zur Aufrechterhaltung der Betriebsbereitschaft (Kapazitäten) erforderlich sind.

Die wertmäßige Definition der Kosten ist durch folgende Merkmale gekennzeichnet:

(1) Verzehr von Produktionsfaktoren und Dienstleistungen. Den Kosten liegen grundsätzlich der Verbrauch bzw. Gebrauch von Produktionsfaktoren oder die Inanspruchnahme von **Dienstleistungen** zugrunde. Dementsprechend unterscheidet man zwischen:

- Verbrauchsgütern (Güter, die nur einmal genutzt werden können. Beispiel: Roh-, Hilfs- und Betriebsstoffe),
- Gebrauchsgütern (Güter, die einer längerfristigen Nutzung unterliegen. Beispiel: Maschinen und Anlagen),

© Springer-Verlag Berlin Heidelberg 2016
L. Buchholz und R. Gerhards, *Internes Rechnungswesen*, BA KOMPAKT,
DOI 10.1007/978-3-662-48405-0_2

- Rechte (immaterielle Güter, die im Zeitablauf ebenfalls verzehrt werden können. Beispiel: Patente und Lizenzen),
- menschliche Arbeitsleistung (Leistungen, die durch dem Unternehmen angehörende Personen erbracht werden. Beispiel: Arbeitnehmer),
- Kapital (auf der Passivseite der Bilanz ausgewiesenes Eigen- oder Fremdkapital, über das ein Unternehmen verfügt, wobei für die Kapitalverwendung die Kapitalkosten anfallen. Beispiel: Darlehen),
- Dienstleistungen (Leistungen, die durch natürliche oder juristische Personen für das Unternehmen erbracht werden. Beispiel: Steuerberatung).

Der im Allgemeinen als Güterverzehr bezeichnete Ver- oder Gebrauch an Produktionsfaktoren und Dienstleistungen stellt das Mengengerüst für die Kosten dar.

(2) Betriebszweckbezogenheit

Der unter (1) erläuterte Verzehr von Produktionsfaktoren und Dienstleistungen muss einen Bezug zum Betriebszweck des Unternehmens aufweisen. Die Festlegung des Betriebszwecks hat dementsprechend eine zentrale Bedeutung. In der Regel fassen Unternehmen unter dem Betriebszweck das so genannte Kerngeschäft zusammen. Dabei werden üblicherweise dem Betriebszweck alle Produkte und Dienstleistungen des Unternehmens untergeordnet, die im Rahmen der Kosten- und Leistungsrechnung analysiert und kalkuliert werden. Bei der Beantwortung der Frage, ob es einen Zusammenhang zwischen dem Verzehr von Produktionsfaktoren bzw. Dienstleistungen und dem Betriebszweck gibt, steht generell die Notwendigkeit des Verzehrs des Produktionsfaktors oder der Dienstleistung für die Erzeugung der betrieblichen Produkte (Dienstleistungen) im Vordergrund. Wenn der Verzehr in keinem Zusammenhang mit einem betrieblichen Produkt (Dienstleistung) steht, dann gilt er als betriebsfremder Aufwand. SCHMALENBACH betont dabei, dass es von der Zielsetzung der betrieblichen Rechnung abhängt, ob und in welchem Umfang der Güterverzehr als Kosten in Ansatz zu bringen ist.

(3) Bewertung

Der betriebszweckbezogene Verzehr von Produktionsfaktoren und Dienstleistungen muss einer Bewertung unterliegen. Während also der Verzehr selbst das Mengengerüst darstellt, wird mit diesem dritten Merkmal (der Bewertung) eine Multiplikation der Verzehrmengen mit einem Preis verdeutlicht. Dabei kommen verschiedene Preise als Bewertungsansätze infrage. Bekannt sind unter anderem Anschaffungs-, Wiederbeschaffungs- bzw. Verrechnungspreise. Die konkrete Anwendung der verschiedenen Preise wird im Abschn. 3.3 näher beschrieben.

Neben dem wertmäßigen Kostenbegriff findet in der Kostentheorie die pagatorische Definition der Kosten Anwendung. Der **pagatorische Kostenbegriff** geht auf KOCH zurück. Pagatorische Kosten sind Ausgaben, die mit der Herstellung und dem Absatz eines Produkts bzw. einer Dienstleistung in einer bestimmten Periode verbunden sind. Aus diesem Grund wird der pagatorische Kostenbegriff auch als am Zahlungsstrom ausgerichteter Begriff bezeichnet. Den pagatorischen Kostenbegriff kennzeichnen, wie den wertmäßigen Kostenbegriff, die Eigenschaften des Güterverzehrs und der Leistungsbezogenheit. Erst im dritten Merkmal, der Bewertung, unterscheidet sich der pagatorische vom wertmäßigen Kostenbegriff. Während beim wertmäßigen Kostenbegriff im Rahmen der Bewertung unterschiedlichste Preise zur Anwendung gelangen, wird beim pagatorischen Kostenbegriff die finanzielle Transaktion (Ausgabe) als Wertansatz herangezogen. Während in den wertmäßigen Kostenbegriff auch bewertete und leistungsbezogene Güterverbräuche einfließen, denen keine finanziellen Transaktionen zugrunde liegen (z. B. Zusatzkosten), verzichtet der pagatorische Kostenbegriff auf deren Berücksichtigung.

Der **entscheidungsorientierte Kostenbegriff** geht auf RIEBEL zurück und stellt eine modifizierte Form des pagatorischen Kostenbegriffs dar. Das bedeutet, dass sich der entscheidungsorientierte Kostenbegriff im Merkmal drei von der wertmäßigen Definition unterscheidet. Die entscheidungsorientierten Kosten sind die durch die Entscheidung über das betrachtete Kostenobjekt ausgelösten zusätzlichen – nicht durch andere Kostenobjekte kompensierten – Ausgaben.

Im Weiteren wird vom wertmäßigen Kostenbegriff ausgegangen, da mit ihm die in der Praxis des betrieblichen Rechnungswesens gebräuchlichste Definition für Kosten verbunden ist.

2.1.2 Stückkosten und Grenzkosten

Zum Verständnis der weiteren Abschnitte ist es erforderlich, neben dem allgemeinen Kostenbegriff weitere Fachbegriffe der Kostentheorie zu erklären.

Stückkosten sind die direkt oder indirekt zurechenbaren Kosten pro Leistungseinheit. Dabei werden die Leistungseinheiten des Unternehmens in der Regel in produzierten Stücken gemessen, so dass die der Leistungseinheit zugerechneten Kosten als Stückkosten bezeichnet werden. Näherungsweise ergeben sich die Stückkosten aus der Division der Gesamtkosten durch die Mengeneinheiten. Die Abweichung der näherungsweise ermittelten Stückkosten von den exakten Berechnungsergebnissen der Kosten- und Leistungsrechnung ist umso größer, je spezifischer die Produkte und Dienstleistungen sind. Das bedeutet, dass in Massenfertigung erzeugte Produkte sich durch Division der Gesamtkosten durch die Mengen hinreichend genau bestimmen lassen, während die Stückkosten von in Einzelfertigung hergestellten Produkten erhebliche Abweichungen vom Divisionsergebnis aufweisen können.

Die Stückkosten werden im Weiteren trotz der gemachten Einschränkung näherungsweise wie folgt bestimmt

$$k_x = \frac{K_x}{x}$$

$k_x = Stückkosten$

$K_x = Gesamtkosten\ der\ Leistungseinheiten$

$x = Leistungseinheiten\ in\ Stück$

Die Stückkostenfunktion macht deutlich, dass es sich um die durchschnittlichen Gesamtkosten pro Stück handelt. Demzufolge werden Stückkosten auch als Gesamtkosten pro Stück oder Durchschnittskosten bezeichnet. Stückkosten dienen als Grundlage für die Preispolitik eines Unternehmens. Da bei der Herstellung von Produkten/Dienstleistungen immer Kosten anfallen, sind die Unternehmen gezwungen, auf der Basis der angefallenen Kosten pro Stück die Verkaufspreise zu bestimmen. Die Stückkosten spielen sowohl bei der Entscheidung, ob, als auch bei der Festlegung, wie viel produziert werden soll, eine wesentliche Rolle.

Für den Angebotsumfang sind auch diejenigen Kosten entscheidend, die die Produktion einer zusätzlichen Mengeneinheit des Produkts verursacht. Diese Kosten werden als **Grenzkosten** bezeichnet.

Mit den Grenzkosten wird der Kostenzuwachs beschrieben, der durch die infinitesimal kleine Zunahme der Leistungsmengen entsteht. Demzufolge werden Grenzkosten häufig auch als marginale Kosten bezeichnet, da sie die Kostenänderung bei der Änderung der Leistungseinheiten (x) um einen marginalen Wert erklärt. Mathematisch betrachtet ist die Grenzkostenfunktion die erste Ableitung der oben dargestellten Kostenfunktion. Grafisch betrachtet stellen die Grenzkosten die Steigung der Tangente der Gesamtkostenkurve in einem spezifischen Punkt, der Ausbringungsmenge, dar.

Der Vergleich der Grenzkosten mit den Stückkosten kann für ein Unternehmen entscheidend sein. Die Grenzkostenfunktion schneidet die Stückkostenfunktion immer in deren Minimum. Zur Bestimmung der minimalen Stückkosten und damit zur (theoretischen) Gewinnmaximierung ist demzufolge die Grenzkostenfunktion anzuwenden.

Die Betrachtung der Stück- und Grenzkosten erfolgt im Weiteren zunächst in Abhängigkeit von den Kosten der Menge an produzierten Stücken.

2.1.3 Beschäftigungsbezogene Kosten

Nach der allgemeinen Definition der Kosten geht es in diesem Abschnitt um die Gliederung der Kosten nach ihrem Beschäftigungsbezug. Unter **Beschäftigung** versteht man die Kapazitätsauslastung eines Unternehmens, gemessen in produzierten Stücken in einer Betrachtungsperiode. Demzufolge ist Beschäftigung nicht die Zahl der Mitarbeiter eines Unternehmens, sondern vielmehr die tatsächlich erbrachte Leistung, gemessen in Produktmengen, Arbeitsstunden oder auch Maschinenstunden. Der **Beschäftigungsgrad** hingegen drückt aus, wie hoch die prozentuale Auslastung der verfügbaren Kapazitäten ist. Kosten können sich der Höhe nach sehr unterschiedlich entwickeln, wenn sich die Beschäftigung bzw. der Beschäftigungsgrad ändert. Innerhalb der beschäftigungsbezogenen Kosten untergliedert man je nach ihrem Verhalten bei einer Beschäftigungsänderung in:

- fixe Kosten,
- variable Kosten sowie
- Mischkosten.

Tab. 2.1 Beispielhafte Entwicklung fixer und sprungfixer Kosten

fixe Kosten				sprungfixe Kosten			
Ausbringungs-mengen	Gesamt-kosten	Stück-kosten	Grenz-kosten	Ausbringungs-mengen	Gesamt-kosten	Stück-kosten	Grenz-kosten
X	K	k	K'	x	K	k	K'
0	30			0	30		0
1	30	30	30	1	30	30	30
2	30	15	0	2	30	15	0
3	30	10	0	3	30	10	0
4	30	7,5	0	4	30	7,5	0
5	30	6	0	5	60	12	30

2.1.3.1 Fixe Kosten

Fixe Kosten zeigen innerhalb eines bestimmten Betrachtungszeitraums und Beschäftigungsintervalls insgesamt keine Veränderung. Ohne Einschränkung des Betrachtungszeitraums bzw. des Beschäftigungsintervalls kann es keine fixen Kosten geben, da langfristig oder über starke Beschäftigungsänderungen betrachtet praktisch alle Kosten veränderlich und damit variabel sind. Typisch für fixe Kosten ist, dass sie sich bei einer Beschäftigungsänderung nicht verändern, bis die Kapazitätsgrenze erreicht ist. Nach Erreichen der Kapazitätsgrenze muss das Unternehmen zur Ausweitung der Beschäftigung erneut investieren, so dass die fixen Kosten sprunghaft ansteigen und als sprungfixe Kosten bezeichnet werden. Nach ihrer Entwicklung bei Beschäftigungsänderung werden zwei Arten von fixen Kosten unterschieden

- absolut fixe Kosten sowie
- sprungfixe Kosten.

In Tab. 2.1 werden der Verlauf der fixen Kosten sowie die sich daraus ergebenden Stückkosten und Grenzkosten beispielhaft dargestellt.

Der Verlauf der fixen Kosten bei Beschäftigungsänderung (gemessen an der Ausbringungsmenge x) ist anhand der tabellarischen Beispielzahlen in der nachfolgenden Abbildung dargestellt (Abb. 2.1). Auf die Darstellung des Grenzkostenverlaufs wird verzichtet, da die fixen Grenzkosten den Wert null annehmen.

Typische Beispiele für fixe Kosten sind Mieten, Zinsen auf das Anlagevermögen oder lineare Abschreibungen.

Innerhalb der fixen Kosten werden je nach Beschäftigungsgrad unterschiedlich hohe Nutz- und Leerkosten unterschieden. Die **Nutzkosten** sind dabei jene fixen Kosten, die auf den anteiligen Beschäftigungsgrad entfallen. **Leerkosten** hingegen sind Kosten der nicht genutzten Kapazität. Das Verhältnis von Nutz- zu Leerkosten lässt sich wie in Abb. 2.2 dargestellt veranschaulichen.

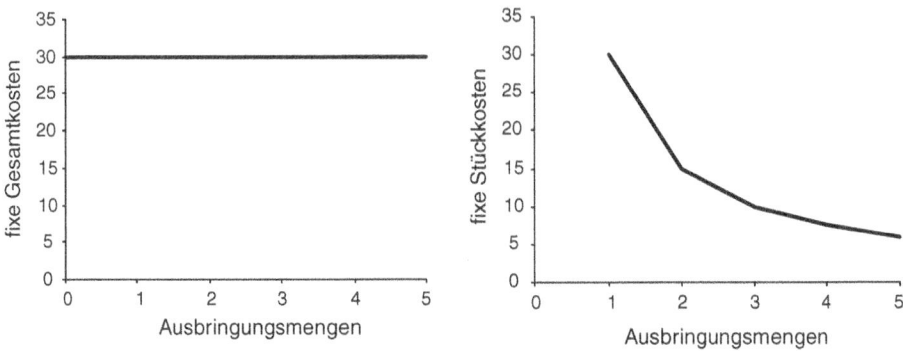

Abb. 2.1 Verlauf der fixen Gesamt- und Stückkosten

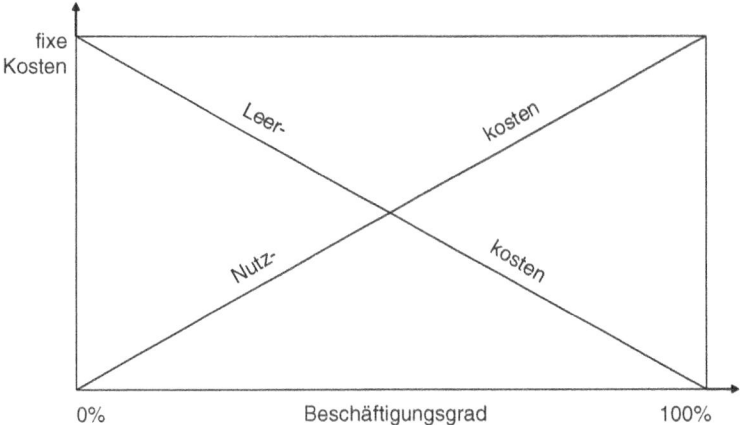

Abb. 2.2 Verlauf der Nutz- und Leerkosten in Abhängigkeit vom Beschäftigungsgrad

2.1.3.2 Variable Kosten

Kosten, die sich mit der Beschäftigung unmittelbar verändern, werden als variable Kosten bezeichnet. Je nach der Art der Kostenverursachung können variable Kosten verschiedene Verläufe aufweisen, die sich durch ihren **Reagibilitätsgrad** (R) charakterisieren lassen.

$$R = \frac{\text{prozentuale Kostenänderung}}{\text{prozentuale Beschäftigungsänderung}}$$

Je nach Höhe der Reagibilität werden überproportionale Kosten (R > 1), proportionale Kosten (R = 1) und unterproportionale Kosten (0 < R < 1) unterschieden. Zum besseren Verständnis wird im Weiteren bei der Beschreibung der variablen Kosten mit der Darstellung der vollständigen Reagibilität begonnen.

Tab. 2.2 Beispielhafte Entwicklung proportionaler Kosten

proportionale Kosten

Ausbringungsmengen	Gesamtkosten	Stückkosten	Grenzkosten
x	K	k	K'
0	0	10	10
1	10	10	10
2	20	10	10
3	30	10	10
4	40	10	10
5	50	10	10

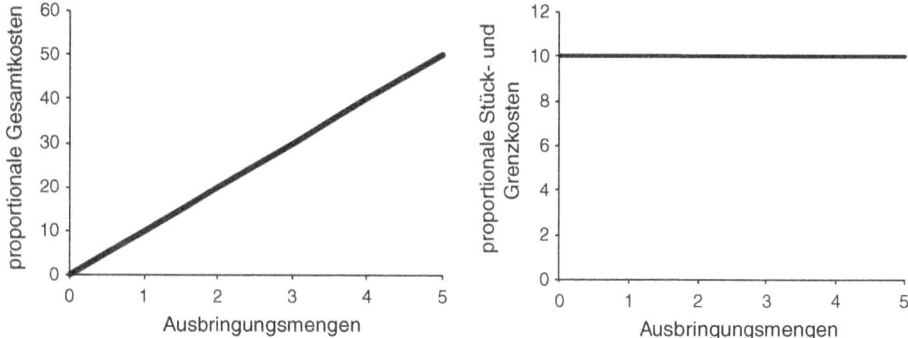

Abb. 2.3 Verlauf der proportionalen Gesamt- und Stückkosten

(1) Proportionale Kostenverläufe (R = 1)

Jede relative Änderung der Beschäftigung führt zur gleichen relativen Änderung der variablen Kosten. Wenn sich die Ausbringungsmenge beispielsweise verdoppelt, dann verdoppeln sich auch die variablen Kosten (Tab. 2.2).

Der Verlauf der proportionalen Kosten bei Beschäftigungsänderung (gemessen an der Ausbringungsmenge x) ist anhand der tabellarischen Zahlen der Abbildung dargestellt (Abb. 2.3). Auf die Darstellung des Grenzkostenverlaufs wird verzichtet, da die proportionalen Grenzkosten den Wert der proportionalen Stückkosten annehmen.

Typische Beispiele für proportionale Kosten sind Akkordlöhne oder Materialkosten bei konstanten Einstandspreisen.

(2) Degressive Kostenverläufe (0 < R < 1)

Eine relative Änderung der Beschäftigung (in %) führt zu einer geringeren relativen Änderung der variablen Kosten. Die Kosten steigen langsamer als die Beschäftigung und ihr Verhalten ist unterproportional (Tab. 2.3).

Tab. 2.3 Beispielhafte Entwicklung degressiver Kosten

degressive Kosten

Ausbringungsmengen	Gesamtkosten	Stückkosten	Grenzkosten
x	K	K	K'
0	0	10	10
1	10	10	10
2	18	9	8
3	24	8	6
4	28	7	4
5	30	6	2

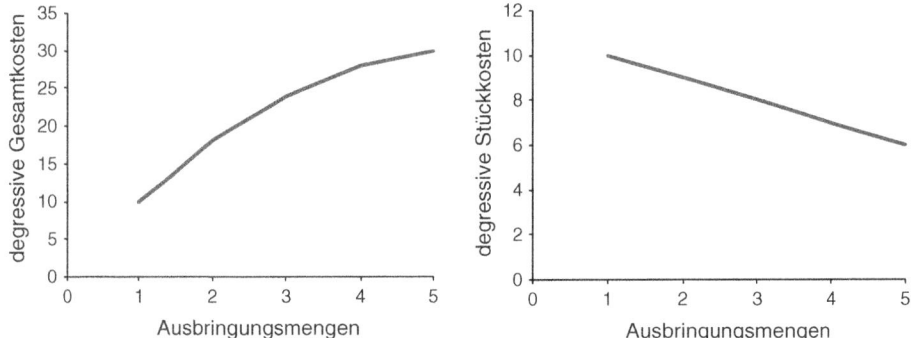

Abb. 2.4 Verlauf der degressiven Gesamt- und Stückkosten

Der Verlauf der degressiven Kosten bei Beschäftigungsänderung (gemessen an der Ausbringungsmenge x) ist anhand der tabellarischen Beispielzahlen in den nachfolgenden Abbildungen dargestellt. Auf die Darstellung des Grenzkostenverlaufs wird verzichtet, da die degressiven Grenzkosten einen ähnlichen Verlauf annehmen wie die degressiven Stückkosten. Dabei muss angemerkt werden, dass die degressiven Stückkosten sowohl einen linear fallenden Verlauf als auch einen degressiv fallenden Verlauf annehmen können (Abb. 2.4).

Typische Beispiele für degressive Kosten sind Materialkosten mit Mengenrabatten oder Energiekosten mit Verbrauchsrabatten.

(3) Progressive Kostenverläufe (R > 1)
Eine relative Beschäftigungsänderung (in %) führt zu einer stärkeren relativen Kostenänderung. Die Kosten steigen schneller als die Ausbringung und ihr Verhalten ist überproportional (Tab. 2.4).

Der Verlauf der progressiven Kosten bei Beschäftigungsänderung (gemessen an der Ausbringungsmenge x) ist anhand der tabellarischen Beispielzahlen in der

Tab. 2.4 Beispielhafte Entwicklung progressiver Kosten

progressive Kosten

Ausbringungsmengen	Gesamtkosten	Stückkosten	Grenzkosten
x	K	k	K'
0			
1	10	10	10
2	22	11	12
3	36	12	14
4	52	13	16
5	70	14	18

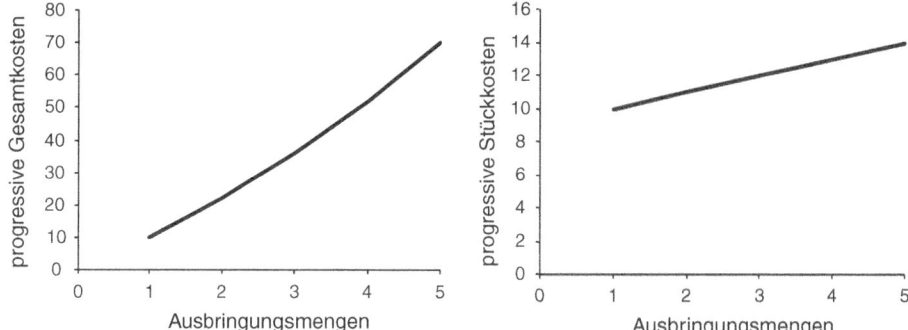

Abb. 2.5 Verlauf der progressiven Gesamt- und Stückkosten

nachfolgenden Abbildung dargestellt (Abb. 2.5). Auf die Darstellung des Grenzkostenverlaufs wird verzichtet, da die progressiven Grenzkosten einen ähnlichen Verlauf annehmen wie die progressiven Stückkosten. Dabei muss angemerkt werden, dass die progressiven Stückkosten sowohl einen linear steigenden Verlauf als auch einen progressiv steigenden Verlauf annehmen können.

Typische Beispiele für progressive Kosten sind Reparaturkosten oder Energiekosten durch überhöhte Beanspruchung von Betriebsmitteln.

2.1.3.3 Mischkosten

Die Untergliederung der beschäftigungsbezogenen Kosten in fixe und variable Bestandteile ist eine idealtypische Darstellung. In der Praxis gibt es eine Vielzahl von Kostenarten, die weder reine fixe noch reine variable Kostenverläufe aufweisen. In einem solchen Fall spricht man von Mischkosten. Da Mischkosten keinen typischen Kostenverlauf aufweisen, werden sie nach dem Verfahren der Kostenauflösung in fixe und variable Bestandteile zerlegt. Mit der Methode der kleinsten Quadrate werden dabei

Kostenfunktionen geschätzt, wobei aus der Beobachtung der Variablen (Ausbringungsmenge x sowie Kosten K) eine lineare Funktion f(x) = vx + f abgeleitet wird. Innerhalb der Funktion steht v für die variablen Kosten pro Stück x und f für die fixen Kosten
(gesamt).

$$\overline{x} = \frac{\sum\limits_{i=1}^{n} x_i}{n}$$

$$\overline{K} = \frac{\sum\limits_{i=1}^{n} K_i}{n}$$

$$v = \frac{\sum (x_i - \overline{x}) \cdot (K_i - \overline{K})}{\sum (x_i - \overline{x})^2}$$

$$f = \frac{\sum\limits_{i=1}^{n} K_i - v \cdot x_i}{n}$$

v = variable Kosten in € pro Stück
f = fixe Kosten in €
x_i = Ausbringungsmenge in *Stück* in der *Periode i*
$\overline{x}$ = durchschnittliche Ausbringungsmenge in Stück pro Periode
K_i = Kosten in € in der Periode *i*
$\overline{K}$ = durchschnittliche Kosten in € pro Periode
n = Anzahl der beobachteten Perioden *i*

Ein Beispiel soll das Verfahren der Kostenauflösung näher erläutern (Tab. 2.5).
    Aus der Anwendung der oben dargestellten Formeln ergibt sich:

$$v = 1.162.667 / 197.067 = 5{,}90 \,€ \text{ pro Stück und}$$
$$f = 42.557 / 12 = 3.546{,}38 \,€$$

Aus den Mischkosten ergeben sich demzufolge monatliche fixe Kosten in Höhe von
3.546,38 Euro sowie variable Kosten in Abhängigkeit von der Beschäftigung in Höhe
von 5,90 Euro pro Stück.
    Abb. 2.6 veranschaulicht die Ergebnisse. Dabei sind die eingetragenen Punkte die
Kosten K$_i$ der Monate Januar bis Dezember (dargestellt in der Y-Achse) in Abhängigkeit
von der jeweiligen Ausbringungsmenge (dargestellt in der X-Achse). Die rechnerisch
ermittelten fixen Kosten in Höhe von 3.546,38 Euro sind als Linie parallel zur X-Achse
eingetragen. Darauf setzen die variablen Kosten auf, die pro Stück der Ausbringungsmenge 5,90 Euro betragen. Der Gesamtkostenverlauf bestehend aus fixen und variablen
Kosten und dargestellt in der linearen Funktion f(x) = vx + f wird in der nachfolgenden
Grafik als Regressionsgerade bezeichnet (Abb. 2.6).

Tab. 2.5 Beispielhafte Darstellung eines Mischkostenverlaufs

Monate (n)	Ausbringungs-mengen (x_i)	Kosten (K_i)	$x_i - x$	$(x_i - x)^2$	$K_i - K$	$(x_i - x) \times (X_i - x) \times (K_i - K)$	$K_i - v \times x_i$
Januar	200	4.800	−147	21.511	−792	116.111	3.620
Februar	300	5.200	−47	2.178	−392	18.278	3.430
März	150	4.300	−197	38.678	−1.292	254.028	3.415
April	450	6.200	103	10.678	608	62.861	3.545
Mai	220	5.000	−127	16.044	−592	74.944	3.702
Juni	350	5.700	3	11	108	361	3.635
Juli	400	6.000	53	2.844	408	21.778	3.640
August	380	5.900	33	1.111	308	10.278	3.658
September	620	7.200	273	74.711	1.608	439.611	3.542
Oktober	310	5.200	−37	1.344	−392	14.361	3.371
November	280	5.200	−67	4.444	−392	26.111	3.548
Dezember	500	6.400	153	23.511	808	123.944	3.450
Summe	4.160	67.100		197.067		1.162.667	42.557
Monats-durchschnitt	x = 347	K = 5.592					

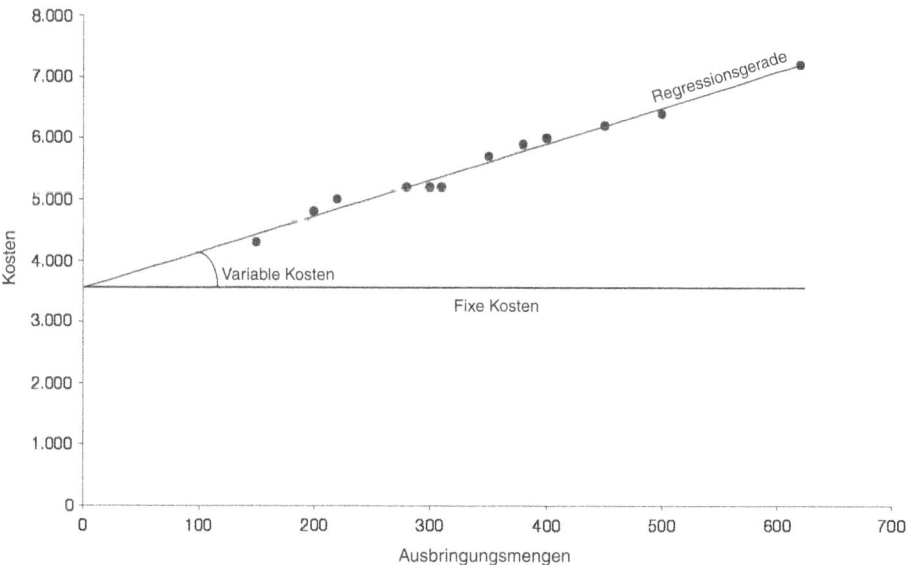

Abb. 2.6 Beispielhafter Verlauf der Mischkosten und der funktionsabhängigen fixen und variablen Kosten

Das Beispiel verdeutlicht die Funktionsweise der Kostenauflösung mithilfe der Methode der kleinsten Quadrate. Wenn die Mischkosten eine relativ dichte Streuung um die Regressionsgerade aufweisen, ist die Methode sehr gut geeignet, um die angefallenen Kosten in fixe und variable Bestandteile zu zerlegen.

2.1.3.4 Gesamtkosten

Idealtypischer Gesamtkostenverlauf

Im Weiteren wird der Verlauf der Kosten in Abhängigkeit von der Beschäftigung insgesamt betrachtet. In der idealtypischen Darstellung bestehen die Gesamtkosten aus den fixen und den proportionalen Kosten. Somit ist der Gesamtkostenverlauf ebenfalls proportional, jedoch beginnt die Gesamtkostenlinie im Diagramm nicht im Nullpunkt, sondern bei der Höhe der fixen Kosten. Im Nullpunkt beginnt dagegen die Umsatzlinie. Der Punkt, in dem sich Gesamtkosten und Umsatz schneiden, bezeichnet man als **Break-even-Point.** Dieser auch als Gewinnschwelle bezeichnete Punkt beschreibt die Beschäftigungsmenge, bei der Umsatz und Gesamtkosten identisch sind.[1]

Dabei gilt:

$$K(x) = k_v \cdot x + K_f$$

$$E(x) = p \cdot x$$

$$wenn\, K_{(x)} = E(x)$$

$$x_G = \frac{K_f}{p - k_v}$$

$K(x)$ = Gesamtkostenfunktion
$E(x)$ = Erlösfunktion
k_r = variable Stückkosten
x = Beschäftigungsmenge
x_G = G Beschäftigungsmenge an der Gewinnschwelle (Break-even-Point)
K_f = fixe Kosten
P = Preis pro *Stück*

Nachfolgendes Beispiel soll den idealtypischen Gesamtkostenverlauf (mit und ohne Berücksichtigung der Abschreibungen) in Beziehung zum Umsatz verdeutlichen (Tab. 2.6).

In der grafischen Darstellung zeigt sich neben dem Break-even-Point auch der **Cash Point** (Abb. 2.7). Dahinter steht die Beschäftigungsmenge, bei der die Umsatzerlöse die auszahlungswirksamen Kosten decken. Dabei werden von den fixen Kosten die Abschreibungen[2] abgezogen, so dass die Linie des Gesamtkostenverlaufs bei einem

---

[1]Zur weiteren Erläuterung des Break-even-Points siehe Abschn. 5.3.3.3.

[2]Es ist möglich, dass auch andere fixe Kosten nicht zahlungswirksam sind. So können beispielsweise kalkulatorische Zinsen keine Auszahlungen sein. Aus Einfachheitsgründen wurden lediglich die Abschreibungen als nicht zahlungswirksame fixe Kosten dargestellt.

Tab. 2.6 Beispielhafte Darstellung eines idealtypischen Gesamtkostenverlaufs

Ausbringungsmengen	fixe Kosten	Abschreibungen Teil von K_f	fixe Auszahlungen K_f-Afa	variable Kosten	Gesamtkosten	zahlungswirksame Gesamtkosten K-Afa	Umsatz
x	K_f	Afa	Z_f	K_v	K	K_{zw}	E
0	30	10	20	0	30	20	0
1	30	10	20	10	40	30	20
2	30	10	20	20	50	40	40
3	30	10	20	30	60	50	60
4	30	10	20	40	70	60	80
5	30	10	20	50	80	70	100

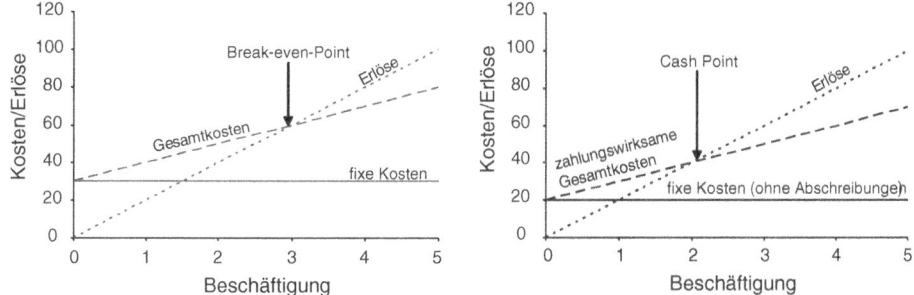

Abb. 2.7 Break-even-Point und Cash Point im Vergleich

niedrigeren Niveau startet. Die Abschreibungen werden abgezogen, da es Aufwendungen sind, die nicht mit einer Auszahlung in der aktuellen Periode verbunden sind. Der **Cash Point** ist der Schnittpunkt der Umsatzerlöse und der auszahlungswirksamen Kosten. Bei dieser Beschäftigungsmenge ist der Liquiditätsüberschuss null.

Typischer Gesamtkostenverlauf

Wie bereits in den vorangegangenen Abschnitten deutlich geworden ist, zeigen die Gesamtkosten im Normalfall einen nichtlinearen Verlauf. Dies kommt dadurch zu Stande, dass sich die variablen Kosten nicht nur aus proportionalen Kosten zusammensetzen und die fixen Kosten durch teilweise sprungfixe Bestandteile ebenfalls keinen linearen Verlauf aufweisen. Der Gesamtkostenverlauf kann sich je nach Zusammensetzung sehr unterschiedlich darstellen. Unter diesen Bedingungen ist es umso wichtiger, zu Zwecken der Gewinnmaximierung die Beschäftigungsmenge zu finden, bei der die Stückkosten minimal sind. Die Stückkosten erreichen, wie bereits im Abschn. 2.1.2 dargestellt, bei der Beschäftigungsmenge ihr Minimum, wo Stückkosten und Grenzkosten

Aus- bringungs- mengen	Gesamt- kosten	Stück- kosten	Grenz- kosten
x	K	k	K`
0			
1	90	90	90
2	120	60	30
3	150	50	30
4	180	45	30
5	240	48	60

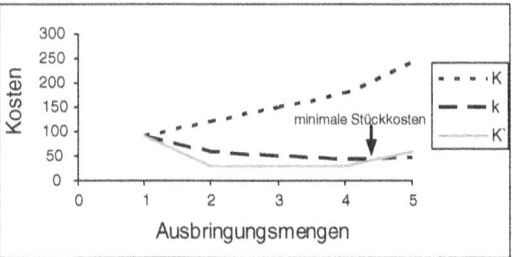

Abb. 2.8 Beispiel für den typischen Gesamtkostenverlauf

sich schneiden. Zur Verdeutlichung des typischen Gesamtkostenverlaufs wurden die Kostenbeispiele der vorangegangenen Abschnitte zu einem Gesamtkostenbeispiel aggregiert (Abb. 2.8).

2.1.4 Verrechnungsbezogene Kosten

Die Unterteilung der Kosten nach ihrem Verrechnungsbezug führt zur Unterscheidung zwischen Einzel- und Gemeinkosten. Der Begriff der Verrechnung bezieht sich dabei auf die Verteilung, Zurechnung bzw. Zuordnung der Kosten auf Produkte und Dienstleistungen des Unternehmens, die dem Betriebszweck entsprechen. Kosten, die sich einem Produkt bzw. einer Dienstleistung unmittelbar und direkt zuordnen lassen, weil sich der Güterverzehr mengenmäßig am Produkt/an der Dienstleistung nachweisen lässt, bezeichnet man als **Einzelkosten.** Dementsprechend sind Kosten, die keinen unmittelbaren Bezug zum Produkt bzw. zur Dienstleistung aufweisen, **Gemeinkosten.**

2.1.4.1 Einzelkosten
Kosten, die einem Produkt bzw. einer Dienstleistung unmittelbar und direkt zugeordnet werden können, bezeichnet man, wie bereits ausgeführt, als Einzelkosten. Aufgrund des direkten Bezugs der Kosten zur betrieblichen Leistung werden die Einzelkosten auch als direkte Kosten bezeichnet.

Innerhalb der Einzelkosten unterscheidet man:

- regelmäßig wiederkehrende Einzelkosten und
- nur aus besonderen Anlässen auftretende Einzelkosten.

Zu den **regelmäßigen Einzelkosten** gehören in der Praxis die Einzelmaterialkosten (z. B. das Holz im Möbelstück) sowie die Einzellohnkosten (z. B. Akkordlöhne in der Industrieproduktion).

Zu den Einzelkosten, die nur aus besonderen Anlässen auftreten, gehören die Sondereinzelkosten der Fertigung sowie die Sondereinzelkosten des Vertriebs.

Bei den **Sondereinzelkosten der Fertigung** handelt es sich um Kosten, die im Fertigungsprozess für einen speziellen Auftrag anfallen. Zwar fehlt hier der unmittelbare Bezug zum einzelnen Produkt bzw. zur Dienstleistung, jedoch lassen sich Sondereinzelkosten der Fertigung über den Gesamtauftrag mittelbar dem einzelnen Produkt zuordnen. Unter diese Rubrik fallen beispielsweise Kosten für spezielle Werkzeuge oder Lizenzgebühren, die nur für einen Auftrag notwendig sind.

Zu den **Sondereinzelkosten des Vertriebs** werden jene Kosten gerechnet, die speziell mit dem Absatz eines konkreten Auftrags anfallen. Zwar gilt an dieser Stelle die gleiche Anmerkung wie bei den Sondereinzelkosten der Fertigung, der fehlende unmittelbare Bezug zum Produkt. Dennoch werden diese Kosten als Sondereinzelkosten bezeichnet, da sie über den konkreten Zusammenhang zum Auftrag mittelbar einem Produkt zugeordnet werden können. Typische Beispiele sind Kosten für spezielles Verpackungsmaterial oder Frachten.

Einzelkosten werden unmittelbar auf Produkte bzw. Dienstleistungen verrechnet. Das bedeutet, dass Einzelkosten nach ihrer Erfassung in der Kostenartenrechnung den Produkten bzw. Dienstleistungen des Unternehmens direkt zugeordnet werden. Dies hat zur Folge, dass diese Kosten sich bei der Veränderung der Beschäftigung, im Sinne der Leistungsmengen, variabel verhalten. Einzelkosten sind aufgrund ihres direkten Verrechnungsbezugs immer variable Kosten.

2.1.4.2 Gemeinkosten

Kosten, die den betrieblichen Leistungen nicht unmittelbar, sondern nur indirekt zugerechnet werden können, werden als Gemeinkosten oder **indirekte Kosten** bezeichnet. Diese Kosten lassen sich den betriebszweckgebundenen Produkten/Dienstleistungen nicht unmittelbar oder direkt zuordnen. Zur Verrechnung der Gemeinkosten auf Produkte oder Dienstleistungen des Betriebszwecks werden Gemeinkosten innerhalb der Kostenrechnung zunächst den so genannten Kostenstellen zugerechnet. Kostenstellen sind die Orte der Entstehung der Gemeinkosten, wie beispielsweise Abteilungen oder Organisationseinheiten. Dabei können Gemeinkosten untergliedert werden in Kostenstelleneinzel- und Kostenstellengemeinkosten. Bei den **Kostenstelleneinzelkosten** handelt es sich um Gemeinkosten, die einem Ort der Kostenverursachung (Kostenstelle) unmittelbar zugeordnet werden können. Wenn die Verursachung von Gemeinkosten in mehreren Abteilungen oder Organisationseinheiten, das heißt in mehreren Kostenstellen, erfolgt, werden diese Gemeinkosten als **Kostenstellengemeinkosten** bezeichnet. In der Praxis wird durch die Gliederung der Kostenstellen versucht, Kostenstellengemeinkosten weitestgehend zu vermeiden, da sie die Qualität der Berechnungsergebnisse negativ beeinflussen können. Demzufolge spielen Kostenstellengemeinkosten in der Praxis eine untergeordnete Rolle und werden in der Literatur nur gelegentlich aufgeführt.

Die nachfolgende Grafik stellt die Grundlage für die Unterscheidung zwischen Einzel- und Gemeinkosten einerseits sowie innerhalb der Gemeinkosten zwischen Kostenstelleneinzel- und -gemeinkosten andererseits dar (Abb. 2.9).

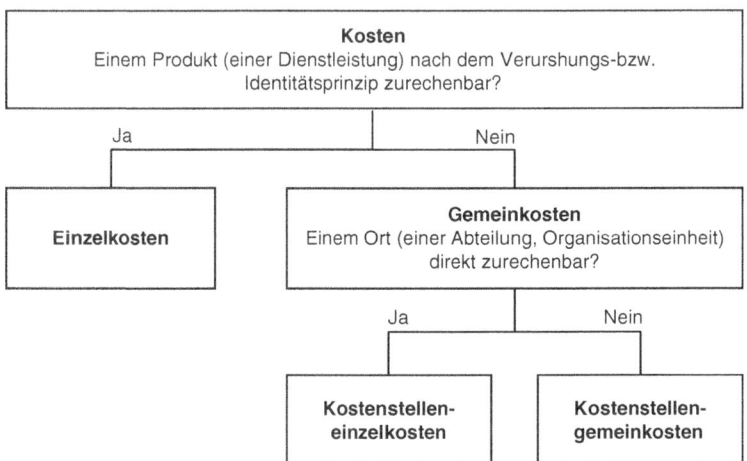

Abb. 2.9 Gliederung der Kosten in Einzel- und Gemeinkosten

Nach der Zuordnung der Gemeinkosten auf den Ort der Kostenverursachung erfolgt über spezielle Bezugsgrößen eine Verrechnung der Gemeinkosten auf die Produkte bzw. Dienstleistungen des Unternehmens.

Von **unechten Gemeinkosten** ist die Rede, wenn diese theoretisch als Einzelkosten erfassbar und einem Produkt direkt zurechenbar wären, jedoch aus Vereinfachungsgründen darauf verzichtet wird. Dabei handelt es sich in der Regel um Kosten, die aufgrund ihrer geringen Höhe als Gemeinkosten behandelt werden, obwohl sie dem Grunde nach Einzelkosten sind. Häufig werden Hilfs- und Betriebsstoffe als unechte Gemeinkosten betrachtet.

Die Verrechnung der Gemeinkosten auf die Produkte/Dienstleistungen des Unternehmens erfolgt über Durchschnittswerte, die eine mittlere Kostenbelastung pro Produkt darstellen. Diese Art der Verrechnung hat zur Folge, dass Gemeinkosten sowohl variabel als auch fix verlaufen können, wenn sich die Beschäftigung ändert. Grundsätzlich gilt, dass fixe Kosten immer als Gemeinkosten verrechnet werden, während Gemeinkosten nicht immer Fixkosten sind. Abb. 2.10 verdeutlicht abschließend den Zusammenhang zwischen beschäftigungsbezogenen (Abschn. 2.1.3) und verrechnungsbezogenen (Abschn. 2.1.4) Kosten (Abb. 2.10).

2.1.5 Systembezogene Kosten

In der Kostenrechnungstheorie wird zwischen verschiedenen Kostenrechnungssystemen unterschieden. Abb. 2.11 zeigt die gängigen Kostenrechnungssysteme, die im Kap. 6 umfassend dargestellt werden (Abb. 2.11).

Die **Istkosten** sind Kosten, die während einer bestimmten Abrechnungsperiode tatsächlich bei der Erstellung der Produkte und/oder Dienstleistungen verursacht wurden.

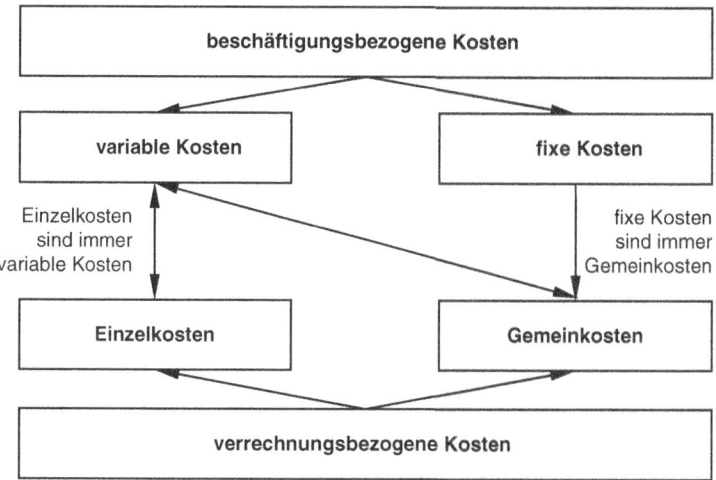

Abb. 2.10 Zusammenhang zwischen beschäftigungsbezogenen und verrechnungsbezogenen Kosten. (Quelle: eigene Darstellung auf der Basis von Haberstock 2005, s. 173)

Zeitbezug Verrech- nungsumfang	Istkosten	Normalkosten	Plankosten
Vollkosten	Istkostenrech- nungssystem auf Vollkostenbasis	Normalkostenrech- nungssystem auf Vollkostenbasis	Plankostenrech- nungssystem auf Vollkostenbasis
Teilkosten	Istkostenrech- nungssystem auf Teilkostenbasis	Normalkostenrech- nungssystem auf Teilkostenbasis	Plankostenrech- nungssystem auf Teilkostenbasis

Abb. 2.11 Kostenrechnungssysteme. (Quelle: eigene Darstellung auf der Basis von Haberstock 2005, S. 173 siehe zu den Kostenrechnungssystemen insgesamt Kap. 6)

Da sie erst nach Ablauf einer Periode ermittelt werden, handelt es sich bei den Istkosten um vergangenheitsbezogene Kosten. Die Istkosten ergeben sich rechnerisch aus dem Produkt von tatsächlichen Verbrauchsmengen und Istpreisen.

$$\text{Istkosten} = \text{Istmenge} \times \text{Istpreise}$$

Bei Kosten, die ein eindeutiges Mengen- oder Zeitgerüst haben, wie zum Beispiel Kosten für verbrauchtes Material, errechnen sich die Istkosten durch Multiplikation des Istverbrauchs mit den Istpreisen. Bei Kosten, die kein eindeutiges Mengengerüst aufweisen, wie zum Beispiel Beiträge, Steuern, Versicherungsprämien, werden die auf Belegen erfassten Beträge als Istkosten bezeichnet.

Die Istkosten werden auch als **effektive Kosten** bezeichnet, da sie alle in einer Abrechnungsperiode effektiv angefallenen Kosten umfassen. Die Höhe der Istkosten unterliegt den Einflüssen zufälliger Ereignisse. Bei starken Schwankungen der Istkosten im Zeitablauf werden die Einflüsse auf die Stückkosten nachteilig, da die Stückkosten die Basis für die Produktpreise bilden und schwankende Stückkosten einer konstanten Preisstellung entgegenstehen.

In solchen Fällen werden statt der effektiv angefallenen Kosten die so genannten **Normalkosten** erfasst, die sich als Mittelwerte aus den Istkosten mehrerer vorangegangener Abrechnungsperioden ergeben. Normalkosten sind demzufolge Durchschnittswerte, denen der normale bzw. durchschnittliche Verbrauch an Gütern bzw. Dienstleistungen zugrunde liegt. Rechnerisch werden Normalkosten aus den durchschnittlichen Verbrauchsmengen und/oder den durchschnittlichen Preisen ermittelt.

$$\text{Normalkosten} = \text{Normalmenge} \times \text{Normalpreise}$$

Die Normalkosten sind wie die Istkosten ebenfalls vergangenheitsbezogen, jedoch beziehen sie sich im Durchschnitt auf mehrere Abrechnungsperioden.

Demgegenüber stellen **Plankosten** die im Voraus bestimmten Kosten dar und sind zukunftsbezogen. Dabei werden die Kosten im Regelfall für ein Jahr im Voraus festgelegt. Neben der geplanten Beschäftigung fließen in die Plankosten auch die geplanten Verbräuche und die Plankostensätze ein. Die Plankosten werden entweder auf Basis von Bezugsgrößen (z. B. für Maschinenstunden) als Plankostensätze vorgegeben oder als Budget (z. B. für Miete) festgelegt. Die Plankosten werden grundsätzlich nicht aus Vergangenheitswerten abgeleitet. Rechnerisch ergeben sich die Plankosten aus den geplanten Verbrauchsmengen und den Planpreisen.

$$\text{Plankosten} = \text{Planmenge} \times \text{Planpreise}$$

Je nach Verrechnungsumfang unterscheidet man innerhalb der Kostenrechnungssysteme zwischen **Vollkosten** und **Teilkosten.** Vollkosten enthalten alle fixen und variablen Kostenbestandteile, während Teilkosten lediglich aus variablen Kosten bestehen.

2.2   Aufbau der Kosten- und Leistungsrechnung

Zum besseren Verständnis der nachfolgenden Abschnitte und Kapitel soll an dieser Stelle der grundlegende Aufbau der Kosten- und Leistungsrechnung erläutert werden. Wie bereits dargestellt, ist die Kosten- und Leistungsrechnung ein Teilgebiet des Rechnungswesens. Sie wird auch als Betriebsbuchhaltung bezeichnet, da sie als parallele Rechnung zur Finanzbuchhaltung aufgebaut ist.

Sie beginnt mit der **Kostenartenrechnung,** die in Kap. 3 umfassend erläutert wird. In der Kostenartenrechnung werden die Kosten, nach verschiedenen Verursachungsarten gegliedert, erfasst. Im Mittelpunkt der Kostenartenrechnung steht die Frage:

Welche Kosten sind angefallen?

Die Kostenartenrechnung greift dabei auf die Finanzbuchhaltung zu, grenzt zunächst neutrale Aufwendungen ab und rechnet kalkulatorische Kosten ein. Sie greift auch auf diverse Nebenbuchhaltungen zu, wie zum Beispiel:

- Lohn und Gehaltsbuchhaltung zur Erfassung der Personalkosten,
- Lagerbuchhaltung zur Erfassung der Materialkosten sowie
- Anlagenbuchhaltung zur Erfassung der Abschreibungen.

Innerhalb der Kostenartenrechnung werden die Kosten gegliedert nach:

- der Art des Anfalls sowie
- der Zuordenbarkeit in Einzel- und Gemeinkosten.

Nach Abschluss der Kostenartenrechnung werden alle Gemeinkosten in der **Kostenstellenrechnung** den verschiedenen Orten der Kostenverursachung zugeordnet. Die Kostenstellenrechnung ist die zweite Stufe der Kostenrechnung und wird im nachfolgenden Kap. 4 eingehend erläutert. Im Mittelpunkt der Kostenstellenrechnung steht die Frage:
Wo sind die Kosten entstanden?

Innerhalb der Kostenstellenrechnung werden Gemeinkosten aus der Kostenartenrechnung zunächst den einzelnen Orten der Kostenverursachung, den so genannten Kostenstellen, zugerechnet. Unterhalb der einzelnen Kostenstellen findet dann eine innerbetriebliche Leistungsverrechnung statt, die eine Inanspruchnahme von Dienstleistungen verschiedener Organisationseinheiten innerhalb des Unternehmens nachbilden soll. Im Ergebnis der Kostenstellenrechnung werden Gemeinkostenzuschlagsätze für die Kostenträgerrechnung bestimmt. Die Kostenstellenrechnung ist somit eine Vorbereitung für die Kostenträgerrechnung, sie hat aber gleichzeitig eine eigenständige Funktion der Überwachung der Kostenverursachung in den einzelnen Organisationseinheiten.

Die **Kostenträgerrechnung** ist die dritte und letzte Stufe der Kostenrechnung, die in Kap. 5 umfassend dargestellt wird. Im Mittelpunkt der Kostenträgerrechnung steht die Frage.
Wofür sind Kosten angefallen?

Die Kostenträgerrechnung übernimmt die Einzelkosten aus der Kostenartenrechnung und die Zuschlagsätze aus der Kostenstellenrechnung. Sie verrechnet die Kosten auf die Kostenträger (die Produkte und Dienstleistungen des Unternehmens). In der Kostenträgerrechnung werden darüber hinaus die Erlöse erfasst, die mit den einzelnen Kostenträgern erzielt wurden bzw. werden.

Innerhalb der Kostenträgerrechnung unterscheidet man die **Kostenträgerzeitrechnung**, in der für eine Periode der kurzfristige Erfolg festgestellt wird, und die **Kostenträgerstückrechnung**, in der die Stückkosten für einen Kostenträger ermittelt werden. Die Abb. 2.12 verdeutlicht den Aufbau der Kosten- und Leistungsrechnung und gibt dazu jeweils die vertiefenden Kapitel des Buches an.

Abb. 2.12 Aufbau der Kosten-
und Leistungsrechnung

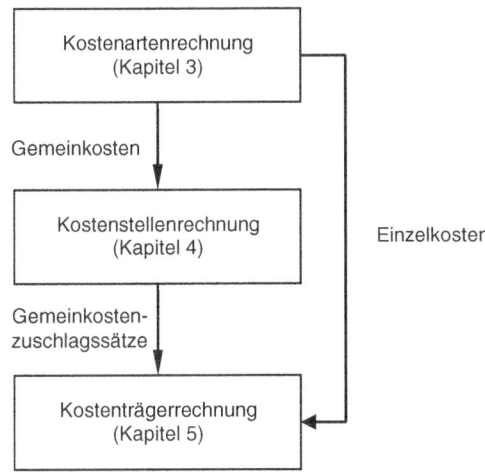

2.3   Prinzipien der Kostenverrechnung

Die Kostenverrechnung ist die Art der Verteilung der Kosten innerhalb der Kosten- und
Leistungsrechnung. Dabei haben sich bestimmte Grundprinzipien der Kostenverrechnung herausgebildet (Abb. 2.13). Haberstock unterscheidet zwei (Haupt-)Prinzipien, die
einer möglichst realitätsnahen Abbildung der Kostenentstehung dienen:

- Verursachungsprinzip
- Identitätsprinzip

Darüber hinaus werden zwei (Hilfs-)Prinzipien genannt, die für Kosten zur Anwendung
gelangen, für die das Verursachungs- oder Identitätsprinzip nicht verwendbar ist:

- Durchschnittsprinzip
- Tragfähigkeitsprinzip

(1) Verursachungsprinzip
Das Verursachungsprinzip besagt, dass dem betriebszweckgebundenen Produkt bzw. der
Dienstleistung nur dann Kosten direkt zugerechnet werden dürfen, wenn sie vom Produkt unmittelbar verursacht wurden. Demzufolge besteht ein unmittelbarer Kausalzusammenhang zwischen der Kostenverursachung und der Kostenverrechnung.
    Nach dem Verursachungsprinzip können Kosten einem Bezugsobjekt nur dann zuge-
rechnet werden, wenn sie durch das Bezugsobjekt verursacht wurden. Im Allgemeinen können Bezugsobjekte auf der Ebene der Kostenstellenrechnung als eine einzelne
Kostenstelle oder ein Bereich bestehend aus mehreren Kostenstellen auftreten. Auf der

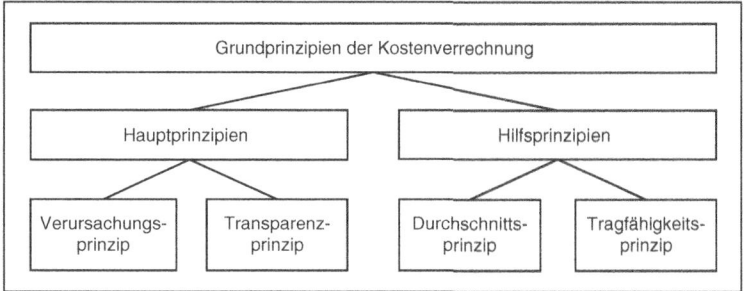

Abb. 2.13 Grundprinzipien der Kostenverrechnung

Ebene der Kostenträgerrechnung können Bezugsobjekte entweder ein Kostenträger oder eine Gruppe von Kostenträgern sein. Im engen Sinne bezieht sich das Verursachungsprinzip nur auf den einzelnen Kostenträger und sagt aus, dass den einzelnen Kostenträgern nur jene Kosten zugerechnet werden können, die durch den Kostenträger verursacht wurden. Damit wird der Kostenträger im Sinne des Produkts oder der Dienstleistung zum Kostenverursacher, bei dessen Erstellung bestimmte Kosten anfallen. Dies unterstellt einen Kausalzusammenhang zwischen der Herstellung von Kostenträgern und dem Kostenanfall. Dieser unmittelbare Zusammenhang zwischen Kostenträgererzeugung (Ursache) und Kosten (Wirkung) besteht jedoch in der Unternehmenspraxis nur bei den Einzelkosten. In der Teilkostenrechnung wird dem Verursachungsprinzip vollständig Rechnung getragen, da den Kostenträgern lediglich die direkt verursachten Einzelkosten zugerechnet werden. In der Vollkostenrechnung werden auch fixe Kosten dem Kostenträger zugerechnet und damit das Verursachungsprinzip im engeren Sinne verlassen. Da die fixen Kosten von ihrer Höhe her in der Regel bedeutende Größenordnungen einnehmen, können Sie innerhalb der Kostenrechnung nicht vernachlässigt werden. Nach dem Verursachungsprinzip im weiteren Sinne lassen sich auch fixe Kosten den Kostenträgern zuordnen, da sie Mittel zum Zweck der Leistungserstellung sind. Vergleicht man das Verursachungsprinzip im engeren und weiteren Sinne, so lässt sich nach folgend dargestellte Unterscheidung festhalten.

Nach dem Verursachungsprinzip im engeren Sinne werden Kosten in einem Kausalzusammenhang zur Erzeugung von Kostenträgern betrachtet. Dementsprechend werden dem Kostenträger nur jene Kosten zugerechnet, die unmittelbar mit dem Kostenträger verbunden sind bzw. bei jeder Ausweitung um eine Beschäftigungseinheit anfallen.

Nach dem Verursachungsprinzip im weiteren Sinne werden Kosten in einem mittelbaren Zusammenhang zur Erzeugung von Kostenträgern betrachtet. Die Kosten werden dann als Mittel zum Zweck der Herstellung der Kostenträger in ihrer Grundgesamtheit verstanden.

Aber auch nach dem Verursachungsprinzip im weiteren Sinne lassen sich nicht alle Kosten verursachungsgerecht dem Kostenträger zurechnen. Man denke beispielsweise an

Steuern und Abgaben, die in der obigen Definition keine Mittel-Zweck-Beziehung zum Kostenträger haben. Die Konsequenz aus der Anwendung des Verursachungsprinzips ist, dass sich im engeren Sinne die variablen Kosten und im weiteren Sinne nur bestimmte Fixkosten dem Kostenträger zurechnen lassen.

(2) Identitätsprinzip

Riebel beschreibt Kosten nach dem Identitätsprinzip als „einem Untersuchungsobjekt nur dann eindeutig und zwingend zurechenbar, wenn die Existenz dieses Untersuchungs-objekts durch dieselbe Disposition ausgelöst worden ist wie eben diese zuzurechnen-den […] Kosten" (Riebel 1972, S. 272). Das Identitätsprinzip ist eine Alternative zum Verursachungsprinzip. Dabei geht man beim Identitätsprinzip von einer entscheidungs-orientierten Kostenverursachung aus. Die Entscheidungen im Unternehmen werden als Kostenverursacher identifiziert, was den wesentlichen Unterschied zum Verursachungs-prinzip ausmacht. Auch nach dem Identitätsprinzip lassen sich nicht alle Kosten einem Kostenträger zurechnen. So gehen beispielsweise Steuern und Abgaben nicht auf eine Disposition der Kostenträger zurück.

(3) Durchschnittsprinzip

Nach dem Durchschnittsprinzip werden alle Kosten als Durchschnittswerte dem Produkt bzw. der Dienstleistung zugerechnet. Im Falle eines Einprodukt-Betriebs werden die Kosten durch die Leistungsmengen dividiert und damit der Durchschnittswert ermittelt. Wenn mehrere Produkte hergestellt werden, erfolgt die Durchschnittsermittlung unter Zuhilfenahme spezieller Bezugsgrößen.

Für alle Kosten, die sich nicht nach einem Hauptprinzip auf einen Kostenträger ver-teilen lassen, kommen die Hilfsprinzipien zur Anwendung. Beim Durchschnittsprinzip werden die Kosten, wie der Name bereits sagt, durchschnittlich auf die Kostenträger insgesamt oder auf eine Gruppe gleichwertiger Kostenträger verteilt. Während in Unter-nehmen mit Massenfertigung bestimmter Kostenträger die einfache Division der Kosten durch die Anzahl der Kostenträger zur durchschnittlichen Kostenbelastung führt, sind in Unternehmen mit Sortenfertigung bestimmte Hilfs- bzw. Bezugsgrößen zur Durch-schnittsbildung erforderlich.

(4) Tragfähigkeitsprinzip

Die Kostentragfähigkeit wird berücksichtigt, wenn dem Produkt bzw. der Dienstleistung unter Beachtung des erzielbaren Preises mehr oder weniger Kosten zugerechnet werden. Dabei ist es in der Praxis üblich, die nicht nach dem Verursachungsprinzip verrechenba-ren Kosten im Verhältnis zu den Absatzpreisen proportional den Produkten zuzurechnen.

Das Tragfähigkeitsprinzip berücksichtigt die Kostenbelastbarkeit der Kostenträger. Damit ist die Möglichkeit der Kostenzurechnung unter Berücksichtigung der am Markt für die Produkte erzielbaren Preise gemeint. Dementsprechend werden nach dem Trag-fähigkeitsprinzip die Kosten proportional zu den Absatzpreisen der Produkte auf diese Kostenträger verteilt.

2.4   Fragen zu den Grundlagen der Kosten- und Leistungsrechnung

1. Welche Kostendefinitionen lassen sich unterscheiden?
2. Welche Merkmale kennzeichnen den wertmäßigen Kostenbegriff?
3. Welche Merkmale kennzeichnen den pagatorischen Kostenbegriff?
4. Welche Merkmale kennzeichnen den entscheidungsorientierten Kostenbegriff?
5. Wodurch unterscheiden sich Stück- und Grenzkosten?
6. Wie lässt sich der Begriff Beschäftigung definieren?
7. Wie lassen sich fixe bzw. sprungfixe Kosten beschreiben?
8. Welche Beispiele gibt es für fixe bzw. sprungfixe Kosten?
9. In welchem Zusammenhang stehen Nutz- und Leerkosten?
10. Was sind variable Kosten und welche Arten werden unterschieden?
11. Welche Beispiele gibt es für proportionale, degressive und progressive Kostenverläufe?
12. Was zeichnet Mischkosten aus?
13. Nach welchem Verfahren werden Mischkosten in fixe und variable Bestandteile zerlegt?
14. Wie sieht ein idealtypischer Gesamtkostenverlauf aus?
15. Was zeichnet den Verrechnungsbezug von Kosten aus?
16. Wie lassen sich Einzelkosten definieren?
17. Wie lassen sich Gemeinkosten definieren?
18. Welche Bestandteile können den Einzel- und Gemeinkosten zugeordnet werden?
19. Was sind unechte Gemeinkosten?
20. Welche Kostenrechnungssysteme werden unterschieden?
21. Wie ist die Kosten- und Leistungsrechnung aufgebaut?
22. Welche Fragen werden in den einzelnen Stufen der Kosten- und Leistungsrechnung beantwortet?
23. Welche Prinzipien sind bei der Kostenverrechnung zu beachten?
24. Was sind die Haupt und Hilfsprinzipien der Kostenverrechnung?

Kostenartenrechnung

3

3.1 Aufgaben der Kostenartenrechnung

Die Kostenartenrechnung ist die erste Stufe der Kostenrechnung. Die beiden wesentlichen Zwecksetzungen der Kostenartenrechnung sind:

- die Vorbereitung der nächsten Stufe der Kostenrechnung (Kostenstellenrechnung),
- die Bestimmung des Betriebsergebnisses der Betrachtungsperiode und kostenartenorientierte Kontrolle.

Zur Erfüllung dieser Zielsetzungen sind mit der Kostenartenrechnung zahlreiche Aufgaben zu erfüllen. In Vorbereitung der Kostenartenrechnung sind dabei zunächst zwei Problemstellungen zu lösen. An erster Stelle muss der Betriebszweck des Unternehmens klar festgelegt sein. Nur unter dieser Voraussetzung lassen sich betriebsfremde Erträge und Aufwendungen abgrenzen und die betriebszweckgebundenen Erträge und Aufwendungen in der Kosten- und Leistungsrechnung verrechnen. Darüber hinaus müssen in Vorbereitung einer Kostenartenrechnung die Kostenarten sehr detailliert festgelegt und de facto auch nummeriert werden, was in der Regel in Anlehnung an die Kontennummern der zugehörigen Aufwandsarten erfolgt. Neben diesen einmaligen, vorbereitenden Aufgabenstellungen sind laufende Aufgaben der Kostenartenrechnung zu erfüllen. Dazu gehören:

- die belegmäßige Erfassung der Kosten und Leistungen des Unternehmens unter Berücksichtung des Betriebszwecks und der Betrachtungsperiode,
- die Abgrenzung der neutralen Aufwendungen und Erträge,
- die Ermittlung der Beträge der einzelnen Leistungs- und Kostenarten,
- die Bestimmung der kalkulatorischen Kosten.

© Springer-Verlag Berlin Heidelberg 2016

L. Buchholz und R. Gerhards, *Internes Rechnungswesen,* BA KOMPAKT,
DOI 10.1007/978-3-662-48405-0_3

Die Erfassung der Kosten und Leistungen ist eine periodisch wiederkehrende Hauptaufgabe der Kostenartenrechnung. Die Erfassung der Kosten und Erlöse erfolgt dabei auf
der Grundlage der Belege, die erkennen lassen, um welche Kosten- bzw. Erlösart (Nummer) es sich handelt und wie die Weiterverrechnung der Kostenart erfolgen soll. Bei der
Kostenerfassung innerhalb der Kostenartenrechnung gelten drei Grundsätze:

(1) Systematisch
    Die Erfassung der Kosten in der Kostenartenrechnung muss einer Systematik folgen,
    um die überschneidungsfreie Nachbildung der Kostenverursachung sicherzustellen.
    Kostenarten müssen möglichst eindeutig gebildet werden können. Dazu bedarf es
    einer detaillierten Kostenartensystematik, die in der betrieblichen Praxis über einen
    Kostenartenplan erzeugt wird, wobei für jede mögliche Kostenart eine (Konto-)Nummer hinterlegt ist. Diese Systematik ermöglicht, dass Kosten in jeder Abrechnungsperiode der gleichen Kostenart zugeordnet werden können.
(2) Vollständig
    Die vollständige Erfassung aller Kosten und Leistungen umfasst auch die Aufnahme
    aller neutralen Erträge und Aufwendungen, da nur so die Vollständigkeit und damit
    Richtigkeit der Daten der Kostenartenrechnung festgestellt werden kann. Die Prüfung der Richtigkeit erfolgt im Rahmen eines Vergleichs der in der Finanzbuchhaltung ermittelten Werte mit den Daten der Kostenartenrechnung. Nur so lässt sich
    sicherstellen, dass in der Kostenartenrechnung alle Kosten und Leistungen erfasst
    und damit die sachliche Richtigkeit der gesamten Kostenrechnung gegeben ist.
(3) Periodengerecht
    Da die Kosten- und Leistungsrechnung der Bestimmung des innerhalb einer Periode
    erwirtschafteten betrieblichen Erfolgs dient, ist bereits in der Kostenartenrechnung
    eine periodengerechte Zuordnung der Kosten vorzunehmen. Somit sind alle Kosten
    und Erlöse, die nicht der Betrachtungsperiode zuordenbar sind, weil die Geschäftsvorfälle zu einer vor- oder nachgelagerten Periode zählen, als neutrale Werte zu
    separieren.

Nach Umsetzung der regelmäßig anfallenden und allgemeingültigen Funktionen sind
spezielle Aufgaben mit der Erfüllung der oben genannten Zwecksetzungen verbunden.

Zur Vorbereitung der Kostenstellenrechnung sind in der Kostenartenrechnung die
Kosten nach deren Zurechenbarkeit in Einzelkosten, Sondereinzelkosten und Gemeinkosten zu gliedern, da in der Kostenstellenrechnung nur die Gemeinkosten verrechnet
werden. In diesem Zusammenhang wird bei der belegmäßigen Aufnahme der Kostenarten in der betrieblichen Praxis auch die Nummer der verursachenden Kostenstelle mit
erfasst.

Zur Bestimmung des Betriebsergebnisses aus der Fokussierung der betriebswirtschaftlichen Beurteilung auf den Betriebszweck des Unternehmens sind in der Kostenartenrechnung die Erlöse bzw. Leistungen und die Kosten gegenüberzustellen. Dabei
wird der kurzfristige Periodenerfolg aus der Erfüllung des definierten Betriebszwecks

ausgewiesen, der für die Managementebene einen entscheidenden Informationsgehalt besitzt. Zum einen zeigt er aufgrund der kurzfristigen Ausrichtung der Betrachtungsperiode wie eine Art Frühwarnsystem entsprechend frühzeitig Fehlentwicklungen in der Erfolgsentwicklung an und ermöglicht dabei frühzeitige Einflussnahmen. Zum anderen informiert das Betriebsergebnis über den Erfolg der originären betrieblichen Ausrichtung auf den Betriebszweck und bereinigt damit Ergebnisse aus der Finanzbuchhaltung um Sondereffekte.

Die Kostenartenrechnung kann auf zweierlei Wegen aufgebaut werden. Die erste Möglichkeit ist die tabellarische Form. Dazu wird eine Ergebnistabelle erzeugt, aus der die Aufwands- und Ertragsarten der Finanzbuchhaltung einerseits und die neutralen und betrieblichen Erträge und Aufwendungen andererseits hervorgehen. Dieses Verfahren erleichtert die Überprüfung der Vollständigkeit und Richtigkeit der Ergebnisse der Kostenartenrechnung im Vergleich zur Finanzbuchhaltung und wird im Weiteren auch aus didaktischen Gründen näher erläutert. Die zweite Möglichkeit der praktischen Umsetzung der Kostenartenrechnung ist die buchhalterische Umsetzung innerhalb der Finanzbuchhaltung. Diese hat den Vorteil, dass die Kostenartenrechnung quasi in einem Guss mit der Finanzbuchhaltung umgesetzt wird und damit weniger fehleranfällig ist. Für diese Möglichkeit sieht beispielsweise der Industriekontenrahmen[1] eine eigene Kontenklasse (Konten 90–92) zur Führung der Kostenartenrechnung vor. Zum besseren Verständnis werden im Weiteren beide Methoden miteinander verknüpft. In den nachfolgenden Ausführungen werden Ergebnistabellen (erste Methode) unter Angabe von Kontennummern (zweite Methode) dargestellt.

3.2 Abgrenzungsrechnung

Die Kostenartenrechnung soll die Höhe der in der Betrachtungsperiode angefallenen Kosten- und Leistungsarten ermitteln und damit sowohl den kurzfristigen Betriebserfolg ausweisen als auch die nächste Stufe der Kostenrechnung vorbereiten. Dabei greift die Kostenartenrechnung auf die Finanzbuchführung des Unternehmens zu und grenzt die neutralen Aufwendungen ab. Das heißt, die neutralen Aufwendungen werden entweder aufgrund ihrer fehlenden Betriebszweckbindung bzw. Periodenzugehörigkeit oder aufgrund ihrer außerordentlichen Höhe separiert und fließen nicht in die Kosten- und Leistungsrechnung ein. Diese so genannte Abgrenzung der Aufwendungen, die nicht in die Kosten- und Leistungsrechnung einfließen, erfolgt im Rahmen der Abgrenzungsrechnung. Im Weiteren wird zur Durchführung der Abgrenzungsrechnung eine so genannte Ergebnistabelle verwendet. Dabei sind verschiedene Grundprinzipien zu beachten, die im Weiteren eingehend erklärt werden.

---

[1]Der Industriekontenrahmen ist ein Kontenplan, der vom Bundesverband der Deutschen Industrie entwickelt und herausgegeben wurde. Näheres hierzu in Abschn. 3.2.1.

3.2.1   Abgrenzung zwischen Finanz- und Betriebsbuchführung

Die Betriebsbuchführung wurde als zweiter Hauptbereich des internen Rechnungswesens entwickelt, weil die Finanzbuchführung den Informationsbedarf des modernen
Managements nicht vollständig abdecken konnte. Während die Finanzbuchführung auf
das Geschäftsjahr und alle Geschäftsaktivitäten unabhängig von deren Zugehörigkeit
zum Betriebszweck abstellt, informiert die Betriebsbuchführung innerhalb eines Jahres
in kurzfristigen Zeitabständen über die betrieblichen Kosten, die dazugehörigen Erlöse
und den Betriebserfolg. Der Schwerpunkt der Betriebsbuchführung liegt dementsprechend auf den innerbetrieblichen Vorgängen von der Beschaffung über die Produktion
bzw. Leistungserstellung bis zum Absatz der Güter und Dienstleistungen. Nach der
Erfassung von Kosten und Leistungen lassen sich die Stückkosten und -gewinne, die mit
den einzelnen Produkten bzw. Dienstleistungen erzielt wurden, errechnen. Das Betriebsergebnis ergibt sich dann aus der Summe der Einzelergebnisse betriebszweckgebunde-
ner Tätigkeiten in einer Periode. Dagegen besteht das Ziel der Finanzbuchführung in
der Erfassung aller Geschäftsvorfälle einer Abrechnungsperiode und der Ermittlung des
Gesamtergebnisses der Geschäftstätigkeit.

Zur Umsetzung der Finanzbuchführung verwenden die Unternehmen so genannte
Kontenrahmen. Dabei werden in der Literatur zwei Typen von Kontenrahmen im Hin-
blick auf die Abgrenzungsrechnung unterschieden, das Einkreis- und das Zweikreissystem (Abb. 3.1).

Die Abgrenzungsrechnung hat folgende Aufgaben zur erfüllen:

- Trennung betrieblicher und neutraler Aufwendungen/Erträge
- Errechnung der Anderskosten und Andersleistungen
- Errechnung der Zusatzkosten und Zusatzleistungen.

Beim **Einkreissystem** werden die Finanz- und die Betriebsbuchführung in einer organi-
satorischen Einheit umgesetzt. Das heißt, die Abgrenzung zwischen Kosten und Leistungen von den Aufwendungen und Erträgen erfolgt in einer Kontenklasse.

Demgegenüber sind die Finanz- und Betriebsbuchführung im **Zweikreissystem**
organisatorisch voneinander getrennt. Sie stellen zwei unabhängige Kreisläufe dar, die
jeweils in sich geschlossen sind. Die Verbindung zwischen den beiden Kreisen bildet die
so genannte Abgrenzungsrechnung. In Abb. 3.2 wird der grundsätzliche Zusammenhang
zwischen den beiden Kreisläufen am Beispiel des Industriekontenrahmens wiedergege-
ben. Der Rechnungskreis I stellt dabei die Finanzbuchführung dar, während der Rechnungskreis II die Betriebsbuchführung bzw. Kosten- und Leistungsrechnung umfasst.

Die Kosten- und Leistungsrechnung (bisher als Betriebsbuchführung bezeichnet) wird,
wie die Finanzbuchführung, mithilfe von Konten durchgeführt. Dabei greift die Kosten- und
Leistungsrechnung im Zweikreissystem auf die Konten der Finanzbuchführung zu. Im Rahmen der Abgrenzungsrechnung werden die Erträge und Aufwendungen der Finanzbuchführung auf die Konten der Abgrenzungsrechnung übertragen. Die Übertragung erfolgt nicht

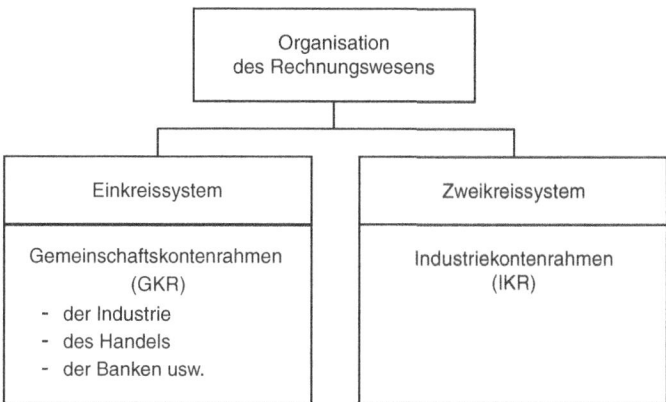

Abb. 3.1 Kontenrahmen im Überblick. (Quelle: Däumler und Grabe 1993, S. 46)

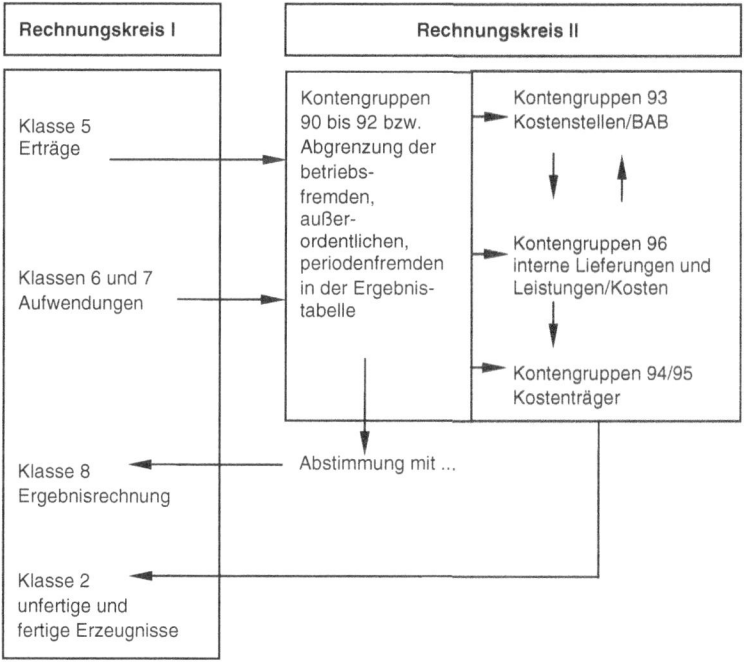

Abb. 3.2 Aufbau des Zweikreissystems. (Quelle: Olfert 2005, S. 31)

wie ein Buchungsvorgang der doppelten Buchführung nach dem Prinzip „Soll an Haben". Die Aufwendungen und Erträge im Rechnungskreis I werden seitengleich auf die Konten im Rechnungskreis II übertragen. Mit seitengleicher Übertragung ist gemeint, dass die Aufwendungen im Rechnungskreis I und II auf der linken Seite der T-Konten erscheinen und die

Rechnungskreis I				Rechnungskreis II					
Ergebnisbereich				Abgrenzungsbereich				Kosten- und Leistungsbereich	
Geschäftsbuchführung (Gewinn- und Verlustrechnung) Kontenklassen 5, 6 und 7 des Industrie-Kontenrahmens IKR				Unternehmens-bezogene Abgren-zungen betriebs-fremde Aufwendun-gen und Erträge Gruppe 90		Kosten- und leistungs-rechnerische Korrekturen Gruppe 91		Kosten- und Leistungsarten Gruppe 92	
Kto.-Nr.	Konten	Aufwen-dungen	Erträge	Aufwen-dungen	Erträge	Aufwen-dungen	Erträge	Kosten	Lei-stungen
1	2	3	4	5	6	7	8	9	10
500	Umsatzerlöse für eigene Erzeugnisse		4.310.400						4.310.400
5401	Nebenerlöse aus Vermietung und Verpachtung		45.700		45.700				
600-608	Aufwendungen für Roh-, Hilfs- und Betriebsstoffe und für bezogene Waren	2.262.000				2.262.000	2.380.900	2.380.900	
	Kalkulatorische Kosten								
	· Kalkulatorische Abschreibungen						135.500	135.500	
	· Kalkulatorische Zinsen						171.000	171.000	
	· Kalkulatorischer Unternehmenslohn						72.000	72.000	
	· Kalkulatorische Wagnisse						3.500	3.500	

Übergangskonten   Spiegelbildkonten

Abb. 3.3 Spiegelbild- und Übergangskonten der Abgrenzungsrechnung

Erträge dementsprechend auf der rechten Seite. Das heißt, die Aufwendungen und Erträge stehen in der Finanzbuchführung und in der Abgrenzungsrechnung auf der gleichen Seite der T-Konten. Das Prinzip der Übertragung wird mittels Übergangskonten umgesetzt. Zum besseren Verständnis der Übergangskonten sind in der nachfolgenden Tabelle die Übertra-gungsmöglichkeiten mittels Pfeilen gekennzeichnet. Innerhalb der Abgrenzungsrechnung werden darüber hinaus so genannte Spiegelbildkonten geführt. Diese Konten kommen dann zum Einsatz, wenn kein formaler Zusammenhang zwischen der Betriebsbuchhaltung und der Finanzbuchhaltung besteht, wie beispielsweise bei den kalkulatorischen Kosten. Dann werden Beträge spiegelbildlich innerhalb der Abgrenzungsrechnung nach den Prinzipien der doppelten Buchführung gebucht. Die Spiegelbildkonten sind in der Abb. 3.3 eingerahmt.

Die Abgrenzungsrechnung des Industriekontenrahmens sieht unternehmensbezogene Abgrenzungen sowie kosten- und leistungsrechnerische Korrekturen vor. Diese werden in eigenständigen Kontenklassen umgesetzt. Für die unternehmensbezogenen Abgren-zungen sieht der Industriekontenrahmen die Kontenklasse 90 vor, während die kosten- und leistungsrechnerischen Korrekturen in der Kontenklasse 91 vorgenommen werden. Jede Kontenklasse wird innerhalb einer Abrechnungsperiode abgeschlossen, die Sum-men und Salden werden ermittelt und in einem eigenständigen Ergebnis abgebildet.

Die eigentliche Kosten- und Leistungsrechnung wird im Industriekontenrahmen in der Kontenklasse 92 geführt. Auch für diese Kontenklasse gilt der Rechnungs-abschluss einer Periode und die Ermittlung der Summen und Salden sowie deren

			Rechnungskreis I		Rechnungskreis II					
			Ergebnisbereich		Abgrenzungsbereich				Kosten- und Leistungsbereich	
			Geschäftsbuchführung (Gewinn- und Verlustrechnung) Kontenklassen 5, 6 und 7 des Industrie-Kontenrahmens IKR		Unternehmensbezogene Abgrenzungen betriebsfremde Aufwendungen und Erträge Gruppe 90		Kosten- und leistungsrechnerische Korrekturen Gruppe 91		Kosten- und Leistungsarten Gruppe 92	
Kto.-Nr.		Konten	Aufwendungen	Erträge	Aufwendungen	Erträge	Aufwendungen	Erträge	Kosten	Leistungen
0	1	2	3	4	5	6	7	8	9	10
1	500	Umsatzerlöse für eigene Erzeugnisse		4.310.400						4.310.400
2	510	Umsatzerlöse für Waren		275.900						275.900
3	520	Bestandsveränderungen an unfertigen und fertigen Erzeugnissen		287.300						287.300
4	530	Andere aktivierte Eigenleistungen		9.800						9.800
5	5401	Nebenerlöse aus Vermietung und Verpachtung		45.700		45.700				
6	546	Erträge aus dem Abgang von Vermögensgegenständen		138.500		138.500				
7	560	Erträge aus anderen Finanzanlagen		2.100		2.100				
8	571	Zinserträge		22.500		22.500				
9	600-608	Aufwendungen für Roh-, Hilfs- und Betriebsstoffe und für bezogene Waren	2.262.000				2.262.000	2.380.900	2.380.900	
10	616	Fremdinstandhaltung	12.000						12.000	
11	620	Löhne	970.400						970.400	
12	630	Gehälter	630.800						630.800	
13	640-649	Soziale Abgaben und Aufwendungen für Altersversorgung und für Unterstützung	204.200						204.200	
14	652	Abschreibungen auf Sachanlagen	161.200				161.200			
15	670	Mieten, Pachten	34.900						34.900	
16	675	Kosten des Geldverkehrs	8.600						8.600	
17	680	Büromaterial	14.700						14.700	
18	690	Versicherungsbeiträge	9.300						9.300	
19	695	Abschreibungen auf Forderungen	4.800				4.800			
20	696	Verluste aus dem Abgang von Vermögensgegenständen	12.300		12.300					
21	700-709	Betriebliche Steuern	127.100						127.100	
22	740	Abschreibungen auf Finanzanlagen	1.600		1.600					
23	751	Zinsaufwendungen	106.200		106.200					
		Kalkulatorische Kosten								
24		· Kalkulatorische Abschreibungen							135.500	135.500
25		· Kalkulatorische Zinsen							171.000	171.000
26		· Kalkulatorischer Unternehmerlohn							72.000	72.000
27		· Kalkulatorische Wagnisse							3.500	3.500
28		Summen	4.560.100	5.092.200	120.100	208.800	2.428.000	2.762.900	4.774.900	4.883.400
29		Salden (Ergebnisse)	+532.100		+88.700	-		+334.900		+108.500	-
30		Ergebnisrechnung	Gesamtergebnis (Jahres- oder Unternehmensergebnis)		Ergebnis der unternehmensbezogenen Abgrenzungen		Ergebnis aus kosten- und leistungsrechnerischen Korrekturen		Betriebsergebnis	

Abb. 3.4 Beispiel für eine Abgrenzungsrechnung. (Quelle: Holland und Reimers 1993, S. 22)

Zusammenführung zum Betriebsergebnis. Die Abrechnungsergebnisse aus der Abgrenzungsrechnung und der Kosten- und Leistungsrechnung müssen in der Summe dem Gesamtergebnis der Finanzbuchführung, das heißt dem Saldo aus den Erträgen und Aufwendungen der Betrachtungsperiode, entsprechen. Die Abb. 3.4 stellt beispielhaft den Zusammenhang zwischen Rechnungskreis I und II dar.

Im Weiteren werden die Schritte der Abgrenzungsrechnung eingehend erläutert. Dabei wird auf das Zahlenbeispiel der Abb. 3.4 Bezug genommen.

3.2.2 Unternehmensbezogene Abgrenzungen

In die Kontenklasse 90 des Industriekontenrahmens werden alle betriebsfremden Erträge und Aufwendungen aus der Finanzbuchhaltung übertragen. Diese Art des Aussortierens von Erträgen und Aufwendungen aufgrund des fehlenden Zusammenhangs zum Betriebszweck wird als unternehmensbezogene Abgrenzung bezeichnet. Deren grundlegende Voraussetzung ist die Festlegung des Betriebszwecks. Diese Festlegung ist unternehmensindividuell, so dass es keine allgemeingültige Beschreibung der betriebsfremden Erträge und Aufwendungen gibt. In der Abgrenzungsrechnung der Abbildung wurden in der Kontenklasse 90 einige betriebsfremde Erträge und Aufwendungen aufgeführt, die als typische Beispiele gelten.

- Nebenerlöse aus Vermietung und Verpachtung werden in der Regel nicht als betriebliche Erträge erfasst, da der Betriebszweck nicht in der Vermietung oder Verpachtung liegt (Abb. 3.4, lfd. Nummer 5).
- Erträge aus dem Abgang von Vermögensgegenständen entstehen bei der Veräußerung von i. d. R. Sachanlagegegenständen. Da diese Vermögensgegenstände in den meisten Unternehmen für die langfristige Nutzung vorgesehen sind, dient deren Veräußerung und der dabei erzielte Ertrag üblicherweise nicht dem Betriebszweck (Abb. 3.4, lfd. Nummer 6).
- Erträge aus Finanzanlagen entstehen, wenn Unternehmen ihre liquiden Mittel gewinnbringend beispielsweise in Aktien oder Rentenpapieren anlegen. Auch die Art des Umgangs mit Liquidität ist zwar eine unternehmerische Tätigkeit, die Erwirtschaftung von Erträgen aus Liquidität ist jedoch nur in Kreditinstituten ein Betriebszweck. In allen anderen Unternehmen gelten diese Erträge in der Regel als betriebsfremd. Diese Aussage gilt in gleicher Weise für Zinserträge, die Unternehmen aus der Vergabe von Krediten beispielsweise an Arbeitnehmer oder an verbundene Unternehmen erzielen (Abb. 3.4, lfd. Nummern 7 und 8).

Die Gegenpositionen zu den dargestellten betriebsfremden Erträgen sind die betriebsfremden Aufwendungen.

- Verluste entstehen aus dem Abgang von Vermögensgegenständen, wenn Vermögensgegenstände veräußert werden und dabei ein Erlös unterhalb des zu Buche stehenden Wertes des Vermögensgegenstands erzielt wird (Abb. 3.4, lfd. Nummer 20).
- Abschreibungen auf Finanzanlagen entstehen, wenn liquide Mittel nicht gewinnbringend angelegt wurden und Verluste entstanden sind (Abb. 3.4, lfd. Nummer 22).

- Zinsaufwendungen gelten in der Regel ebenfalls als betriebsfremd. Wenn die Zinsaufwendungen für Finanzierungen entstehen, die mit dem Betriebszweck verbunden sind, dann werden kalkulatorische Zinsen erfasst (Abb. 3.4, lfd. Nummer 23).

3.2.3 Kosten- und leistungsrechnerische Korrekturen

Innerhalb der Kontenklasse 91 werden alle Erträge und Aufwendungen aufgeführt, die zwar grundsätzlich dem Betriebszweck zuzuordnen sind, jedoch aus anderen Gründen als neutrale Erträge und Aufwendungen behandelt werden. Wie bereits im Abschn. 1.4 dargestellt, gehören zu den betrieblichen, aber dennoch neutralen Erträgen und Aufwendungen:

(1) Außergewöhnliche Erträge und Aufwendungen

Erträge und Aufwendungen, die wegen ihres besonderen Umfangs und ihrer besonderen Art nicht zu den üblicherweise anfallenden betrieblichen Erträgen und Aufwendungen gerechnet werden können, heißen außergewöhnliche betriebliche Erträge und Aufwendungen. Sie sind keine Kosten und Leistungen und müssen daher abgegrenzt werden. Unter die außergewöhnlichen Aufwendungen fallen beispielsweise Verluste aus dem Eintreten bestimmter Risiken, wie Brandschäden oder Forderungsausfälle. Wenn diese Risiken nicht durch Versicherungen abgedeckt sind, kalkulieren Unternehmen in der Regel kalkulatorische Wagniskosten. Diese werden im Abschn. 3.3 weitergehend erläutert und stellen das Pendant zu den außergewöhnlichen Aufwendungen in der Kosten- und Leistungsrechnung dar (Abb. 3.4, lfd. Nummer 19).

(2) Periodenfremde Erträge und Aufwendungen

Erträge und Aufwendungen, die einer anderen Abrechnungsperiode zugeordnet werden können, werden als periodenfremde Positionen abgegrenzt. Beispiele dafür sind Steuerrückerstattungen (periodenfremde Erträge) oder Gewerbesteuernachzahlungen (periodenfremde Aufwendungen) in der laufenden Abrechnungsperiode, die aber frühere Abrechnungsperioden betreffen. Periodenfremde Erträge und Aufwendungen kommen deswegen häufig vor, weil die Kosten- und Leistungsrechnung in kurzen Abrechnungsperioden, wie beispielsweise in Monaten oder Quartalen geführt wird. Demgegenüber verwaltet die Finanzbuchführung die Daten eines gesamten Geschäftsjahres. Dies führt dazu, dass in einem bestimmten Abrechnungsmonat oder -quartal Erträge und Aufwendungen der Finanzbuchführung für die Kostenrechnung als periodenfremde Positionen abgegrenzt werden müssen, obwohl sie das laufende Geschäftsjahr betreffen.

(3) Verrechnungsverschiedene Erträge und Aufwendungen

Die Finanzbuchführung wendet bei der Ermittlung bestimmter Erträge und Aufwendungen so genannte Verrechnungspreise an. Die Grundlagen bilden dabei die gesetzlichen Bestimmungen des Handels- und Steuerrechts. Für die Bildung von Kosten und Leistungen gelten jedoch andere Kriterien als im Handels- oder Steuerrecht.

So verfolgt ein Unternehmen bei der Umsetzung der Kosten- und Leistungsrechnung insbesondere das Ziel, die Kosten der Produkte und Dienstleistungen nach verschiedenen Verrechnungsgrundsätzen abzubilden. Diese Zwecksetzung kann im Widerspruch zu den Bestimmungen des Handels- und Steuerrechts stehen. In einem solchen Fall wenden Unternehmen bei der Ermittlung von Kosten und Erlösen andere Preise als in der Finanzbuchführung an. Typische Beispiele für die von den Bewertungsgrundsätzen der Finanzbuchhaltung abweichenden Verrechnungskorrekturen sind Durchschnitts- und Wiederbeschaffungspreise.[2]

- Um eine möglichst gleichmäßige Kostenverursachung abzubilden und damit die Preisbildung nicht durch stark schwankende Kosten zu beeinflussen, wenden Unternehmen für eingesetzte Güter, Arbeits- und Dienstleistungen häufig **Durchschnittspreise** zur Ermittlung der Kosten an (Abb. 3.4, lfd. Nummer 9).
- Um eine möglichst zukunftsorientierte Kostendeckung zu erreichen, da mit der Preisbildung die zukünftige Beschaffung von einzusetzenden Gütern, Arbeits- und Dienstleistungen abgedeckt sein sollte, werden eingesetzte Güter, Arbeits- und Dienstleistungen häufig mit **Wiederbeschaffungspreisen** bzw. -werten angesetzt (Abb. 3.4, lfd. Nummer 14).

Unabhängig von der Intention, die ein Unternehmen bei der Verrechnungskorrektur verfolgt, werden die Erträge und Aufwendungen in der Kontenklasse 91 erfasst und durch korrigierte Werte in der Kosten- und Leistungsrechnung ersetzt. Dabei müssen zum Ausgleich für die Kosten- oder Leistungswerte entsprechende Gegenbuchungen im Sinne der Spiegelbildkonten vorgenommen werden. Nachfolgendes Beispiel soll dem Verständnis der Verrechnungskorrekturen dienen.

Die Aufwendungen für Roh-, Hilfs- und Betriebsstoffe betrugen in der Abrechnungsperiode 4.000 Euro. Dahinter verbirgt sich ein Verbrauch an Rohstoffen in Höhe von 400 kg, der nach einem handelsrechtlich üblichen Verbrauchsfolgeverfahren mit 10 Euro je Kilogramm bewertet wurde. Für die Kosten- und Leistungsrechnung wird seitens des Unternehmens aufgrund der stark schwankenden Preise für die Rohstoffart mit einem Durchschnittspreis gerechnet, der bei 12 Euro je Kilogramm liegt. Demzufolge werden in der Kosten- und Leistungsrechnung 4.800 Euro Kosten berücksichtigt. Zum Abgleich der Ergebnisse der einzelnen Kontenklassen ist es erforderlich, diese 4.800 Euro in der Kontenklassen 91 als neutralen Ertrag spiegelbildlich zusammenschreiben (Abb. 3.4, lfd. Nummer 9). Diese Vorgehensweise entspricht den Grundprinzipien der doppelten Buchführung. Abb. 3.5 soll abschließend die Behandlung von verrechnungsverschiedenen Erträgen und Aufwendungen innerhalb der Abgrenzungsrechnung verdeutlichen.

---

[2]Weitergehende Erläuterungen zur Anwendung von Verrechnungskorrekturen stehen im Zusammenhang mit Kostenarten in Abschn. 3.3.

Rechnungskreis I				Rechnungskreis II					
Ergebnisbereich				Abgrenzungsbereich				Kosten- und Leistungsbereich	
Finanzbuchführung (Gewinn- und Verlustrechnung)				Unternehmens-bezogene Abgrenzungen Gruppe 90		Kosten- und leistungs-rechnerische Korrekturen Gruppe 91		Kosten- und Leistungsarten Gruppe 92	
Kto-Nr.	Konto	Aufwen-dungen	Erträge	Aufwen-dungen	Erträge	Aufwen-dungen	Erträge	Kosten	Leistungen
600	Aufwendungen für Roh-, Hilfs- und Betriebsstoffe	4.000,00 €				4.000,00 €	4.800,00 €	4.800,00 €	

Abb. 3.5 Verrechnungskorrekturen innerhalb der Abgrenzungsrechnung

3.3 Erfassung der Kostenarten

In der Kostenartenrechnung werden alle Kosten und Leistungen erfasst. Die Vielfalt der Leistungsarten ist dabei im Wesentlichen vom Betriebszweck des Unternehmens und der Breite seiner Angebotspalette abhängig. Auf eine Beschreibung der Erfassung der Leistungsarten soll im Weiteren verzichtet werden. Die nachfolgenden Ausführungen beziehen sich auf die Erfassung der Kosten innerhalb der Kostenartenrechnung. Mit der Bezeichnung der Kostenarten werden die Verbräuche der wesentlichen Produktionsfaktoren eines Unternehmens erfasst. Die Gliederung der Kostenarten folgt zunächst der Grundstruktur der zugehörigen Aufwandsarten in der Finanzbuchhaltung. Unabhängig von den Aufwandsarten werden innerhalb der Kosten- und Leistungsrechnung darüber hinaus kalkulatorische Kosten erfasst. Die Abb. 3.6 gibt einen Überblick zu den wesentlichen Kostenarten der Kosten- und Leistungsrechnung.

3.3.1 Materialkosten

Materialkosten fallen im Zusammenhang mit dem Verbrauch von Stoffen innerhalb der Produktionsprozesse von Unternehmen an. Dabei werden folgende Stoffe unterschieden:

- Fertigungsstoffe
  Materialien, die als Hauptbestandteil unmittelbar in die Produkte eingehen und als Einzelkosten erfasst werden
  Beispiel: Rohstoffe, Werkstoffe, bezogene Teile
- Hilfsstoffe
  Materialien, die ebenfalls unmittelbar in die Produkte eingehen, aber aufgrund ihres geringen Wertanteils als unechte Gemeinkosten erfasst werden
  Beispiel: Nägel, Schrauben, Leim

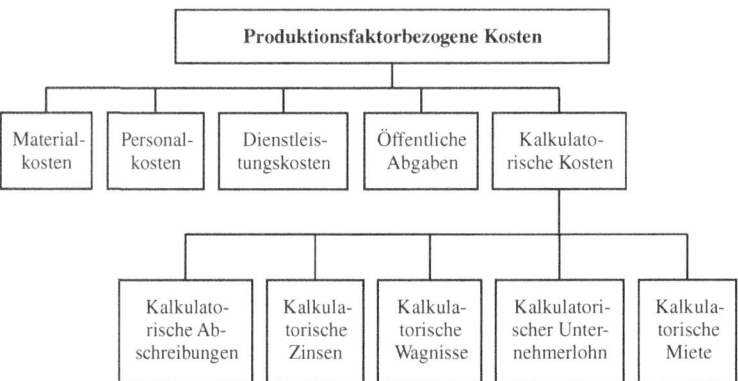

Abb. 3.6 Kostenarten. (Quelle: Olfert 2005, S. 86)

- Betriebsstoffe
  Materialien, die nicht in die Produkte eingehen, sondern bei deren Herstellung verbraucht und somit als Gemeinkosten erfasst werden
  Beispiel: Schmiermittel, Kühlmittel

Zur Bestimmung der Materialkosten müssen sowohl die Verbrauchsmengen erfasst als auch bewertet werden. Materialkosten ergeben sich aus der Multiplikation der Verbrauchsmenge mit dem zugehörigen Verbrauchspreis.

$$\text{Materialkosten} = \frac{\text{verbrauchte}}{\text{Materialmenge}} * \frac{\text{Kostenwert je}}{\text{Mengeneinheit}}$$

3.3.1.1 Ermittlung der Verbrauchsmengen

Bei der Ermittlung der Verbrauchsmengen können sich die Unternehmen verschiedener Verfahren bedienen. In der Praxis haben sich dabei vier verschiedene Methoden etabliert:

(1) Skontrationsmethode
   Nach diesem Verfahren ermitteln Unternehmen die Materialbestände und damit verbunden die Zu- und Abgänge an Material permanent. Für dieses Verfahren sind eine Materialbuchhaltung und eine Lagerkartei erforderlich, auf deren Grundlage Bestandsveränderungen genau erfasst werden können. Nach der Skontrationsmethode werden Zugänge durch Lieferscheine und Abgänge durch Materialentnahmescheine belegt in der Lagerkartei erfasst. Ein Materialentnahmeschein muss dabei mindestens Informationen über die Materialart und -menge, über die Kostenstelle, die jene Materialart erhalten hat, über den Kostenträger, für den die Materialart entnommen wurde, und über den Zeitpunkt der Entnahme enthalten. Der Materialentnahmeschein gibt dementsprechend den Materialverbrauch exakt wieder. Die Skontrationsmethode hat somit den Vorteil, dass auf der Basis des Materialentnahmescheines die Kostenart, die verbrauchende Kostenstelle sowie der dazugehörige

Kostenträger genau erfasst werden. Bestandsverminderungen, die nicht durch einen Materialverbrauch entstanden sind, wie beispielsweise Diebstahl, werden nicht fälschlicherweise in der Kostenrechnung als Materialkosten erfasst. Aufgrund der sehr aufwendigen Organisation einer belegmäßigen Erfassung der Materialverbräuche verzichten jedoch viele Unternehmen trotz des hohen Genauigkeitsgrades auf die Skontrationsmethode.

(2) Inventurmethode

Bei diesem Verfahren werden die Verbrauchsmengen indirekt am Ende der Abrechnungsperiode ermittelt. Es werden keine Materialentnahmescheine verwendet, der Materialzugang wird jedoch wie bei der Skontrationsmethode auf der Grundlage der Lieferscheine bestimmt. Der Endbestand wird durch Inventur ermittelt und gibt damit dem Verfahren seinen Namen. Der Materialverbrauch wird nach der Inventurmethode rechnerisch wie folgt bestimmt:

> Anfangsbestand (Ergebnis der letzten Inventur)
>
> + Zugang gemäß Lieferschein
>
> − Endbestand (Ergebnis der aktuellen Inventur)
>
> = Verbrauch

Der Vorteil dieses Verfahrens besteht darin, dass es mit einem geringen Verwaltungsaufwand geleistet werden kann, der sich auf die Inventur beschränkt. Der Nachteil jedoch ist, dass der Verbrauch erst nach Abschluss der Inventur bestimmt werden kann und nicht-reguläre Bestandsverminderungen als Materialkosten betrachtet werden.

(3) Retrograde Methode

Bei der auch als Rückrechnung bezeichneten Methode wird der Materialverbrauch für ein einzelnes Produkt planmäßig festgelegt. Dabei verwenden Unternehmen Stücklisten und Baupläne oder leiten aus den ersten hergestellten Produkten einen durchschnittlichen Stoffverbrauch ab. Davon ausgehend wird zurückgerechnet, welche Materialien inklusive der anfallenden Abfälle in welchen Mengen in das Produkt eingehen. Der Verbrauch ergibt sich aus folgender Rechnung:

$$\text{Verbrauch} = \frac{\text{hergestellte Menge}}{\text{des Produkts}} * \frac{\text{Sollverbrauch}}{\text{pro Produkt}}$$

Der Vorteil dieser Methode liegt in der einfachen Anwendung. Zwar muss der geplante Verbrauch jeder Materialart für das Produkt feststehen, diese Informationen liegen jedoch in den meisten Unternehmen vor. Der Nachteil der Methode liegt in der fehlenden Genauigkeit. Da dieses Verfahren auf Sollverbräuchen beruht, werden Verbrauchsabweichungen nicht erfasst.

(4) Zugangsmethode

Dieses Verfahren findet dann Anwendung, wenn in einem Unternehmen keine Lagerhaltung vorhanden ist. Bei der so genannten Just-in-time-Produktion findet eine fertigungs- bzw. bedarfssynchrone Materiallieferung statt, die als Ziel die Schaffung durchgängiger Materialflüsse entlang der Wertschöpfungskette verfolgt.

Der Lieferant liefert bedarfsgerecht und unmittelbar an den Verbrauchsort. Die Lieferantenrechnungen dokumentieren demzufolge den Materialverbrauch der Abrechnungsperiode.

$$\text{Verbrauch} = \sum \text{Summe der angelieferten Materialmengen}$$

Dieses Verfahren zur Ermittlung der Verbrauchsmengen ist am einfachsten anwendbar, jedoch mit den gleichen Nachteilen verbunden wie die bereits genannten Verfahren zur rechnerischen Bestimmung der Verbrauchsmengen.

3.3.1.2 Bewertung der Verbrauchsmengen

Nach der Bestimmung der Verbrauchsmengen ist es für die Ermittlung der Materialkosten unerlässlich, die Verbrauchsmengen zu bewerten. Hierzu müssen Kostenwerte bzw. Verbrauchspreise für jede Mengeneinheit einer Materialart ermittelt werden. Zur Bewertung der Verbrauchsmengen können nachfolgende Preise zur Anwendung gelangen.

(1) Anschaffungswert

Der Anschaffungswert ist der bei der Materialbeschaffung gezahlte Einstandspreis. Dieser Preis wird wie folgt ermittelt:

> Angebotspreis
> − Rabatt
> − Bonus
> + Mindermengenzuschlag
> = Zieleinkaufspreis
> − Skonto
> = Bareinkaufspreis
> + Transportkosten (Frachten, Rollgelder, Porti, Verpackungskosten)
> + Bezugsnebenkosten (z. B. Kosten der Transportversicherung und Wegekosten)
> + Zölle
> − Vorsteuer,wenn ein Vorsteuerabzug möglich ist
> = Einstandspreis

Bei der Bewertung der Verbrauchsmengen wird der Einstandspreis effektiv, durchschnittlich oder entsprechend einer Verbrauchsabfolge ermittelt und verwendet.

Der **effektive** Einstandspreis ist der tatsächlich für die zu bewertende Verbrauchsmenge gezahlte Wert. Der **durchschnittliche** Einstandspreis wird verwendet, wenn die verbrauchten Materialien zu unterschiedlichen Zeitpunkten und Preisen erworben wurden. Nach einer **Verbrauchsabfolge** unterscheidet man Lifo-, Fifo-, Hifo- und Lofo-Verfahren zur Bestimmung des Kostenwertes. Auf eine weiterführende Darstellung der konkreten Funktionsweise dieser Verfahren soll an dieser Stelle verzichtet werden.

(2) Wiederbeschaffungswert

Dieser auch als Ersatzwert bezeichnete Wert beschreibt den Preis je Mengeneinheit einer Materialart zum Zeitpunkt der Wiederbeschaffung. Mit dem Wiederbeschaffungswert wird der Preis ermittelt, der für den Erwerb einer gleichwertigen Materialart zu einem späteren Zeitpunkt aufgewendet werden muss. Die Anwendung des Wiederbeschaffungswertes führt bei steigenden Materialpreisen dazu, dass mit der aktuellen Preiskalkulation die zukünftig höheren Materialkosten bereits verdient werden, was dem Substanzerhalt des Unternehmens dient.

(3) Tageswert

Der Tageswert ist der am aktuellen Tag gültige Preis für den Erwerb einer gleichwertigen Materialart. Der Tageswert ist demzufolge eine Art Wiederbeschaffungswert bezogen auf den aktuellen Stichtag. Dieser Wert kann sich beziehen auf den Tag des Angebots, der Lagerentnahme, des Umsatzes oder des Zahlungseingangs. Da der Stichtag der Tag des Verbrauchs der Materialart ist, gilt in der Praxis der Tag der Lagerentnahme als Stichtag.

(4) Verrechnungswert

Dieser Kostenwert ist ein über einen längeren Zeitraum festgelegter Wert, der nur in der innerbetrieblichen Betrachtung zur Anwendung gelangt. Mit dem Verrechnungswert sollen unternehmensexterne Einflüsse, wie beispielsweise Preisschwankungen, ausgeschaltet werden. Die Anwendung eines Verrechnungswertes verfolgt das Ziel, die Materialverbrauchsmengen über einen längeren Zeitraum mit einem konstanten Kostenwert zu bewerten, der auch zukünftige Preiserwartungen berücksichtigt. Somit ist der Verrechnungswert ein Durchschnittspreis, der vergangene und zukünftige Preise in gleicher Weise berücksichtigt. Der Verrechnungswert wird nach unternehmensindividuellen Gesichtspunkten gebildet.

3.3.1.3 Bewertungsdifferenzen

Wie im vorangegangenen Abschnitt erläutert, müssen die Materialaufwendungen nicht mit den Materialkosten übereinstimmen. Je nach Anwendung von Verbrauchsmengen und Kostenwerten können in der Kosten- und Leistungsrechnung sowohl höhere als auch niedrigere Materialkosten im Vergleich zum Materialaufwand verrechnet werden. In einem solchen Fall ist eine Abgrenzung zwischen Aufwand und Kosten erforderlich. Beispielsweise wurden in der Abrechnungsperiode 500 Euro Materialaufwand in der Finanzbuchhaltung erfasst. Durch Anwendung eines anderen Bewertungsansatzes werden in der Kosten- und Leistungsrechnung 400 Euro Materialkosten ermittelt. Die Abgrenzung wird in der Ergebnistabelle wie folgt dargestellt (Abb. 3.7).

Verrechnungskorrekturen für Materialkosten werden immer spiegelbildlich als neutrale Erträge gebucht. Nur durch diese doppelte Buchung der Materialkosten zum einen

Rechnungskreis I				Rechnungskreis II					
Ergebnisbereich				Abgrenzungsbereich				Kosten- und Leistungsbereich	
Finanzbuchführung (Gewinn- und Verlustrechnung)				Unternehmens-bezogene Abgrenzungen Gruppe 90		Kosten- und leistungs-rechnerische Korrekturen Gruppe 91		Kosten- und Leistungsarten Gruppe 92	
Kto-Nr.	Konto	Aufwen-dungen	Erträge	Aufwen-dungen	Erträge	Aufwen-dungen	Erträge	Kosten	Leistungen
600	Fertigungsmaterial	500,00 €				500,00 €	400,00 €	400,00 €	
		−500,00 €				−100,00 €		−400,00 €	
		Gesamtergebnis		neutrales Ergebnis				Betriebsergebnis	
		Ergebnis RK I = −500 €		Ergebnis RK II = −500 €					

Abb. 3.7 Verrechnungskorrekturen für Materialkosten

als Kosten und zum anderen als neutrale Erträge ist eine Identität zwischen den Ergebnissen der beiden Rechnungskreise möglich.

3.3.2 Personalkosten

Die Personalkosten bestehen aus Löhnen und Gehältern sowie aus den Kosten für soziale Aufwendungen und den sonstigen Personalkosten. Die Personalkosten lassen sich immer auf einen Arbeitnehmer und einen bestimmten Zeitraum beziehen. Sie werden in der Lohn- und Gehaltsbuchhaltung erfasst, die eine Nebenbuchhaltung innerhalb der Finanzbuchhaltung darstellt (Abb. 3.8).

Historisch und umgangssprachlich wird zwischen dem Gehalt eines Angestellten und dem Lohn eines Arbeiters unterschieden. Löhne lassen sich nach ihrer Zurechenbarkeit und der Form ihrer Ermittlung unterscheiden, wie Abb. 3.9 zeigt.

Fertigungslöhne sind für die in der Produktion unmittelbar beschäftigten Arbeitnehmer gezahlte Entgelte. Sie sind Einzelkosten, die einem Produkt direkt zugerechnet werden können. Fertigungslöhne werden von der Kostenartenrechnung direkt in die Kostenträgerrechnung übertragen. Hilfslöhne hingegen entstehen für Hilfsarbeiten in der Produktion und werden den Kostenträgern nicht direkt zugerechnet. Sie sind Gemeinkosten und werden demzufolge in der Kostenstellenrechnung verrechnet.

Zu den Personalkosten gehören darüber hinaus die Zahlungen von Versicherungsbeiträgen an Renten-, Kranken-, Pflege-, Arbeitslosen- oder Unfallkassen. Diese Kosten werden meist mit den Arbeitnehmern geteilt, wobei nur der Anteil, den der Arbeitgeber zu zahlen hat, zu den Personalkosten gehört. Darüber hinaus können Unternehmen freiwillige Sozialleistungen zahlen, die entweder direkt den Arbeitnehmern zugutekommen (freiwillige Pensionszusagen) oder indirekt wirken (Kantinen). Nur die direkt dem Arbeitnehmer zurechenbaren Sozialleistungen (freiwillige Pensionszusagen) werden

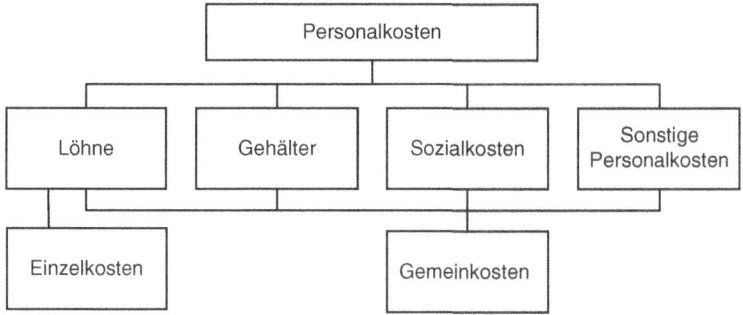

Abb. 3.8 Personalkostenarten. (Quelle: Däumler und Grabe 1993, S. 166)

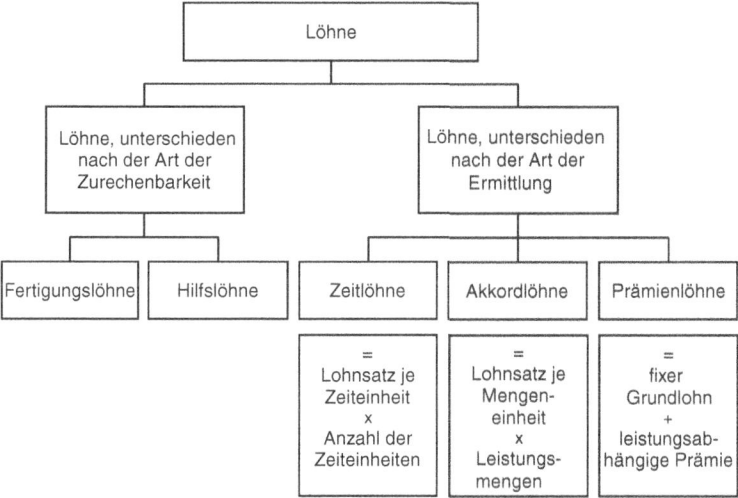

Abb. 3.9 Lohnkostenarten. (Quelle: eigene Darstellung auf der Basis von Olfert 2005, S. 103)

als Personalkosten berücksichtigt. Die indirekt wirkenden freiwilligen Sozialleistungen (Kantinen) werden hingegen als sonstige Kostenarten erfasst.

Sonstige Personalkosten entstehen in der Regel bei personellen Veränderungen im Unternehmen. So fallen beispielsweise unter sonstige Personalkosten die Kosten für Abfindungen oder Anwerbung von Mitarbeitern.

Die Erfassung der Personalkosten erfolgt, wie bereits erwähnt, in einer eigenständigen Lohn- und Gehaltsbuchhaltung. Aufgrund der Tatsache, dass innerhalb eines Jahres bestimmte Teile der Personalkosten unregelmäßig anfallen (z. B. Sonderzahlungen), ist bei den Personalkosten eine besondere periodische Abgrenzungsrechnung in der Ergebnistabelle erforderlich. Die unregelmäßig in einem Jahr anfallenden Personalkosten werden zu Beginn einer Abrechnungsperiode in der Kosten- und Leistungsrechnung geschätzt und anteilmäßig auf die Abrechnungsperiode verrechnet. Damit wird erreicht, dass in den einzelnen Abrechnungsperioden der unregelmäßig anfallende Personalkostenanteil durch gleichmäßige Raten je Abrechnungsperiode ersetzt wird. HABERSTOCK spricht an dieser Stelle von einer „Egalisierung der Kosten" (Haberstock 2005, S. 71).

Die Bedeutung der Personalkosten kann je nach Branchenzugehörigkeit des Unternehmens sehr hoch sein. In Dienstleistungsunternehmen können Personalkosten einen Anteil von 80 % der Gesamtkosten und mehr betragen.

3.3.3 Dienstleistungskosten

Dienstleistungskosten sind Fremdleistungskosten, die entstehen, wenn ein Unternehmen Leistungen Dritter in Anspruch nimmt. Die Leistungsarten können sehr unterschiedlich sein. Demzufolge ist die Liste der Dienstleistungskostenarten lang. Zu ihnen gehören beispielsweise:

- Mieten, Leasinggebühren, Pachten
- Patentkosten, Lizenzgebühren
- Rechtsberatungskosten, Steuerberatungskosten, Prüfungskosten
- Versicherungskosten
- Frachtkosten, Transportkosten, Reisekosten
- Bewirtungskosten, Werbekosten
- Telefonkosten, Kosten für Datenverarbeitungsleistungen, Kosten für Rechenzentralen

Die Erfassung der Dienstleistungskosten ist in der Regel unproblematisch, da die Höhe der Kosten dem Rechnungsbetrag entspricht. Ihre periodische Abgrenzung kann jedoch innerhalb der Kostenartenrechnung problematisch werden. Dienstleistungskosten können ähnlich den Personalkosten für mehrere Abrechnungsperioden der Kostenrechnung anfallen. In diesem Fall ist eine periodische Abgrenzung in der Ergebnistabelle erforderlich, die im vorangegangenen Abschnitt als „Egalisierung" der Kosten beschrieben wurde. Die Bedeutung der Dienstleistungskosten hat durch den anhaltenden Trend zur Auslagerung von Unternehmensteilen (so genanntes Outsourcing) erheblich an Bedeutung gewonnen.

3.3.4 Öffentliche Abgaben

Zu den öffentlichen Abgaben gehören Steuern, Gebühren und Beiträge. Diese Kostenarten lassen sich auf die Inanspruchnahme von Gütern und Leistungen des Staates oder der Kommunen zurückführen. Dementsprechend tragen Steuern, Gebühren und Beiträge grundsätzlich Kostencharakter. Dabei ist jedoch immer die Verbindung zum Betriebszweck des Unternehmens zu klären. So kann es sein, dass öffentliche Abgaben für nicht dem Betriebszweck dienende Bereiche des Unternehmens anfallen und demzufolge als neutrale betriebsfremde Aufwendungen abzugrenzen sind.

Folgende **Steuerarten** sind üblicherweise von Unternehmen zu zahlen:

- Ertragssteuern
  Beispiel: Einkommensteuer, Körperschaftsteuer, Gewerbesteuer, Kirchensteuer, Solidarzuschlag
- Verkehrssteuern
  Beispiel: Grunderwerbsteuer, Umsatzsteuer[3], Kraftfahrzeugsteuer, Versicherungssteuer
- Verbrauchssteuern
  wie beispielsweise: Mineralölsteuer
- Substanzsteuern
  Beispiel: Grundsteuer

Je nach Verbindung zum Betriebszweck des Unternehmens werden diese Steuerarten vollständig oder teilweise zu den Kosten gerechnet. Darüber hinaus werden Steuern innerhalb der Kostenartenrechnung in der Regel periodisch abgegrenzt, da sie häufig für mehrere Abrechnungsperioden anfallen.

Ähnlich den Steuern bedürfen auch **Gebühren** (wie z. B. Straßenanliegergebühren oder Müllabfuhrzahlungen) und **Beiträge** (wie z. B. Beiträge zur IHK oder zur Handwerkskammer) der Prüfung des Zusammenhangs zum unternehmerischen Sachziel. Wenn dieser Zusammenhang gegeben ist, werden Gebühren und Beiträge, wie Steuern, in der Kostenartenrechnung erfasst und gegebenenfalls periodisch abgegrenzt.

3.3.5 Kalkulatorische Kosten

Kalkulatorische Kosten werden in Zusatz- und Anderskosten untergliedert. Zusatzkosten kennen keine korrespondierenden Aufwandspositionen. Sie werden sozusagen zusätzlich in der Kostenartenrechnung erfasst, ohne dass in der Finanzbuchhaltung eine Aufwandsposition gebucht wurde. Anderskosten hingegen korrespondieren mit einer Aufwandsposition, sie unterscheiden sich jedoch in der Höhe vom jeweiligen Aufwand. Anderskosten sind eine Kostenart, der ein Aufwand in anderer Höhe gegenübersteht. Demzufolge wurde der Aufwand, der mit den Anderskosten korrespondiert, in der Abgrenzungsrechnung mit den neutralen Aufwendungen der Kontenklasse 91 in der Ergebnistabelle verrechnet.

---

[3]Der Kostencharakter der Umsatzsteuer wird in der Literatur vielfach bestritten, da die Umsatzsteuer als Durchlaufposten zu betrachten ist und dementsprechend in der Kosten- und Leistungsrechnung vernachlässigt werden kann.

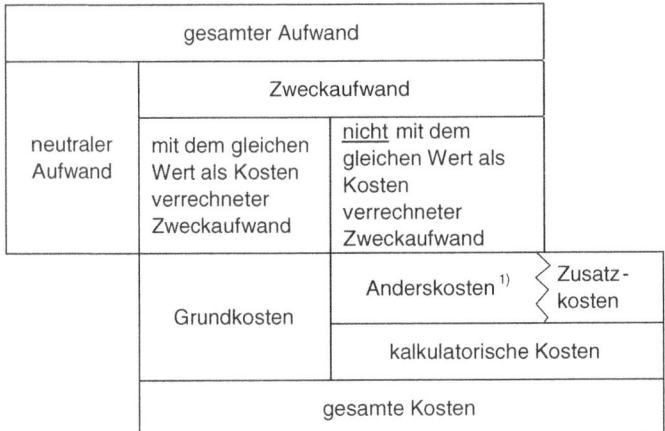

1) Anderskosten können größer oder kleiner sein als der entsprechende Zweckaufwand, der nicht als Kosten verrechnet
wird.

Abb. 3.10 Abgrenzung zwischen Aufwand und Kosten. (Quelle: Haberstock 2005, S. 24)

Unternehmen verrechnen kalkulatorische Kosten in der Kostenartenrechnung, um sie
von Zufälligkeiten und Unregelmäßigkeiten freizuhalten (Anderskosten) oder um auch
jenen betrieblichen Verzehr an Gütern und Dienstleistungen zu berücksichtigen, der nicht
zu Aufwendungen führt.

Zur Einordnung der kalkulatorischen Kosten dient Abb. 3.10.

Allen kalkulatorischen Kosten ist folgende Verrechnung in der Ergebnistabelle
gemeinsam. Jeder kalkulatorischen Kostenart steht ein neutraler Ertrag in der Kontenklasse 91 in gleicher Höhe gegenüber (Spiegelbildkonten). Dies ist, wie bereits mehrfach
ausgeführt, erforderlich, um den Ergebnisabgleich zwischen den Rechnungskreisen I und
II zu ermöglichen.

3.3.5.1 Kalkulatorische Abschreibungen

Eine Abschreibung ist ein Werteverzehr von Anlagevermögensgegenständen, der in der
Gewinn- und Verlustrechnung als Aufwand und in der Kostenartenrechnung als kalkulatorische Anderskostenart erfasst wird. Bei den Abschreibungen wird im Rahmen der
Gewinn- und Verlustrechnung zwischen planmäßigen und außerplanmäßigen Wertminderungen unterschieden (Abb. 3.11).

Außerplanmäßige Wertminderungen sind durch außerordentliche Ereignisse ver-
ursachte Abschreibungen. Diese außerplanmäßigen Wertminderungen können neben
dem Anlagevermögen auch das Umlaufvermögen betreffen. Zu den außerplanmäßigen
Abschreibungen gehören beispielsweise außerordentliche technische oder wirtschaftliche
Wertminderungen an Maschinen, Kursverluste von Wertpapieren, Forderungsverluste
oder Wertminderungen von Beständen. Die außerplanmäßigen Abschreibungen gehören

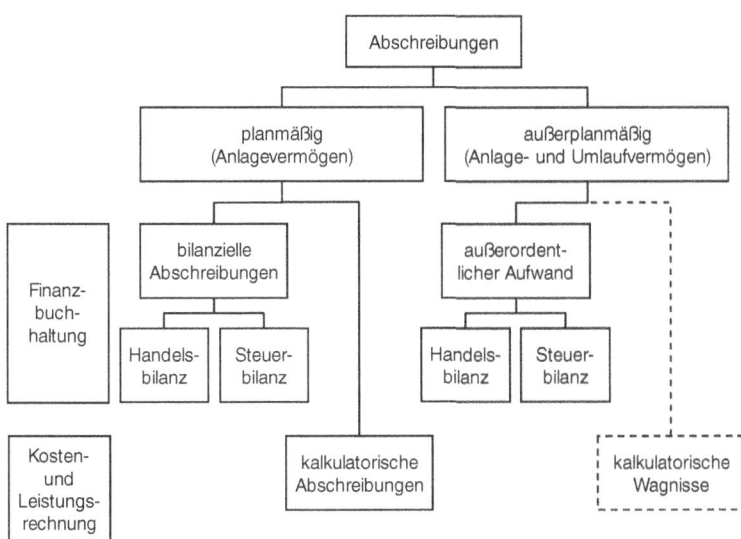

Abb. 3.11 Systematik der Abschreibungen. (Quelle: eigene Darstellung auf der Basis von Haberstock 2005, S. 82)

zur Gruppe der außerordentlichen Aufwendungen und werden in der Gewinn- und Verlustrechnung eines Unternehmens gesondert aufgeführt.

Planmäßige Abschreibungen werden im Rechnungskreis I auch als bilanzielle Abschreibungen bezeichnet. Bilanzielle Abschreibungen dienen handels- und steuerrechtlichen Zielen und werden beruhend auf diesen Rechtsgrundlagen ermittelt.

Während den planmäßigen bilanziellen Abschreibungen in der Kostenartenrechnung die kalkulatorischen Abschreibungen gegenüberstehen, werden für außerplanmäßige Abschreibungen, die mit einem Betriebszweck in Verbindung stehen, in der Kostenrechnung kalkulatorische Wagnisse erfasst. Diese Vorgehensweise wird im Abschn. 3.3.5.4 näher erläutert.

Mit den kalkulatorischen Abschreibungen wird der tatsächliche, verbrauchsbedingte Wertverlust der Anlagevermögensgegenstände erfasst, die dauernd zur betrieblichen Leistungserstellung genutzt werden. Die kalkulatorischen Abschreibungen unterscheiden sich aus zweierlei Gründen von den bilanziellen Abschreibungen.

(1) Zur Nachbildung des tatsächlichen betrieblichen Wertverzehrs wird in der Kostenrechnung häufig ein anderes Abschreibungsverfahren verwendet als in der Gewinn- und Verlustrechnung. Auch die angenommene Nutzungsdauer des Anlagevermögensgegenstands kann zwischen den beiden Rechnungskreisen variieren.

(2) Zur Substanzerhaltung wird innerhalb der Kostenrechnung während der betrieblichen Nutzungsdauer häufig vom Wiederbeschaffungspreis abgeschrieben, während in der Gewinn- und Verlustrechnung grundsätzlich auf den Anschaffungswert bzw. die Herstellungskosten abgeschrieben wird (§ 255 HGB).

Abb. 3.12 Abschreibungsarten. (Quelle: Olfert 2005, S. 116)

Zur Bestimmung der kalkulatorischen Abschreibungen muss gewährleistet sein, dass der abzuschreibende Anlagevermögensgegenstand grundsätzlich und dauerhaft dem Betriebszweck dient. Bilanzielle Abschreibungen anderer (nicht betrieblicher) Vermögensgegenstände werden in der Ergebnistabelle als betriebsfremde Aufwendungen abgegrenzt.

Abschreibungsverfahren

Innerhalb der Kosten- und Leistungsrechnung hat das Unternehmen die freie Wahl bei der Festlegung des Abschreibungsverfahrens. Zwar empfiehlt der BDI das lineare Abschreibungsverfahren, um einen konstanten regelmäßigen Kostenverlauf zu gewährleisten, jedoch kann die Anwendung von ungleichmäßigen Abschreibungsverfahren sinnvoll sein (Abb. 3.12).

Im Weiteren werden die verschiedenen Abschreibungsverfahren, die in der Kosten- und Leistungsrechnung zur Anwendung kommen können, erläutert. Die Abschreibungen beziehen sich grundsätzlich auf den Basiswert eines Anlagevermögensgegenstands. Dieser Basiswert kann entweder der Wiederbeschaffungswert oder aber entsprechend der Gewinn- und Verlustrechnung der Anschaffungswert (bzw. die Herstellungskosten[4]) sein.

---

[4]Der Begriff der Herstellungskosten ist im § 255 des Handelsgesetzbuchs geregelt.

(1) Lineare Abschreibung

Bei der linearen Abschreibung wird ein gleichmäßiger Wertverzehr des Anlagevermögensgegenstands über die gesamte betriebliche Nutzungsdauer unterstellt. Der jährliche lineare Abschreibungsbetrag wird rechnerisch durch die Division des Basiswerts abzüglich des Restwerts durch die Anzahl der betrieblichen Nutzungsjahre ermittelt.

$$a = \frac{B - R}{n}$$

a = Abschreibungsbetrag (€ pro Jahr)
B = Basiswert (Wiederbeschaffungswert, Anschaffungswert, Herstellungskosten) in €
R = Restwert am Ende der Nutzungsdauer (n) in €
n = geschätzte betriebliche Nutzungsdauer des Anlagevermögensgegenstands in Jahren

(2) Degressive Abschreibung

Bei der degressiven Abschreibung wird eine über die Zeitdauer der Nutzung abnehmende Wertminderung unterstellt. Im ersten Jahr der Nutzung liegt der höchste und im letzten Jahr der Nutzung der geringste Abschreibungsbetrag. Demzufolge ist die degressive Abschreibung eine ungleichmäßige Abschreibungsform. Je nach Verlauf der Wertminderung wird zwischen arithmetisch- und geometrisch-degressiver Abschreibung unterschieden.

Bei der arithmetisch-degressiven Abschreibung fallen die Abschreibungsbeträge von Jahr zu Jahr über die gesamte Nutzungsdauer um den gleichen Degressionsbetrag (D).

$$D = \frac{B - R}{N}$$

D = Degressionsbetrag (€)
B = Basiswert (Wiederbeschaffungswert, Anschaffungswert, Herstellungskosten) in €
R = Restwert am Ende der Nutzungsdauer (n) in €
N — Summe der arithmetischen Reihe $1 + 2 + ... + n$ Nutzungsjahre

Zur Bestimmung des arithmetisch-degressiven Abschreibungsbetrags wird der Degressionsbetrag mit der verbleibenden Nutzungsdauer in Jahren zu Beginn der Abrechnungsperiode multipliziert.

$$a_t = D \cdot T$$

a_t = Abschreibungsbetrag zum Ende des Jahres t
t = Abschreibungsjahr
D = Degressionsbetrag (€)
T = verbleibende Restnutzungsdauer zum Jahresbeginn des Jahres t (Jahre)
   $= n - t + 1$
n = geschätzte betriebliche Nutzungsdauer des Anlagevermögensgegenstands in Jahren

Zur Bestimmung des geometrisch-degressiven Abschreibungsbetrags ist zunächst ein über die gesamte Nutzungsdauer konstanter Abschreibungs-Prozentsatz zu berechnen. Die nachfolgende Formel verdeutlicht, dass die geometrisch-degressive Abschreibung nur dann zu einem sinnvollen Ergebnis kommt, wenn für den Anlagevermögensgegenstand ein Restwert geschätzt werden kann. Wenn es keinen Restwert für den Anlagevermögensgegenstand gibt, geht die geometrisch-degressive Abschreibung von einem Abschreibungs-Prozentsatz in Höhe von 100 % aus. Das würde bedeuten, dass der Anlagevermögensgegenstand im ersten Jahr vollständig abzuschreiben ist. Zur Bestimmung des Abschreibungs-Prozentsatzes findet nachfolgende Formel Anwendung.

$$p = 1 - \sqrt[n]{\frac{R}{B}}$$

P = Abschreibungs-Prozentsatz (%)
B = Basiswert (Wiederbeschaffungswert, Anschaffungswert, Herstellungskosten) in €
R = Restwert am Ende der Nutzungsdauer (n) in €
n = geschätzte betriebliche Nutzungsdauer des Anlagevermögensgegenstands in Jahren

Zur Bestimmung der geometrisch-degressiven Abschreibung wird der Restwert des Anlagevermögensgegenstands zu Beginn des Abschreibungsjahres mit dem konstanten Abschreibungs-Prozentsatz (p) multipliziert.

$$a_t = R_t \cdot p$$

a_t = Abschreibungsbetrag zum Ende des Jahres t (€)
t = Abschreibungsjahr
R_t = Restwert des Anlagevermögensgegenstands zu Beginn des Jahres t (€)
p = Abschreibungs-Prozentsatz (%)

(3) Progressive Abschreibung
Bei der progressiven Abschreibung wird von einer jährlich zunehmenden Wertminderung des Anlagevermögensgegenstands ausgegangen. Die progressive Abschreibung beginnt mit dem kleinsten Abschreibungsbetrag im ersten Jahr und endet mit dem höchsten Abschreibungsbetrag im letzten Nutzungsjahr. Demzufolge ist die progressive Abschreibung ebenfalls eine ungleichmäßige Abschreibungsform und verläuft exakt entgegengesetzt zur degressiven Methode. Der progressive Abschreibungsbetrag wird nach folgender Formel berechnet:

$$a_t = \frac{B - R}{N} \cdot t$$

a_t = Abschreibungsbetrag zum Ende des Jahres t
B = Basiswert (Wiederbeschaffungswert, Anschaffungswert, Herstellungskosten) in €
R = Restwert am Ende der Nutzungsdauer (n) in €

N = Summe der arithmetischen Reihe 1 + 2 + ... + n Nutzungsjahre
t = Abschreibungsjahr

(4) Leistungsbezogene Abschreibung

Bei der leistungsbezogenen Abschreibung wird ein Werteverzehr in Abhängigkeit von den mit dem Anlagevermögensgegenstand produzierten Erzeugnissen unterstellt. Dieses Abschreibungsverfahren wird in der Regel dann angewendet, wenn der Anlagevermögensgegenstand durch unregelmäßig hohe Leistungsmengen über die Nutzungsdauer gekennzeichnet ist. Dementsprechend gilt die leistungsbezogene Abschreibung auch als unregelmäßig wechselnde Abschreibung. Die leistungsbezogene Abschreibung setzt voraus, dass mit Beginn der Nutzung des Anlagevermögensgegenstands dessen Kapazität über die gesamte Nutzungsdauer, gemessen in produzierten Stücken, abgeschätzt werden kann. Nur unter dieser Bedingung kann die leistungsbezogene Abschreibung angewendet werden. Die leistungsbezogene Abschreibung wird nach folgender Formel berechnet:

$$a_t = \frac{B - R}{L_n} \cdot L_t$$

a_t = Abschreibungsbetrag zum Ende des Jahres t
B = Basiswert (Wiederbeschaffungswert, Anschaffungswert, Herstellungskosten) in €
R = Restwert am Ende der Nutzungsdauer (n) in €
L_n = Gesamtleistung des Anlagevermögensgegenstands über die gesamte Nutzungsdauer (n) gemessen in produzierten Stücken
L_t = Leistung des Anlagevermögensgegenstands im Jahr t gemessen in produzierten Stücken.

Zum besseren Verständnis der verschiedenen Abschreibungsverfahren dient nachfolgendes Beispiel.

Gegeben sind folgende Ausgangswerte zur Bestimmung der Abschreibungen:

B = 100.000 €	L1 = 12.000 Stck.	L3 = 22.000 Stck.
R = 10.000 €	L2 = 6.000 Stck.	L4 = 10.000 Stck.
n = 4 Jahre		

Unter Anwendung der oben genannten Formeln ergeben sich die in der Tab. 3.1 aufgeführten Abschreibungsbeträge.

Wiederbeschaffungswert

Unter dem Wiederbeschaffungswert versteht man den Preis, der für die Ersatzbeschaffung eines mit dem abzuschreibenden Anlagevermögensgegenstand vergleichbaren Anlageguts bezahlt werden muss. Im Gegensatz zur handels- und steuerrechtlichen Begrenzung der Finanzbuchhaltung kann die Kostenrechnung zur Bestimmung der

Tab. 3.1 Beispiel der Anwendung verschiedener Abschreibungsverfahren

Laufzeit in Jahren	Lineare Abschreibung (€)	Arithmetisch-degressive Abschreibung (€)	Geometrisch-degressive Abschreibung (€)	Progressive Abschreibung (€)	Leistungs-bezogene Abschreibung (€)
1	22.500,00	36.500,00	43.765,87	9.000,00	21.600,00
2	22.500,00	27.000,00	24.611,36	18.000,00	10.800,00
3	22.500,00	18.000,00	13.839,98	27.000,00	39.600,00
4	22.500,00	9.000,00	7.782,79	36.000,00	18.000,00

Abschreibungen den Wiederbeschaffungswert heranziehen. Der Wiederbeschaffungswert kann höher, aber auch niedriger als der Anschaffungspreis des zu ersetzenden Anlageguts sein. Wenn der Wiederbeschaffungswert höherer als der Anschaffungswert ist, dient seine Anwendung dem Substanzerhalt des Unternehmens. Mit den Preisen für die veräußerten Produkte werden Abschreibungsgegenwerte verdient, die eine Wiederbeschaffung des Anlagevermögensgegenstands zum aktuellen Zeitpunkt ermöglichen. Wenn der Wiederbeschaffungswert unter dem Anschaffungswert liegt, verfolgt das Unternehmen bei der Anwendung des Wiederbeschaffungswertes das Ziel, marktgerechte Preise für die Produkte zu bestimmen. Durch den gesunkenen Wert des Anlagevermögensgegenstands sinken auch die Abschreibungswerte im Produktpreis und geben somit dem Unternehmen die Möglichkeit, die Preise für eigene Produkte am Markt nach unten zu korrigieren, wenn es durch die Konkurrenzbedingungen notwendig erscheint. Der Wiederbeschaffungswert wird in der Kostenrechnung als Basiswert (B) für die Berechnung der kalkulatorischen Abschreibungen herangezogen, wenn von einer deutlichen Abweichung vom Anschaffungswert auszugehen ist. Viele Unternehmen verzichten jedoch auf die Anwendung des Wiederbeschaffungswertes. Dies hat insbesondere folgende Gründe:

(1) Der Wiederbeschaffungswert weicht bei einer Vielzahl von Anlagevermögensgegenständen nur geringfügig vom Anschaffungswert ab, was die aufwendige Verwendung eines Wiederbeschaffungswertes nicht rechtfertigt.

(2) Der Wiederbeschaffungswert ist schwer ermittelbar, da sich die Parameter von Anlagevermögensgegenständen im Zeitablauf aufgrund des technischen Fortschritts so rasant entwickeln, dass die Vergleichbarkeit mit dem abzuschreibenden Anlagegut häufig nicht gegeben ist.

(3) Der Wiederbeschaffungswert muss in jedem Abschreibungsjahr neu bestimmt werden, so dass die Summe der Abschreibungsbeträge mit keinem Basiswert übereinstimmt.

(4) Die Anwendung des Wiederbeschaffungswertes führt zu einer zweiten Bestandsrechnung für jeden Anlagevermögensgegenstand neben der Anlagenbuchhaltung im Rahmen des Rechnungskreises I.

Zur Bestimmung des Wiederbeschaffungswertes können folgende Verfahren angewendet werden:

(1) Tageswert

In der Praxis setzt man hilfsweise in jedem Abschreibungsjahr den am Tag der Ermittlung der Abschreibungen gültigen Tageswert des Anlagevermögensgegenstands als Wiederbeschaffungswert an. Dieses vereinfachte Verfahren führt dazu, dass über die Nutzungsdauer hinweg unterschiedliche Basiswerte zur Ermittlung der Abschreibungen verwendet werden.

(2) Inflationsbereinigter Wert

Zur Bestimmung des inflationsbereinigten Wertes wird der Anschaffungswert eines Anlagevermögensgegenstands mit der durchschnittlichen jährlichen Inflationsrate aufgezinst. Dies setzt voraus, dass die durchschnittliche jährliche Inflationsrate für die gesamte Nutzungsdauer abgeschätzt werden kann. Unter dieser Bedingung wird der Wiederbeschaffungswert wie folgt bestimmt:

$$WBW = AW \cdot (1 + \textit{Inflationsrate})^n$$

WBW = Wiederbeschaffungswert (€)
AW = Anschaffungswert (€)
n   = geschätzte betriebliche Nutzungsdauer des Anlagevermögensgegenstands in Jahren

(3) Preisindexierter Wert

Der preisindexierte Wert eines Anlagevermögensgegenstands wird auf der Basis der konkreten Indizes für Erzeugerpreise, denen das Anlagegut zugeordnet werden kann, ermittelt. Diese Indizes werden vom statistischen Bundesamt veröffentlicht. Die Anwendung eines Indexes der Erzeugerpreise führt, wie bereits beim Tageswert beschrieben, zu jährlich sich ändernden Basiswerten für die Abschreibungsverfahren. Auf der Basis der Indizes werden die Wiederbeschaffungswerte wie folgt ermittelt:

$$WBW = \frac{AW \cdot \textit{Index}_{Abschreibungsjahr}}{\textit{Index}_{Abschaffungsjahr}}$$

WBW = Wiederbeschaffungswert (€)
AW = Anschaffungswert (€)

3.3.5.2 Kalkulatorische Mieten

In der Gewinn- und Verlustrechnung eines Unternehmens wird grundsätzlich nur die tatsächlich gezahlte Miete als Aufwand gebucht. In der Kostenartenrechnung hat jedes Unternehmen jedoch die Möglichkeit, für eigengenutzte Räumlichkeiten eine kalkulatorische Miete zu verrechnen. Diese Miete gehört zu den kalkulatorischen Zusatzkosten, da ihr i. d. R. keine Aufwandsposition gegenübersteht. Sie wird im Normalfall für Räume kalkuliert, die zwar betrieblich genutzt werden, für die aber keine Mietzahlungen anfallen. Dies kann der Fall sein, wenn ein Unternehmen Eigentümer des Gebäudes ist.

Darüber hinaus ist die Anwendung von kalkulatorischen Mieten in Unternehmungen erforderlich, die als Personengesellschaft[5] oder Einzelfirma firmieren und Räume des Eigentümers für betriebliche Zwecke nutzen.

Im ersten Fall verfügt das Unternehmen über ein Gebäude, für das in der Regel kalkulatorische Abschreibungen und Zinsen sowie darüber hinausgehende gebäudeabhängige Aufwendungen (Gebäudeversicherungen, -steuern oder -erhaltungsaufwendungen) verrechnet werden. Wenn das Unternehmen für eigengenutzte Gebäude eine kalkulatorische Miete verwendet, dann erfolgt dies, um eine Vergleichbarkeit dieses Unternehmensteils und der darin agierenden Kostenstellen mit anderen Bereichen des Unternehmens, die in gemieteten Objekten tätig sind, herzustellen. Eine andere Intention für die Verrechnung von kalkulatorischen Mieten könnte das Ziel der Vergleichbarkeit der kostenrechnerischen Ergebnisse des Unternehmens mit anderen Unternehmungen sein. Zur Vermeidung einer Doppelbelastung bei unentgeltlich genutzten Räumen muss das Unternehmen die Entscheidung treffen, ob es kalkulatorische Mieten oder alternativ kalkulatorische Abschreibungen und Zinsen verrechnet.

Im Falle einer Personengesellschaft oder Einzelfirma kommen kalkulatorische Mieten dann zur Anwendung, wenn das Unternehmen Räume aus dem Besitz des Eigentümers für betriebliche Zwecke nutzt. Der Personengesellschaft oder Einzelfirma ist in einem solchen Fall nicht gestattet, eine Miete zu zahlen, da diese Konstellation gemäß § 181 BGB als Insichgeschäft nicht erlaubt ist.

Dementsprechend werden, wie bei eigengenutzten Mietobjekten jedes anderen Unternehmens, keine Mietaufwendungen erfasst. Die Personengesellschaft oder Einzelfirma muss sich jedoch nicht bei der Verrechnung kalkulatorischer Mieten gegen die Anwendung kalkulatorischer Abschreibungen und Zinsen sowie Nebenkosten entscheiden, da das Mietobjekt kein Eigentum des Unternehmens darstellt. Die Personengesellschaft oder Einzelfirma verrechnet kalkulatorische Mieten, um im Rahmen der Preiskalkulation einen adäquaten Wert für die Inanspruchnahme der Räumlichkeiten zu erzielen. Damit stellt der Eigentümer der Personengesellschaft oder Einzelfirma sicher, dass mit dem Gewinn ein mit einer Miete vergleichbarer Wert erwirtschaftet wird. Der Eigentümer hätte zumindest theoretisch die Alternative, die Räumlichkeiten an fremde Unternehmungen zu vermieten und daraus einen Mieterlös zu generieren.

Demzufolge gelten kalkulatorische Mieten als Opportunitätskosten. Die Opportunitätskosten sind der höchste entgangene Nutzen aus einem alternativen Geschäft. In diesem konkreten Fall entgeht dem Eigentümer der Personengesellschaft oder Einzelfirma der Nutzen im Sinne des Mieterlöses aus der Fremdvermietung eigener Räumlichkeiten.

In seltenen Fällen verrechnen auch Unternehmen, die in anderen Rechtsformen als die oben genannte Personengesellschaft firmieren, kalkulatorische Mieten. In einem solchen

---

[5]Die Personengesellschaft hat die Möglichkeit, mit den Gesellschaftern einen Dienstleistungsvertrag zu vereinbaren und darin Entgelte für die Nutzung von Mietobjekten zu regeln.

Fall verfügt das Unternehmen über ein Gebäude, welches für betriebliche Zwecke selbst genutzt wird und für das in der Regel kalkulatorische Abschreibungen und Zinsen sowie darüber hinausgehende gebäudeabhängige Aufwendungen (Gebäudeversicherungen, -steuern oder -erhaltungsaufwendungen) verrechnet werden können.

Wenn das Unternehmen für eigen genutzte Die kalkulatorische Miete wird in der Regel nach Maßgabe der ortsüblichen Vergleichsmiete festgelegt. Die ortsübliche Vergleichsmiete ist ein repräsentativer Querschnitt der Mieten, die für Räumlichkeiten vergleichbarer Art, Größe, Ausstattung, Beschaffenheit und Lage in den letzten Jahren durchschnittlich erzielt worden sind.

Ein sinnvolles und praktisches Vorgehen besteht grundsätzlich darin, dass Unternehmen, wenn sie kalkulatorische Mieten verrechnen, dies für alle Räumlichkeiten, gleichgültig ob eigene oder gemietete, in der Kostenrechnung anwenden. Dann sind kalkulatorische Mieten der kostenrechnerische Ansatz für die Nutzung der Räumlichkeiten, unabhängig davon, ob diese angemietet sind oder nicht. Als Miethöhe wird dann ein ortsüblicher Satz veranschlagt, der den Wirtschaftlichkeitsvergleich zwischen verschiedenen Kostenstellen erleichtert. In diesem Fall sind die kalkulatorischen Mieten auf gemietete Objekte als Anderskosten zu betrachten, während die tatsächlichen Mietaufwendungen als neutrale Aufwendungen abgegrenzt werden müssen.

3.3.5.3 Kalkulatorischer Unternehmerlohn

In einer Personengesellschaft oder Einzelfirma wird die Tätigkeit des Eigentümers im Unternehmen durch den Gewinn abgegolten. Die Zahlung eines Gehalts, vergleichbar mit der Entlohnung von in einer Kapitalgesellschaft tätigen Eigentümern, ist in einer Personengesellschaft[6] oder Einzelfirma gemäß § 181 BGB in gleicher Weise nicht gestattet wie die Zahlung von Mieten an den Eigentümer für die Nutzung seiner zur Verfügung gestellten Räumlichkeiten. Demzufolge trägt der kalkulatorische Unternehmerlohn aus kostenrechnerischer Sicht den gleichen Charakter wie die kalkulatorische Miete. Er zählt zu den Zusatzkosten, da im Rechnungskreis I einer Personengesellschaft oder Einzelfirma keine Personalaufwendungen für die Tätigkeit des Eigentümers berücksichtigt werden. Der kalkulatorische Unternehmerlohn hat den Charakter von Opportunitätskosten. Der Eigentümer einer Personengesellschaft oder Einzelfirma hätte die Möglichkeit, als Angestellter eines anderen Unternehmens für seine Tätigkeit ein Gehalt zu bekommen. Dies wiederum liefert die Begründung für die Anrechnung des kalkulatorischen Unternehmerlohns in Personengesellschaften oder Einzelfirmen. Der Eigentümer kann darüber sicherstellen, dass die Vergütung seiner Arbeitsleistung im Rahmen der Preiskalkulation angemessen berücksichtigt wird.

---

[6]Die Personengesellschaft hat die Möglichkeit, mit den Gesellschaftern einen Dienstleistungsvertrag zu vereinbaren und darin Entgelte für die Tätigkeiten von Gesellschaftern zu regeln, die dann handels- und steuerrechtlich als Aufwand verbucht werden.

3.3.5.4 Kalkulatorische Wagnisse

Jede unternehmerische Tätigkeit ist mit bestimmten Wagnissen verbunden. Als Risiko wird dabei ein Verlust gesehen, der das eingesetzte Kapital bedroht. Die Verlustgefahr wird im Falle des Eintritts auch als Wertverlust bezeichnet. Da jeder Unternehmer eine Erwartung bezüglich des Erfolgs seiner Tätigkeit hat, wird das Risiko als negative Abweichung vom erwarteten Wert betrachtet. Zu den Wagnissen zählen zum einen das allgemeine Unternehmerwagnis und zum anderen betriebsbedingte Einzelwagnisse.

Das allgemeine Unternehmerwagnis ist die unvorhersehbare Bedrohung der Unternehmung von außen. Zum allgemeinen Unternehmerwagnis gehören im Wesentlichen:

- Risiken aus der gesamtwirtschaftlichen Entwicklung (z. B. Bedarfswandel, Konjunkturrisiko),
- Risiken aus dem technischen Fortschritt (z. B. Anstieg der Investitionskosten),
- Risiken aus der Veränderung des Preisniveaus (z. B. Anstieg der Energiepreise),
- Zunahme der Konkurrenz (z. B. Preisrisiko aus dem Wettbewerb),
- Strategische Risiken (z. B. Fehlentscheidungen der Unternehmensleitung).

Das allgemeine Unternehmerwagnis ist nicht vorhersehbar und in der Regel auch nicht bewertbar. Deshalb verzichtet die Kosten- und Leistungsrechnung darauf, es innerhalb der kalkulatorischen Wagniskosten zu erfassen. Vielmehr steht das Eigenkapital zum Auffangen von Verlusten aus dem allgemeinen Unternehmerwagnis zur Verfügung.

Betriebsbedingte Einzelwagnisse stehen dagegen im unmittelbaren Zusammenhang zum betrieblichen Leistungsprozess. Bei Eintritt spezieller Ereignisse innerhalb des betrieblichen Leistungsprozesses entstehen Mehrkosten oder Verluste. Zwar sind betriebsbedingte Einzelwagnisse ähnlich dem allgemeinen Unternehmerwagnis nicht vorhersehbar, führen jedoch zu einem betriebsbedingten Wertverzehr und sind demzufolge in der Kosten- und Leistungsrechnung zu berücksichtigen. In der Finanzbuchhaltung tauchen betriebsbedingte Einzelwagnisse als Wertverluste auf, die in der Regel als außerordentliche Aufwendungen, in seltenen Fällen als ordentliche Aufwendungen, in ihrer tatsächlich angefallenen Höhe erfasst werden. Innerhalb der Abgrenzungsrechnung werden die angefallenen Wertverlustebetriebsbedingten Einzelwagnisse als neutrale Aufwendungen verrechnet. In der Kosten- und Leistungsrechnung werden die betriebsbedingten Einzelwagnisse als kalkulatorische Wagnisse erfasst. In der Kosten- und Leistungsrechnung werden dabei folgende Wagnisarten unterschieden:

- Anlagenwagnis
  Wertverluste bei Sachanlagen, z. B. durch Beschädigung
- Ausschusswagnis
  Wertverluste durch Ausschuss in jeder Form, z. B. durch
  Material-, Arbeits- oder Konstruktionsfehler

- Beständewagnis
  Wertverluste bei Vorräten, z. B. durch Schwund, Überalterung oder Diebstahl
- Entwicklungswagnis
  Verluste durch fehlgeschlagene Forschungs- und Entwicklungsarbeiten
- Gewährleistungswagnis
  Verluste aus Garantieleistungen, z. B. durch Reparaturen oder Ersatzlieferungen
- Vertriebswagnis
  Verluste aus Vertriebsleistungen, wie z. B. Forderungsausfälle, Transportverluste oder Währungsverluste
- Sonstige Wagnisse
  Hierzu zählen insbesondere branchen- oder unternehmensindividuelle Verluste, wie z. B. Schiffs- oder Flugzeugverluste.

Zur Bewertung der kalkulatorischen Wagnisse können Versicherungsprämien zur Absicherung des betrieblichen Einzelwagnisses herangezogen werden. Wenn das Einzelwagnis versichert ist, wird die Versicherungsprämie als aufwandsgleiche Kostenart in der Kosten- und Leistungsrechnung erfasst und auf eine zusätzliche Erfassung kalkulatorischer Wagniskosten verzichtet.

Wenn eine Absicherung des Einzelwagnisses möglich ist, das Unternehmen jedoch auf eine Fremdversicherung verzichtet, wird die mögliche Versicherungsprämie im Sinne von Opportunitätskosten erfasst, was vermutlich eher der Ausnahmefall sein dürfte. Je nachdem, ob in einer Periode ein Verlust eingetreten ist, wird das kalkulatorische Wagnis als Anders- oder Zusatzkosten berücksichtigt.

Bei der Bestimmung der kalkulatorischen Wagniskosten wird in der Praxis der Kosten- und Leistungsrechnung häufig auf Erfahrungswerte der Vergangenheit zurückgegriffen, da Versicherungsprämien sich nur in seltenen Fällen bestimmen lassen. Aus der Gegenüberstellung der in einer oder mehreren Perioden eingetretenen Wagnisverluste und der zugrunde liegenden Bezugsgröße wird ein Wagnissatz ermittelt.

$$\text{Wagnissatz} = \frac{\text{Summe der eingetretenen Wagnisverluste in der Periode}}{\text{Bezugsgröße in der Periode}}$$

Für die Ermittlung des Wagnissatzes ist die Festlegung der Bezugsgröße von maßgeblicher Bedeutung. Diese Bezugsgröße bildet nicht nur die Basis für den Wagnissatz aus den historischen Ereignissen, sondern ist gleichzeitig die Ausgangsbasis für die Berechnung aktueller Wagniskosten in der Kosten- und Leistungsrechnung.

Je nach Art des Einzelwagnisses kommen unterschiedliche Bezugsgrößen zur Anwendung. In Abb. 3.13 sind die unterschiedlichen Varianten an Bezugsgrößen für die Wagnisart aufgelistet.

Der Wagnissatz ist ein durchschnittlicher prozentualer Wertverlust, der sich aus historischen Werten rechnerisch ergibt und in der Kosten- und Leistungsrechnung auf die Höhe der aktuellen Bezugsgrößen kalkuliert wird.

Wagnisart	Mögliche Bezugsgröße
Anlagenwagnis	Durchschnittliche Restbuchwerte oder durchschnittliche Wiederbeschaffungswerte der Anlagegegenstände oder Summe der Periodenabschreibungen
Ausschusswagnis	Fertigungs- oder Herstellungskosten der Produkte
Beständewagnis	Durchschnittswert des Lagerbestands
Entwicklungswagnis	Kosten für Forschung und Entwicklung in der Periode
Gewährleistungswagnis	Umsatz oder Herstellungskosten der mit Gewährleistung gelieferten Produkte
Vertriebswagnis	Durchschnittsbestand an Forderungen in der Periode oder Umsatz
Sonstige Wagnisse	Umsatz oder Gesamtkosten

Abb. 3.13 Wagnisarten und Bezugsgrößen. (Quelle: eigene Darstellung auf der Basis von Kalenberg 2008, S. 64 und Olfert 2005, S. 130)

Die kalkulatorischen Wagniskosten werden dementsprechend wie folgt berechnet:

$$\text{kalk. Wagniskosten} = \text{Wagnissatz} \cdot \text{aktueller Wert der Bezugsgröße}$$

Die kalkulatorischen Wagniskosten dienen der Absicherung des Unternehmens vor speziellen betriebsbedingten Risiken. Sie werden wie Versicherungsprämien als Kosten kalkuliert, um über die realisierten Preise der Produkte eine Vorsorge für betriebsbedingte Einzelwagnisse zu betreiben.

Je nachdem, ob in einer Periode ein Verlust eingetreten ist, werden die kalkulatorischen Wagnisse als Anders- oder Zusatzkosten berücksichtigt.

3.3.5.5 Kalkulatorische Zinsen

Zinsen werden als Entgelt für überlassenes Kapital berechnet. So verlangen Banken und andere Gläubiger für zur Verfügung gestelltes Fremdkapital die regelmäßige Zahlung von Zinsen, die in der Finanzbuchhaltung als ordentliche Aufwendungen erfasst werden.

Neben dem Fremdkapital steht einem Unternehmen Eigenkapital zur Verfügung. Die Eigentümer des Unternehmens erwarten für die Bereitstellung des Eigenkapitals ebenfalls ein Entgelt, welches als Eigenkapitalkosten bezeichnet wird. Diese Eigenkapitalkosten werden nicht wie Fremdkapitalzinsen in der Finanzbuchhaltung als Aufwendungen erfasst. Vielmehr fließen sie an Eigentümer, beispielsweise in Form von Gewinnausschüttungen oder Dividenden.

In der Kosten- und Leistungsrechnung werden kalkulatorische Zinsen auf der Basis des betriebsnotwendigen Kapitals bestimmt.

Das **betriebsnotwendige Kapital** wird dabei wie folgt ermittelt:

> betriebsnotwendiges Anlagevermögen
> \+ betriebsnotwendiges Umlaufvermögen
> \= betriebsnotwendiges Vermögen
> \- Abzugskapital (zinsfreies Kapital)
> \= betriebsnotwendiges Kapital

Das **betriebsnotwendige Anlagevermögen** ist der periodische Durchschnittsbestand der Anlagevermögenspositionen, die zur Umsetzung des Betriebszwecks genutzt werden. Im Umkehrschluss werden all jene Anlagevermögenspositionen nicht berücksichtigt, die als nicht betriebsnotwendig erscheinen. Hierzu können zählen:

- nicht für den Betriebszweck genutzte oder ungenutzte Grundstücke oder vermietete Gebäude,
- vermietete, stillgelegte oder im Bau befindliche Sachanlagen,
- nicht für den Betriebszweck genutzte, immaterielle Vermögensgegenstände (z. B. nicht betriebsnotwendige Patente oder Lizenzen),
- nicht betriebsnotwendige Finanzanlagen (z. B. nicht betriebsnotwendige Beteiligungen).

Das betriebsnotwendige Anlagevermögen ist in einem weiteren Schritt zu bewerten. Das nicht abnutzbare Anlagevermögen wird mit den Werten der Finanzbuchhaltung angesetzt. Der Wert des abnutzbaren Anlagevermögens kann mithilfe zweier Methoden ermittelt werden:

(1) Restwertmethode

Die kalkulatorischen Restwerte der Anlagevermögenspositionen werden am Ende der Rechnungsperiode festgestellt. Der kalkulatorische Restwert eines Anlagevermögensgegenstands ergibt sich aus dem Wiederbeschaffungswert des Anlagevermögensgegenstands abzüglich der kalkulatorischen Abschreibungen der Vorperioden. Zur Ermittlung des betriebsnotwendigen Anlagevermögens wird ein durchschnittlich gebundener Restwert bestimmt. Dieser wird wie folgt berechnet:

$$\text{durchschnittlich gebundener Restwert} = \frac{\text{Restwert}_{\text{Periodenbeginn}} + \text{Restwert}_{\text{Periodenende}}}{2}$$

(2) Durchschnittsmethode

Unter Annahme einer linearen Abschreibung wird aus Vereinfachungsgründen der halbe Wert des Anschaffungs-, Tages- oder Wiederbeschaffungswertes festgestellt.

Während bei der Restwertmethode die Höhe des betriebsnotwendigen Anlagevermögens und damit die Höhe der kalkulatorischen Zinsen innerhalb der Nutzungsdauer des jeweiligen Anlagevermögensgegenstands abnimmt, sind die

kalkulatorischen Zinsen für das betriebsnotwendige Anlagevermögen bewertet nach
der Durchschnittsmethode über die Nutzungsdauer hinweg konstant. Dies führt dazu,
dass die Durchschnittsmethode zu einer gleichmäßigen Kostenbelastung während der
Nutzungsdauer führt, weshalb sie in der betrieblichen Praxis überwiegt.

Das **betriebsnotwendige Umlaufvermögen** wird, wie bereits im Zusammenhang mit
dem Anlagevermögen dargestellt, durch Abzug aller nicht betriebsnotwendigen Umlaufvermögenspositionen aus der Bilanz ermittelt. Zu den Umlaufvermögenspositionen, die
nicht dem Betriebszweck dienen, können nachfolgende Beispiele gehören:

- nicht betriebsnotwendige Vorräte
- nicht betriebsnotwendige Forderungen
- Wertpapiere des Umlaufvermögens, wenn sie nicht dem Betriebszweck dienen

Das betriebsnotwendige Umlaufvermögen ist mit Durchschnittswerten zur Ermittlung
der kalkulatorischen Zinsen anzusetzen. Der durchschnittlich gebundene Wert wird wie
folgt ermittelt:

$$\frac{\text{durchschnittlich gebundener}}{\text{Wert des Umlaufvermögens (UV)}} = \frac{\text{Bestand UV}_{\text{Periodenbeginn}} + \text{Bestand UV}_{\text{Periodenende}}}{2}$$

Das betriebsnotwendige Vermögen ist um das so genannte **Abzugskapital** zu reduzieren.
Als Abzugskapital gelten alle Verbindlichkeiten, die zinslos zur Verfügung stehen. Hierzu
können beispielsweise zinsfrei gestellte Kredite, Anzahlungen von Kunden oder Lieferan-
tenkredite zählen. Das Abzugskapital wird als Durchschnittswert aus dem Anfangs- und
Endbestand der Periode berechnet und vom betriebsnotwendigen Vermögen abgezogen.

Zur Bestimmung der kalkulatorischen Zinsen wird ein kalkulatorischer Zinssatz
benötigt, der entweder ein Opportunitätskostensatz oder ein Kapitalkostensatz ist.

Der **Opportunitätskostensatz** orientiert sich am Kapitalmarkt, da hier eine langfristige Verzinsung für das Kapital gegeben ist. Die Anwendung des Opportunitätskosten-
satzes basiert auf dem Grundgedanken, dass es zur Investition des betriebsnotwendigen
Kapitals im Unternehmen die Alternative gibt, das Kapital am Kapitalmarkt zu investieren. Bei der Anwendung des Opportunitätszinssatzes ist zu beachten, dass im Kapi-
talmarktzins das Risiko des betrachteten Unternehmens Berücksichtigung findet.
Beispielsweise lassen sich Zinssätze von Unternehmensanleihen verwenden, die je
nach Ratingnote des Emissionsunternehmens variieren. Dabei wählt das Unternehmen
einen Zinssatz aus einer Gruppe von Unternehmensanleihen, die zu einer Ratingkatego-
rie gehören, welche der Ratingnote des Unternehmens entspricht. Diese Herangehens-
weise ist jedoch nur in größeren Unternehmen umsetzbar, da Ratingnoten erst ab einer
bestimmten Unternehmensgröße ermittelt werden.

Der **Kapitalkostensatz** hingegen ist ein im Unternehmen ermittelter kapitalgewich-
teter Zinssatz für Eigen- und Fremdkapital, der inzwischen in der Unternehmenspraxis
häufig Verwendung findet (vgl. Kalenberg 2008, S. 61). Der Kapitalkostensatz wird in

Anlehnung an seinen angloamerikanischen Ursprung als WACC (Weighted Average Cost of Capital) bezeichnet. Dieser Kostensatz geht auf die Theorien von Modigliani und Miller zurück, die Kapitalkosten als konstanten Wert sehen und ihn mit den Kapitalkosten einer unverschuldeten Unternehmung gleichsetzen. Die Kapitalkosten sind dabei unabhängig vom Verschuldungsgrad des Unternehmens konstant, solange die Eigenkapitalkosten eine lineare Funktion des Verschuldungsgrades darstellen und die Fremdkapitalkosten für einen bestimmten Zeitraum konstant sind (Irrelevanztheorem).

Die Kapitalkosten werden dabei wie folgt bestimmt:

$$k = \frac{EK}{GK} \cdot e + \frac{FK}{GK} \cdot i$$

k   = Kapitalkostensatz in %

e   = Verzinsungsanspruch der Eigenkapitalgeber (Eigenkapitalkosten) in %

i   = Verzinsungsanspruch der Fremdkapitalgeber (Fremdkapitalkosten) in %

FK = Marktwert des Fremdkapitals in €

EK = Marktwert des Eigenkapitals der Aktien und aktienähnlichen Papiere in €

GK = Marktwert des Gesamtkapitals des Unternehmens in €

Aus der Anwendung des Irrelevanztheorems ergibt sich nachfolgender Kapitalkostenverlauf (Abb. 3.14).

Die kalkulatorischen Zinsen ergeben sich aus der Multiplikation des durchschnittlich gebundenen, betriebsnotwendigen Kapitals mit dem kalkulatorischen Zinssatz.

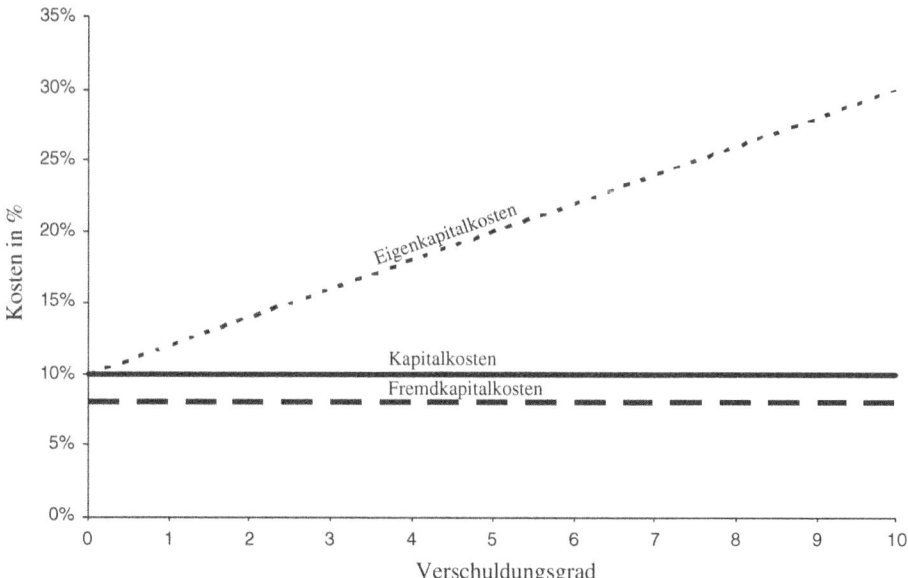

Abb. 3.14 Beispielhafter Verlauf der Kapitalkosten in Abhängigkeit von der Verschuldung

$$
\begin{array}{ccc}
\text{kalkulatorische} & \text{betriebsnotwendiges} & \text{kalkulatorischer} \\
\text{Zinsen} \quad = & \text{Kapital} \quad \cdot & \text{Zinssatz} \\
(\text{in C}) & (\text{in C}) & (\text{in \%})
\end{array}
$$

Die so ermittelten Kosten sind Gemeinkosten und Anderskosten.

3.4   Fragen zur Kostenartenrechnung

1. Welche Zwecksetzungen verfolgt die Kostenartenrechnung?
2. Welche laufenden Aufgaben hat die Kostenartenrechnung zu erfüllen?
3. Welche Grundsätze gelten bei der Kostenerfassung innerhalb der Kostenartenrechnung?
4. Welche Möglichkeiten zum Aufbau der Kostenartenrechnung gibt es?
5. Wozu dient die Abgrenzungsrechnung?
6. Welche Kontenrahmen zur Organisation des Rechnungswesens werden unterschieden?
7. Wodurch unterscheiden sich Spiegelbild- und Übergangskonten innerhalb der Abgrenzungsrechnung?
8. Welche Formen der Abgrenzung werden innerhalb der Abgrenzungsrechnung geführt?
9. Wozu werden Durchschnitts- bzw. Wiederbeschaffungspreise verwendet?
10. Wie werden Verrechnungskorrekturen innerhalb der Abgrenzungsrechnung durchgeführt?
11. Welche Kostenarten werden unterschieden?
12. Welche Bestandteile und Beispiele lassen sich für Materialkosten aufführen?
13. Welche Verfahren zur Bestimmung der Verbrauchsmengen werden bei der Erfassung der Materialkosten unterschieden?
14. Mit welchen Werten können die Verbrauchsmengen zur Bestimmung der Materialkosten bewertet werden?
15. Was ist ein Einstandspreis und welche Formen der Bestimmung werden bei der Ermittlung der Materialkosten unterschieden?
16. Wie entstehen bei der Bestimmung der Materialkosten Bewertungsdifferenzen und wie werden sie innerhalb der Abgrenzungsrechnung behandelt?
17. Welche Bestandteile und Beispiele lassen sich für Personalkosten aufführen?
18. Welchem Zweck dienen kalkulatorische Kosten?
19. Welche kalkulatorischen Kostenarten werden unterschieden?
20. Welche Abschreibungsarten können bei der Bestimmung der kalkulatorischen Abschreibungen angewendet werden?
21. Was ist ein Wiederbeschaffungswert im Zusammenhang mit der Bestimmung der kalkulatorischen Abschreibungen und nach welchen Verfahren lässt er sich bestimmen?
22. Welche kalkulatorischen Wagnisarten werden unterschieden?
23. Wie wird das betriebsnotwendige Kapital zur Bestimmung der kalkulatorischen Zinsen ermittelt?

Kostenstellenrechnung

4

4.1 Zum Begriff der Kostenstelle und der Kostenstellenrechnung

Kostenstellen sind lokalisierbare Orte der Kostenverursachung. Sie stellen damit betriebliche Teilbereiche dar, die selbständig abgerechnet werden, weil dort Kosten entstehen. Kostenstellen sind aus abrechnungstechnischer Sicht Kostenzuordnungs- bzw. Kostenkontierungsobjekte.

Kostenstellen werden zu Auswertungs- und Verrechnungszwecken häufig zu Kostenstellengruppen zusammengefasst. In der Regel werden allerdings die Kostenstellengruppen nicht direkt kontiert. Kontierungsobjekte bleiben die in den Gruppen aufgenommenen Kostenstellen.

Nicht mit Kostenstellen zu verwechseln und daher davon abzugrenzen sind **Profit Center**. Profit Center sind autonome, ergebnisverantwortliche Teilbereiche eines Unternehmens. Man kann sie deshalb als „Unternehmen im Unternehmen" bezeichnen. Sie können durchaus auch Kostenstellen umfassen. Darüber hinaus können allerdings auch alle sonstigen Kontierungsobjekte, auf denen Aufwendungen und/oder Erträge gebucht werden, einem Profit Center zugeordnet werden. Dazu zählen neben den Kostenstellen unter anderem Kostenträger, Anlagenstammsätze und Materialstammsätze. Ungleich den Kostenstellen können auf Profit Centern also grundsätzlich auch Bestände ausgewiesen werden und daher auch Bilanzen auf Profit-Center-Ebene erstellt werden.

Die **Kostenstellenrechnung** als Teil eines Kostenrechnungssystems ist der gesamten Zielsetzung der Kostenrechnung, nämlich der Generierung steuerungsrelevanter Informationen, untergeordnet. Demnach hat die Kostenstellenrechnung zunächst und vor allem die Kontrolle der Wirtschaftlichkeit in den Kostenstellen zu überwachen. Als eine der Bestandteile eines jeden Kostenrechnungssystems stellt sie darüber hinaus die Verbindung für die Verrechnung bestimmter oder sämtlicher Kostenarten über die Kostenstellenrechnung auf die Kostenträger dar. Hinzu kommt die Abbildung innerbetrieblicher

© Springer-Verlag Berlin Heidelberg 2016
L. Buchholz und R. Gerhards, *Internes Rechnungswesen*, BA KOMPAKT,
DOI 10.1007/978-3-662-48405-0_4

Leistungsbeziehungen innerhalb der Kostenstellenrechnung, also die Erfassung und Analyse der Verrechnungsbeziehungen zwischen Sender- und Empfängerkostenstellen (Transaktionen zwischen Kostenstellen).

4.2   Einteilungsmöglichkeiten und Leitlinien für Kostenstellen

Kostenstellen können anhand unterschiedlicher Merkmale eingeteilt werden. Ergebnis der Einteilung ist dann stets ein **Kostenstellenplan**, der sämtliche betrieblichen Kostenstellen enthält. Jeder Kostenstellenplan und damit jede Systematisierung der Kosten ist betriebsindividuell.

Nach funktionalen Merkmalen (betriebliche Funktionsbereiche) können Kostenstellen zum Beispiel eingeteilt werden in

- Einkaufskostenstellen,
- Fertigungskostenstellen,
- Verwaltungskostenstellen,
- Vertriebskostenstellen,
- Forschungs- und Entwicklungskostenstellen,
- subsidiäre Kostenstellen (allgemeine Kostenstellen, wie etwa Stromkostenstelle, Kantinenkostenstelle).

Nach ihrem leistungstechnischen Charakter lassen sich Kostenstellen einteilen in:

- Hauptkostenstellen: Diese führen unmittelbar die Fertigung der Endprodukte durch (sämtliche Produktionskostenstellen, z. B. Stanzerei, Gießerei).
- Hilfskostenstellen: Diese dienen nur indirekt der Leistungserstellung. Sie leisten „Hilfe" für die Hauptkostenstellen (z. B. Energiekostenstelle, Verwaltungskostenstelle).

Aus abrechnungstechnischer Sicht werden Kostenstellen eingeteilt in:

- Endkostenstellen: Endkostenstellen verrechnen ihre Kosten direkt auf die Kostenträger.
- Vorkostenstellen: Diese sind den Endkostenstellen abrechnungstechnisch vorgelagert und verrechnen ihre Kosten auf andere Vor- und/oder Endkostenstellen.

Während die Hauptkostenstellen stets als Endkostenstellen abrechnen, ist die synonyme Verwendung des Begriffspaares „Hilfskostenstelle/Vorkostenstelle" falsch. Hilfskostenstellen können ihre Kosten sowohl an Vor-, als auch an Endkostenstellen abrechnen.

Es haben sich bestimmte Anforderungen an die Kostenstellenbildung als Erfahrungswerte der betrieblichen Praxis herausgebildet. Sie können als „Leitlinien zur Kostenstellenbildung" bezeichnet werden. Dazu zählen folgende Empfehlungen:

- Kostenstellen sollten selbständige Verantwortungsbereiche zum Zwecke einer wirksamen Kostenkontrolle sein.
- Die räumliche Abgegrenztheit sollte bei der Systematisierung der Kostenstellen angestrebt werden.
- Die Bildung von Kostenstellen sollte flächendeckend erfolgen, das heißt, das gesamte Unternehmensorganigramm sollte sich in Form einer Kostenstellengruppenhierarchie, in der die Kostenstellen eindeutig zugeordnet werden, widerspiegeln.
- Bei der Kostenstellenbildung muss die Aufbauorganisation berücksichtigt werden.
- Die Kostenstellenbildung muss sich auch an die Software-technisch Rahmenbedingungen orientieren, die maßgebend sind für die grundsätzlichen Durchführungsoptionen der Kostenstellenrechnung. Gerade beim Einsatz moderner ERP-Systeme richten Unternehmen ihre Kostenstellenbildung an die Software-technisch vorgesehenen Implementierungsmöglichkeiten der im Betrieb verwendeten betrieblichen Anwendungssoftware aus.

4.3 Aufgaben der Kostenstellenrechnung

Die Kostenstellenrechnung hat zur Erfüllung ihrer Hauptfunktion, nämlich der Kostenkontrollfunktion durch Abbildung und Dokumentation des Einsatzes und der Ausbringung betrieblicher Leistungen, zwei Zentralaufgaben inne. Sie ist zum einen die Brücke zwischen der Kostenartenrechnung und der Kostenträgerrechnung und hat demnach die verursachungsgerechte Kostenallokation zu gewährleisten.

Des Weiteren hat sie die zwischen den Kostenstellen stattgefundenen Leistungsbeziehungen abzubilden und zu dokumentieren. Dabei können verschiedene Verfahren zur Anwendung kommen.

Beide Hauptaufgaben werden klassischerweise mittels des so genannten Betriebsabrechnungsbogens (BAB) umgesetzt. Der klassische BAB „in Papierform" hat in Zeiten moderner Softwarepakete ausgedient. In der betrieblichen Praxis werden die Prozesse automatisiert. Die Ergebnisse werden dann über die angebotenen Berichtsaufrufe dokumentiert (Abb. 4.1).

Die Kostenallokation umfasst lediglich jenen Teil der Kostenarten, die nach der Verrechnung der **Kostenträgereinzelkosten** „um den BAB herum" direkt in die Kostenträgerrechnung übrig bleiben. Dies sind die **Kostenträgergemeinkosten**. Den Kostenstellen verursachungsgerecht zurechenbar ist jener Teil der Kostenträgergemeinkosten, der ausschließlich in einer Kostenstelle entstanden ist bzw. von genau einer Kostenstelle verursacht wurde. Dies kann etwa bei den Gehaltskosten des Kostenstellenleiters der Fall sein. Dieser Teil der Kostenträgergemeinkosten wird als **Kostenstelleneinzelkosten** bezeichnet. Beispiel hierfür ist etwa die Umlage von Kantinenkosten etwa auf Basis der Mitarbeiter in den empfangenden Kostenstellen.

Jene Kostenträgergemeinkosten, die für mehrere Kostenstellen insgesamt angefallen sind, müssen entweder auf höheren Ebenen verursachungsgerecht zugeordnet werden

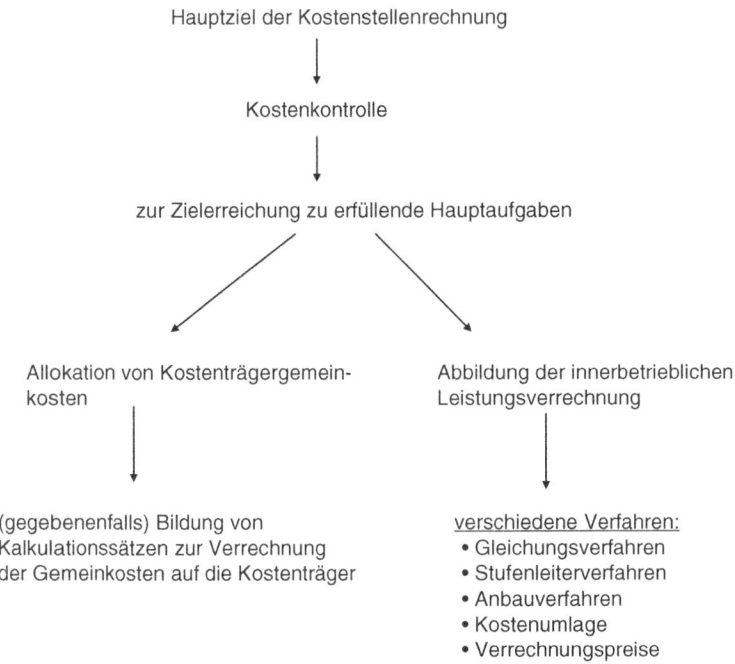

Abb. 4.1 Aufgaben der Kostenstellenrechnung

(etwa auf Kostenstellengruppenebene) oder aber durch Schlüsselungen auf die Kostenstellen aufgeteilt werden. Diese Option führt aber zu verzerrten Kostenausweisen auf den
Kostenstellen und sollte daher möglichst vermieden werden. Dieser für mehrere Kostenstellen insgesamt angefallene Teil der Kostenträgergemeinkosten wird als **Kostenstellengemeinkosten** bezeichnet.

Die auf einer Kostenstelle verbuchten primären Kosten setzen sich also aus Kostenstelleneinzelkosten und, gegebenenfalls, den verrechneten anteiligen Kostenstellengemeinkosten zusammen. Als dritte Kostenkategorie, die auf Kostenstellen verbucht wird,
kommen die sekundären Kosten hinzu. Sie entstehen im Rahmen der innerbetrieblichen
Leistungsverrechnung, wenn vornehmlich die primären Kosten der Vorkostenstellen als
sekundäre Kosten auf die Endkostenstellen verrechnet werden. Es können auch sekundäre Kosten der Vorkostenstellen als sekundäre Kosten auf Endkostenstellen verrechnet
werden. Im Unterschied etwa zu Umlagen werden bei der innerbetrieblichen Leistungsverrechnung mit Preisen bewertete Mengen in Anspruch genommener Leistungen verrechnet. Dies kann hinsichtlich einer genauen Kostenallokation verursachungsgerecht
sein, wenn Empfängerkostenstellen nur jene Leistungsmengen verrechnet bekommen,
die von ihnen auch verbraucht wurden.

Bei der innerbetrieblichen Leistungsverrechnung ist die „direkte innerbetriebliche Leistungsverrechnung" von der „indirekten Leistungsverrechnung" abzugrenzen.

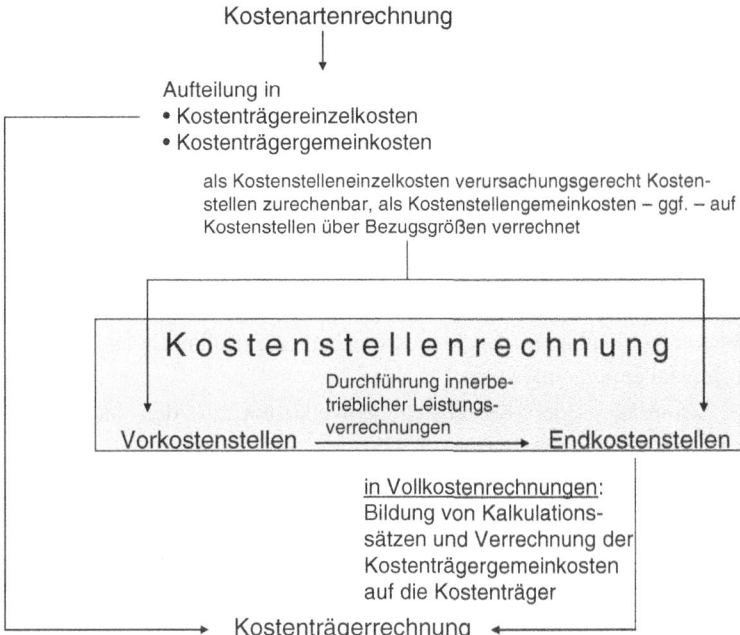

Kostenartenrechnung

Aufteilung in
• Kostenträgereinzelkosten
• Kostenträgergemeinkosten

als Kostenstelleneinzelkosten verursachungsgerecht Kostenstellen zurechenbar, als Kostenstellengemeinkosten – ggf. – auf
Kostenstellen über Bezugsgrößen verrechnet

Kostenstellenrechnung

Durchführung innerbe-
trieblicher Leistungs-
verrechnungen

Vorkostenstellen ⎯⎯⎯⎯⎯⎯⎯⎯→ Endkostenstellen

in Vollkostenrechnungen:
Bildung von Kalkulations-
sätzen und Verrechnung der
Kostenträgergemeinkosten
auf die Kostenträger

Kostenträgerrechnung

Abb. 4.2 Stellung der Kostenstellenrechnung innerhalb der Kostenrechnung

Bei der „direkten Leistungsverrechnung" entfällt eine Schlüsselung der Kosten, weil ein direkter Ursache-Wirkungs-Zusammenhang besteht: Kostenstelle A hat x Leistungseinheiten einer Leistung von Kostenstelle B verbraucht und wird genau mit diesen x Leistungseinheiten belastet. Es handelt sich aus Sicht von Kostenstelle B dann um Kostenstelleneinzelkosten. Bei der „indirekten Leistungsverrechnung" werden Leistungsmengen über einen Schlüssel verrechnet, weil die in Anspruch genommenen Leistungsmengen von der Senderkostenstelle nicht gemessen werden. Dies hat vor allem pragmatische Gründe, um den Aufwand zur Erfassung von Leistungsmengen zu reduzieren. Es werden bei der „internen Leistungsverrechnung" zwar Leistungen verrechnet, diese aber auf Basis von Schlüsselgrößen. Es handelt sich dann aus Sicht der Empfängerkostenstellen in der Regel um Kostenstellengemeinkosten (vgl. Abb. 4.2).

Wie nun die Kostenstellenrechnung die auf sie verbleibenden Kosten behandelt, ist verbunden mit der Frage, ob auf den Kostenträgern volle Kosten oder nur Teilkosten ausgewiesen werden sollen. Die Vollkostenrechnung ermittelt für die Endkostenstellen über Bezugsgrößen die Kalkulationssätze, anhand derer die Kostenstellenkosten auf die Kostenträger verrechnet werden. Die Teilkostenrechnung vollzieht diesen Schritt gerade nicht. In Vollkostenrechnungen in Form einer Divisionskalkulation wäre eine Kostenstellenrechnung dem Grunde nach entbehrlich. Man würde einfach die gesamten Kosten durch die Stückzahl der produzierten Leistungseinheiten teilen und hätte dann die Kosten pro Stück. Aber selbst in diesen Fällen würde man aus Gründen der Steuerung des betrieblichen Geschehens (Kostenkontrollfunktion, Lenkungsfunktion) nicht auf die Kostenstellenrechnung verzichten: Die innerbetriebliche Leistungsverrechnung dient der Fiktion eines internen Marktes im Unternehmen und soll Anreize zu wirtschaftlichem Verhalten im Unternehmen setzen und der Knappheit der Ressourcen Rechnung tragen.

Die Arbeitsschritte bei der Aufstellung des Betriebsabrechnungsbogens lassen sich wie folgt zusammenfassen:

(1) Bestimmung der Höhe der angefallenen Kosten (Kostenartenrechnung)
(2) Aufteilung der Kosten in
    – Kostenträgereinzelkosten (diese werden direkt den Kostenträgern zugerechnet),
    – Kostenträgergemeinkosten, die in Kostenstellen einzelkosten unterteilt werden, und
    – Kostenstellengemeinkosten
(3) Direkte Zuordnung der Kostenstelleneinzelkosten zu den sie verursachenden Kostenstellen
(4) Schlüsselung der Kostenstellengemeinkosten, das heißt Verteilung auf die einzelnen Kostenstellen oder Erfassung der Kostenstellengemeinkosten auf „höheren" Ebenen
(5) Bildung einer Zwischensumme
(6) Verrechnung der innerbetrieblichen Leistungen, das heißt Verteilung der Kosten der Vorkostenstellen auf die Endkostenstellen
(7) Bildung einer Summe

In Vollkostenrechnungen werden die gesamten Kostenstellenkosten schließlich über Schlüsselungen (Mengenschlüssel oder Zuschlagssätze) auf die Kostenträger verrechnet.

Ein Beispiel für einen BAB enthält Abschn. 4.4.2.4.

4.4   Innerbetriebliche Leistungsverrechnung

4.4.1   Aufgaben der innerbetrieblichen Leistungsverrechnung

Die innerbetriebliche Leistungsverrechnung ist eine Systematik zur Verrechnung von Kosten für Unternehmensleistungen, die nicht über den Absatzmarkt verkauft, sondern im Betrieb wieder verwendet werden. Diese Verrechnungen werden in der Regel im Rahmen des Betriebsabrechnungsbogens vorgenommen. Klassische Beispiele sind etwa die Verrechnung von Leistungen der Energiekostenstelle, der Telefonzentrale oder der Betriebskantine.

Wenn die innerbetrieblich erstellten Leistungen aktivierungsfähig oder -pflichtig sind, also auf die Aktivseite der Bilanz aufgenommen werden können oder müssen, so werden diese Eigenleistungen als Kostenträger kalkuliert und als Vermögensgegenstände aktiviert und, in der Regel, über die Nutzungsdauer abgeschrieben.

Wenn die innerbetrieblichen Leistungen *nicht* aktiviert werden können oder sollen, sondern in der Periode ihrer Entstehung sofort verbraucht werden, dann muss die

Verrechnung zwischen Leistungserbringer (Senderkostenstelle) und Leistungsempfänger (Empfängerkostenstelle[n]) in dieser Periode erfolgen. Es werden also sämtliche in Anspruch genommenen Leistungen verrechnet. Die verrechneten Kosten werden als sekundäre Gemeinkosten bezeichnet. Sie haben keine Entsprechung in der Finanzbuchführung, da sie reine kostenrechnerische Prozedere darstellen, die mit dem pagatorischen Charakter der Finanzbuchführung nichts zu tun haben. Vielmehr kommt gerade hier der wertmäßige Charakter der Kostenrechnung zum Ausdruck.

Das zentrale Problem bei den klassischen Verfahren der innerbetrieblichen Leistungsverrechnung stellen *wechselseitige* Leistungsbeziehungen dar. Eine EDV-Kostenstelle mag Leistungen an eine Personalkostenstelle erbringen und gleichzeitig kann eine Personalkostenstelle Leistungen für die EDV-Kostenstelle erbringen. Das Dilemma liegt dann darin begründet, dass die EDV-Kostenstelle ihren Preis pro Leistungseinheit nur dann bestimmen kann, wenn sie die Kosten kennt, die ihr von der Personalkostenstelle für von dort in Anspruch genommene Leistungen verrechnet werden. Die Personalkostenstelle kann jedoch den Preis für eine Leistungseinheit ihres Outputs nur dann ermitteln, wenn sie die Kosten für in Anspruch genommene Leistungen der EDV-Kostenstelle kennt (Abb. 4.3).

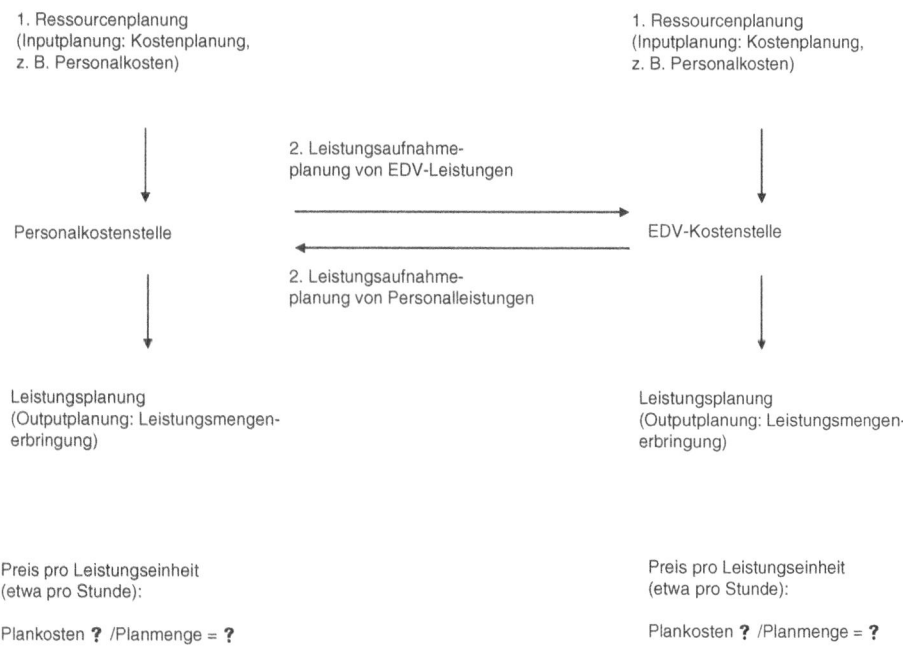

Abb. 4.3 Problem der gegenseitigen innerbetrieblichen Leistungsverrechnung

Bei wechselseitigen Leistungsbeziehungen müssen simultane Lösungen gefunden werden. Neben dem so genannten Simultanverfahren gibt es noch weitere Verfahren der innerbetrieblichen Leistungsverrechnung.

Sämtliche Verfahren der innerbetrieblichen Leistungsverrechnung führen dazu, dass nach Durchführung der Verrechnung die Senderkostenstellen vollständig entlastet sind.

4.4.2 Verfahren der innerbetrieblichen Leistungsverrechnung

4.4.2.1 Gleichungsverfahren (Simultanverfahren)

Das Gleichungsverfahren ist das exakteste Verfahren. Die Ermittlung der Verrechnungssätze erfolgt immer dann, wenn zwei oder mehrere Kostenstellen wechselseitig Leistungen austauschen. Die Erfassung der innerbetrieblichen Leistungsverflechtungen erfolgt mittels linearer Gleichungen, wobei die Variablen der Gleichungssysteme die gesuchten Verrechnungssätze sind und die Gleichungsanzahl der Anzahl der verrechnenden Kostenstellen entspricht.

Als Beispiel mag die gegenseitige Leistungsverrechnung der Personalkostenstelle mit der EDV-Kostenstelle dienen.

- Die Personalkostenstelle hat insgesamt die Bereitstellung von 500 Stunden Personaldienstleistungen geplant.
- Auf die Personalkostenstellen mögen 3.000 GE an primären Gemeinkosten geplant worden sein.
- Die EDV-Kostenstelle plant, 300 Stunden Personaldienstleistungen in Anspruch zu nehmen.
- Die EDV-Kostenstelle hat insgesamt die Bereitstellung von 200 Stunden EDV-Dienstleistungen geplant.
- Auf die EDV-Kostenstelle mögen 8.000 GE an primären Gemeinkosten geplant worden sein.
- Die Personalkostenstelle plant, 70 Stunden EDV-Dienstleistungen in Anspruch zu nehmen.
- Es ist geplant, dass alle sonstigen Leistungen von anderen Kostenstellen in Anspruch genommen werden.

Das Gleichungsverfahren sucht nach den Preisen q_1 und q_2 mit

$$q_1 = \text{Preis für 1 Stunde Personaldienstleistungen}$$
$$q_2 = \text{Preis für 1 Stunde EDV-Dienstleistungen}$$

und erstellt dazu ein System aus (hier) zwei Gleichungen mit zwei Unbekannten. Die totale Kostenüberwälzung impliziert, dass die Summe aus primären und sekundären Gemeinkosten gleich sein muss den zu den (gesuchten) Verrechnungspreisen bewerteten insgesamt abgegebenen Leistungen.

Demnach gilt:

1. Gleichung (Personalkostenstelle):

$3.000 + 70q_2 = 500q_1$

2. Gleichung (EDV-Kostenstelle):

$8.000 + 300q_1 = 200q_2$

Es ergibt sich:

$q_1 \sim 14{,}63$ GE und
$q_2 \sim 61{,}64$ GE

4.4.2.2 Stufenleiterverfahren (Treppenverfahren)

Voraussetzung zur Anwendung des Stufenleiterverfahrens ist, dass der innerbetriebliche Strom auszutauschender Leistungen über mehrere Stufen nur in eine Richtung fließt. Der Leistungsaustausch ist also nicht wechselseitig, sondern nur einseitig, was bereits eine Vereinfachung der tatsächlichen Gegebenheiten bedeuten kann. Es wird damit nämlich ein Teil des innerbetrieblichen Leistungsaustauschs vernachlässigt, der dann möglichst wenig ins Gewicht fallen soll.

Die Kosten werden abrechnungstechnisch stufenweise von einer Kostenstelle an die nächstfolgende Kostenstelle übergeben. Die erste Kostenstelle in diesem Verrechnungsprozess hat definitionsgemäß nur primäre Kosten und ist selbst kein Empfänger von Leistungen anderer Kostenstellen. Ab der nachfolgenden Kostenstelle werden zusätzlich auch sekundäre Kosten weiterverrechnet. Die zweite Kostenstelle in dieser Sequenz erhält neben den primären Gemeinkosten auch die von der ersten Kostenstelle abgerechneten Kosten als sekundäre Gemeinkosten verrechnet. Abzugrenzen sind die Leistungseinheiten einer Kostenstelle, die selbst verbraucht werden und damit nicht weiter verrechnet werden.

Das Stufenleiterverfahren lautet dann in der allgemeinen Form:

$$\frac{K_{Pm} + x_{1m} * q_1 + x_{2m} * q_2 + \cdots + x_{m-1,m} * q_{m-1} + x_{mm} * q_m}{x_m - x_{m1} - x_{m2} - \cdots - x_{mm}}$$

- mit K_{Pm} = Summe der primären Gemeinkosten der Kostenstelle m
- x_{im} = Anzahl der von der Kostenstelle i an die Kostenstelle m abgegebenen Leistungsmengen
- x_m = gesamte erbrachte Menge innerbetrieblicher Leistungseinheiten der Kostenstelle m
- q_m = innerbetrieblicher, gesuchter Verrechnungssatz der Kostenstelle m

Gegeben sei folgendes Beispiel:

- Eine Energiekostenstelle hat primäre Gemeinkosten in Höhe von 2.000 GE und erbringt eine Gesamtleistung von 10.000 Kilowattstunden.
- Eine EDV-Kostenstelle hat primäre Gemeinkosten in Höhe von 3.000 GE und kann insgesamt 500 Dienstleistungsstunden erbringen.
- Die Gebäudekostenstelle hat primäre Gemeinkosten in Höhe von 1.500 GE und kann insgesamt 1000 m² zur Verfügung stellen.
- Die Energiekostenstelle verbraucht 200 Dienstleistungsstunden sowie 300 m² Gebäudefläche.
- Die EDV-Kostenstelle verbraucht 5.000 Kilowattstunden sowie 500 m² Gebäudefläche.
- Die Gebäudekostenstelle verbraucht 3.000 Kilowattstunden sowie 50 Dienstleistungsstunden.
- Der Eigenverbrauch war überall gleich null.

Es ergibt sich dann ein Verrechnungspreis q_1 für die Leistungen der Energiekostenstelle:

$$\frac{2.000}{10.000} = 0,2\,\text{GE/Kilowattstunde}$$

Für q_2 ergibt sich:

$$\frac{3.000 + (5.000 * 0,2)}{500 - 200} = 13,33\,\text{GE/Stunde}$$

Für q_3 ergibt sich schließlich:

$$\frac{1.500 + (50 * 13,33) + (3.000 * 0,2)}{1.000 - 300 - 500} = 13,83/\text{m}^2$$

Man erkennt, dass das Stufenleiterverfahren eine Näherungsmethode ist und nicht die exakten Werte liefert. Wenn wechselseitige Leistungsaustausche keinen großen Anteil bei den innerbetrieblichen Leistungsverrechnungen haben, so stellt es eine relativ einfache Möglichkeit dar, die innerbetriebliche Leistungsverrechnung abzubilden. Im Beispiel werden die zur Verfügung gestellten Gebäudeflächen nicht auf die vorgelagerten Kostenstellen verrechnet.

Abb. 4.4 macht dann deutlich, warum dieses Verfahren auch als Treppenverfahren bezeichnet wird.

4.4.2.3 Anbauverfahren (Blockverfahren)

Beim Anbauverfahren werden die Leistungsaustauschbeziehungen zwischen den Vorkostenstellen komplett vernachlässigt. Es wird unterstellt, dass die Hilfskostenstellen nur an Endkostenstellen Leistungen erbringen. Leistungen, die Hilfskostenstellen von anderen Kostenstellen erhalten, werden kostenrechnerisch nicht erfasst. Infolgedessen werden keine sekundären Gemeinkosten auf den Hilfskostenstellen

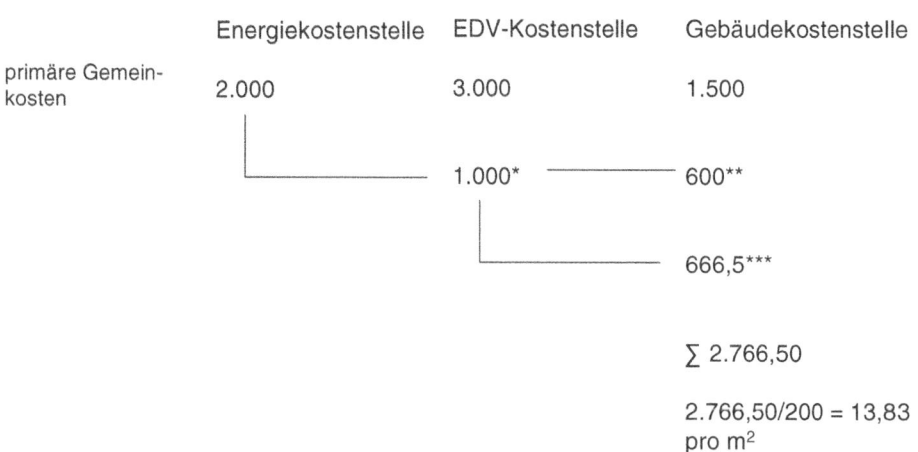

* sekundäre Gemeinkosten der Verrechnung von in Anspruch genommenen Kilowattstunden
** sekundäre Gemeinkosten der Verrechnung von in Anspruch genommenen Kilowattstunden
*** sekundäre Gemeinkosten der Verrechnung von in Anspruch genommenen Dienstleistungsstunden

Abb. 4.4 Idee des Stufenleiterverfahrens

ausgewiesen. Stattdessen werden die Kosten von den Hilfskostenstellen im Block auf die Endkostenstellen verteilt.

Der innerbetriebliche Verrechnungssatz ergibt sich dann aus

$$\frac{\text{primäre Kosten}}{\text{an Endkostenstellen abgegebene Leistungen}}$$

Dieses äußerst grobe Näherungsverfahren ermittelt nur dann exakte Verrechnungssätze, wenn es tatsächlich keinerlei innerbetrieblichen Leistungsaustausch gibt. Da dies regelmäßig nicht der Fall ist, ist dieses Verfahren praktisch unbrauchbar und wird auch als eine nicht mit den Grundsätzen einer „ordentlichen" Kostenrechnung vereinbare Form der innerbetrieblichen Leistungsverrechnung angesehen.

4.4.2.4 Kostenstellenumlage

Bei der Kostenstellenumlage handelt es sich nicht um eine Leistungsverrechnung im eigentlichen Sinne. Dennoch gibt es eine (oder mehrere) Senderkostenstelle(n) und eine (oder mehrere) Empfängerkostenstellen(n). Im Gegensatz zu den Verfahren der Leistungsverrechnung werden allerdings keine mit einem Tarif bewertete, in Anspruch genommene Leistungsmengen verrechnet, sondern es werden Kosten einer Kostenstelle über Schlüsselgrößen auf Umlageempfänger verrechnet. Es handelt sich also um eine Kostenverrechnung (und nicht um eine Mengenverrechnung) über Bezugsgrößen. Als Schlüsselgrößen dienen feste Beträge, Prozentsätze, Kennzahlen oder die bei den Umlageempfängern angefallenen Istkosten.

Als Beispiel soll eine Kantinenkostenstelle dienen. Diese legt Kosten in Höhe von 6.000 Euro auf zwei Empfängerkostenstellen um. Bezugsgröße sollen die bei den Empfängerkostenstellen angefallenen Istkosten der Umlageperiode sein. Es wird damit unterstellt, dass jene Empfängerkostenstellen, welche höhere Istkosten verursacht haben, auch höhere Kantinenkosten verursacht haben. Eine mögliche alternative Verrechnungsgröße könnte die Kennzahl „Anzahl der Mitarbeiter" sein. Jene Empfängerkostenstelle, die mehr Mitarbeiter hat, bekommt auch mehr an Kantinenkosten zugeordnet. Wenn einer Empfängerkostenstelle (Kostenstelle 1) 60 Mitarbeiter zugeordnet sind und der zweiten Empfängerkostenstelle (Kostenstelle 2) 30 Mitarbeiter, dann erhält die Empfängerkostenstelle mit den 60 Mitarbeitern doppelt so viele Kantinenkosten verrechnet. Geht aber von dieser Kostenstelle keiner der 60 Mitarbeiter in die Kantine, so ergeben sich völlig verursachungsungerechte Verrechnungsergebnisse. Wenn die Kennzahl „Anzahl der Mitarbeiter" als Verrechnungsgröße gewählt würde, so würde Kostenstelle 1 mit 4.000 GE und Kostenstelle 2 mit 2.000 GE belastet werden.

Die auf die Empfängerkostenstellen umzulegenden Beträge ergeben sich wie folgt:

$$\frac{6.000 \text{ GE Gesamtkosten}}{\sum \text{Mitarbeiter auf den Empfängerkostenstellen}}$$
$$= \frac{6.000}{90} = 66{,}67$$

Damit entfallen auf Kostenstelle 1 insgesamt $66{,}67 \times 60 = 4.000$ GE und auf Kostenstelle 2 insgesamt $66{,}67 \times 30 = 2.000$ GE.

4.4.2.5 Beurteilung der Verfahren zur innerbetrieblichen Leistungsverrechnung

Allen Verfahren zur innerbetrieblichen Leistungsverrechnung liegt zugrunde, dass nach der Durchführung der Verrechnung die Senderkostenstellen vollständig entlastet sind. Die dafür errechneten Verrechnungssätze sind mehr (Gleichungsverfahren) oder weniger (Stufenleiterverfahren, Anbauverfahren) exakt. Wenn allerdings die Senderkostenstellen zu 100 % entlastet werden, so entfaltet die innerbetriebliche Leistungsverrechnung keine Anreizwirkungen zur wirtschaftlichen Leistungserstellung. Alle Kosten, seien sie wirtschaftlich oder unwirtschaftlich entstanden, werden überwälzt.

Daher empfiehlt die betriebswirtschaftliche Literatur, innerbetriebliche Leistungsverrechnungen über Verrechnungspreise durchzuführen. Dies können zum Beispiel Marktpreise oder politische Preise sein, mit denen die interne Steuerung realisiert wird.

4.5   Fragen zur Kostenstellenrechnung

1. Worin unterscheiden sich Kostenstellen von Profit Centern?
2. Erläutern Sie die Hauptziele der Kostenstellenrechnung!
3. Was sind Hauptkostenstellen und was stellen Endkostenstellen dar?

4. Welche Kostenbestandteile werden grundsätzlich auf Kostenstellen verbucht?

5. Interpretieren Sie die Schritte bei der Erstellung des Betriebsabrechnungsbogens! Wo unterscheiden sich die Schritte bei einer Teilkostenrechnung von einer Vollkostenrechnung?

6. Warum wird bei innerbetrieblichen Leistungsverrechnungen zwischen aktivierbaren und nicht aktivierbaren Leistungen unterschieden?

7. Was unterscheidet die Kostenstellenumlage von der Leistungsverrechnung?

8. Erläutern Sie das „Dilemma" wechselseitiger Leistungsbeziehungen!

9. Was ist unter dem „Gleichungsverfahren" zu verstehen?

10. Welche Alternative gibt es zu den Verfahren der innerbetrieblichen Leistungsverrechnung und warum bietet diese Alternative zentrale Vorteile?

Kostenträgerrechnung

5

5.1   Zum Begriff des „Kostenträgers"

Der Kostenträger ist im Sinne des Wortes ein „Träger von Kosten". Man kann alternativ von „Kostensammler" sprechen: Auf Kostenträgern werden die Kosten, die sie verursacht haben, gesammelt. Insofern ist der Begriff des Kostenträgers stets mit einer abrechnungstechnischen Konnotation verbunden. Der Kostenträger wird zur genauen Kostenzurechnung auf die betrieblichen Leistungen gebildet. Genauigkeit bedeutet hierbei, dass nur jene Kosten auf einen Kostenträger abgerechnet werden, welche dieser auch tatsächlich verursacht hat. Die Kostenträgerrechnung ist also stark assoziiert mit den Einzelkosten, denn nur diese können den Kostenträgern verursachungsgerecht, das heißt ohne Schlüsselungen, zugewiesen werden.

In Vollkostenrechnungen werden schließlich volle Kosten, also auch die nicht direkt zurechenbaren Kosten, über Verrechnungsbeziehungen auf die Kostenträger verrechnet. Dies wird damit begründet, dass alle entstehenden Kosten letztlich deswegen anfallen, weil betriebliche Leistungseinheiten erstellt wurden. Der gezogene Schluss, nämlich Vollkosten auf den Kostenträgern auszuweisen, führt dann dazu, dass Kostenbestandteile auf Kostenträgern ausgewiesen werden, von denen man allenfalls annehmen kann, dass sie „gerecht" verteilt wurden. Damit nimmt man verzerrende Kosteninformationen in Kauf. Betriebliche Entscheidungen, die auf diesen Kostenausweisen basieren (etwa Make-or-buy-Entscheidungen), können dann auch zu verzerrenden Ergebnissen führen.

Ein weiteres Argument für Vollkosteninformationen auf den Kostenträgern sehen die Befürworter einer Vollkostenrechnung in der Verkaufspreisdeterminierung. Da der Verkaufspreis alle Kosten decken muss, sollen die Vollkosten als Basis für die Determinierung des Verkaufspreises dienen. Dies birgt allerdings die Gefahr, „sich aus dem Markt zu kalkulieren". Die Befürworter einer Teilkostenrechnung argumentieren, dass die Spanne zwischen Verkaufspreis und den direkt zurechenbaren Kosten so groß sein muss, dass zumindest die nicht direkt zurechenbaren Kosten abgedeckt sind (langfristige Preisuntergrenze).

© Springer-Verlag Berlin Heidelberg 2016
L. Buchholz und R. Gerhards, *Internes Rechnungswesen*, BA KOMPAKT,
DOI 10.1007/978-3-662-48405-0_5

Bei der Diskussion über die Fundierung der Verkaufspreise auf Teil- oder Vollkostenbasis spielen auch preispolitische Motive eine Rolle. Ein niedriger Verkaufspreis, basierend auf den variablen Kosten, kann zu höheren Absatzmengen führen und insgesamt einen höheren Umsatz generieren, verglichen mit einem Verkaufspreis, der auf vollen Kosten und niedrigeren Verkaufsmengen basiert. Oftmals wird allerdings ignoriert, dass die Teilkostenrechnungen die Gemeinkosten keinesfalls ignorieren. Im Unterschied zu Vollkostenrechnungen werden diese nur nicht auf Kostenträger verrechnet. Gemeinkosten, also vornehmlich Kosten der betrieblichen Kapazitäten, werden dabei nicht als Stückkosten, sondern als Periodenkosten betrachtet.

Kostenträgerrechnungen können also mit vollen Kosten (Vollkostenrechnung) oder mit variablen Kosten (Teilkostenrechnungen) durchgeführt werden.

Die Bezeichnung des Kostenträgers wird häufig exklusiv auf die in der Unternehmung durch den Leistungserstellungsprozess entstehenden Erzeugnisse bezogen. Sie betrifft demnach vornehmlich die Absatzleistungen eines Unternehmens. Geht der Absatzleistung ein Kundenauftrag voraus, geht also die Bestellung der Produktion voraus, so wird der Kostenträger als *auftragsbestimmte Absatzleistung* bezeichnet. Geht die Produktion der Bestellung voraus, wird also für einen diffusen Markt produziert, so werden die Kostenträger *Lageraufträge* genannt.

Als Kostenträger können daneben auch andere „Abrechnungseinheiten" aufgefasst werden, etwa Produktgruppen oder ganze Fertigungslose.[1]

Unter den Begriff des Kostenträgers fallen auch die so genannten Innenaufträge. Dabei handelt es sich um „Hilfskostenträger", also nicht um Endprodukte im Sinne einer Absatzleistung. Es handelt sich dabei um Leistungen, die in die Erstellung der Absatzleistung einfließen. Hier kann wieder unterteilt werden in jene Hilfskostenträger, die aktivierbar sind, und in jene, die nicht aktivierbar sind.

Wie immer im Betrieb die Kostenträger auch eingeteilt sein mögen, letztlich sind es entweder lagerfähige Sachleistungen oder Dienstleistungen. Charakteristisch für Dienstleistungen ist ihre Nichtlagerfähigkeit, weil sie bei der Erstellung direkt verbraucht werden (so genanntes Uno-actu-Prinzip).

5.2   Aufgaben und Ziele der Kostenträgerrechnung

Die Kostenträgerrechnung ist in der klassischen Aufteilung der Kostenrechnung nach der Kostenarten- und der Kostenstellenrechnung die dritte Rechnung. Ihre zentrale Aufgabe besteht darin, jene Kosten zu ermitteln, welche die betriebliche Leistungserstellung verursacht hat.

---

[1]Obwohl unüblich, kann man auch Kostenstellen als Kostenträger auffassen. Diese Zuordnung lässt sich gerade mit der Notwendigkeit einer genauen Kostenzuordnung begründen. Kostenstelleneinzelkosten sind jene Kosten, die verursachungsgerecht einer Kostenstelle zugeordnet werden können. Kostenstellen sind damit Kostensammler, denen man verursachungsgerecht Kosten zuordnen kann.

Der zentrale Zweck der Kostenträgerrechnung, die auch als Selbstkostenrechnung bezeichnet wird, liegt damit in der Ermittlung der Herstell- und Selbstkosten begründet. Die Herstellkosten ergeben sich nach dem allgemeinen kostenrechnerischen Kalkulationsschema wie folgt:

- Materialeinzelkosten (z. B. Rohstoffe)
- Materialgemeinkosten (z. B. Beschaffungskosten; Lagerkosten, wenn im Lager mehrere Materialien gelagert sind)
- Fertigungseinzelkosten (z. B. direkt zurechenbare Lohnkosten)
- Fertigungsgemeinkosten (z. B. Raumkosten, Energiekosten, Hilfslöhne)
- Sondereinzelkosten der Fertigung (z. B. regelmäßig anfallende Kosten für Spezialwerkzeuge, die für bestimmte Erzeugnisse benötigt werden)

Addiert man zu den Herstellkosten noch anteilige Verwaltungsgemeinkosten, anteilige Vertriebsgemeinkosten sowie Sondereinzelkosten des Vertriebs (z. B. Kosten der Auftragsabwicklung), so erhält man die Selbstkosten (= Gesamtkosten).

Die Ermittlung der Herstell- und Selbstkosten erfüllt verschiedene Zwecke:

- Die Ermittlung der Herstellkosten dient als Grundlage für die Bewertung der Bestände an Halb- und Fertigerzeugnissen. Aus den kostenrechnerischen Herstellkosten werden die handelsrechtlichen Herstellkosten abgeleitet, wobei im Handelsgesetzbuch explizit festgelegt ist, welche Kosten aktiviert werden müssen, welche aktiviert werden dürfen (Wahlrechte) und für welche Kosten ein Aktivierungsverbot besteht.[2] Der Ausweis voller Kosten auf den Beständen hat hier weniger kostenrechnerische als vielmehr bilanzielle (auch bilanzpolitische) Gründe.
- Die kurzfristige Erfolgsrechnung (auch kurzfristige Ergebnisrechnung oder Kostenträger-Zeitrechnung genannt) nach Gesamtkostenverfahren oder nach Umsatzkostenverfahren basiert auf den Daten der Herstell- oder Selbstkosten. Unter einer kurzfristigen Erfolgsrechnung versteht man eine regelmäßig vorgenommene, unterjährige Gewinn- und Verlustrechnung, deren Abrechnungsperiode kürzer als ein Jahr ist. In der Regel ist die Abrechnungsperiode der Kalendermonat. Der Periodenerfolg soll dabei nicht nur ermittelt, sondern auch in seine Erfolgskomponenten zerlegt werden, um die Quellen des Erfolgs identifizieren zu können.
- Die Kostenträgerrechnung stellt Informationen bereit, die in die Ermittlung des Verkaufspreises einfließen können. Preispolitische Entscheidungen auf Basis der Daten aus der Kostenträgerrechnung können auch zur Ermittlung einer kurzfristigen Preisuntergrenze herangezogen werden. Kurzfristig kann es Sinn machen, über den Preis

---

[2]Siehe dazu § 255 Absätze 2 und 3. Nach Verabschiedung des Bilanzrechtsmodernisierungsgesetzes (BilMoG) wird die handelsrechtliche Herstellungskostenuntergrenze an die steuerrechtliche Untergrenze angepasst.

lediglich die variablen Kosten abzudecken. Dies wird damit begründet, dass Fixkosten kurzfristig nicht entscheidungsrelevant sind, da sie kurzfristig nicht disponibel sind und auch bei einer Ausbringungsmenge von „null" anfallen.

5.3   Methoden der Kostenträgerrechnung

5.3.1   Sachumfang der Kosten

Der Sachumfang der Kosten beantwortet die Frage, ob alle oder nur ein Teil der mit der Leistungserstellung verbundenen Ressourcenverbräuche als Kosten erfasst und/oder verteilt werden. Zu beachten ist dabei, dass sämtliche Kalkulationsverfahren sowohl auf Basis voller als auch auf Basis partieller Kosten durchgeführt werden können. Es gibt daher kein Kalkulationsverfahren, welches nur auf eine der beiden Varianten anwendbar ist.

Bei **Kalkulationen auf Vollkostenbasis** werden letztlich alle Kosten auf die Kostenträger verrechnet. Als das zentrale Motiv dafür wird angesehen, dass zum Zwecke der Preisbildung langfristig alle Kosten gedeckt werden müssen. Die mit der Kostenschlüsselung der nicht direkt zurechenbaren Kosten verursachten Verzerrungen des Kostenausweises auf den Kostenträgern müssen dabei in Kauf genommen werden. **Kalkulationen auf Teilkostenbasis**, also Teilkostenkalkulationen, sind dadurch charakterisiert, dass bewusst ein Teil der verbrauchten Ressourcen, die über Kostenarten abgebildet werden, bei der Kostenverteilung auf Kostenträger außen vor gelassen wird. Kalkulationen auf Teilkostenbasis liegen schon dann vor, wenn man zum Beispiel auf den Ansatz kalkulatorischer Zinsen verzichtet. Der wichtigste Anwendungsfall für Kalkulationen auf Teilkostenbasis liegt indes vor, wenn lediglich die Kostenträgereinzelkosten verrechnet werden und die Schlüsselung sämtlicher Kostenträgergemeinkosten auf die Kostenträger unterbleibt.

Indem auf einen Teil der Kosten bei der Kalkulation verzichtet wird, werden die Mängel einer (stets nicht verursachungsgerechten) Schlüsselung vermieden. Die Genauigkeit der auf den Kostenträgern ausgewiesenen Kosteninformationen wird dadurch erhöht.

5.3.2   Kalkulationsverfahren (Kostenträgerstückrechnung)

5.3.2.1 Ziele der Kalkulation und Kalkulationsarten

Die Kostenträgerstückrechnung umfasst verschiedene Kalkulationsverfahren zur Ermittlung der Herstell- bzw. Selbstkosten der betrieblichen Leistungseinheiten. Die **Kostenträgerstückrechnung ist die Kalkulation**. Die Kenntnis über die Stückkosten wird für die Feststellung von Preisen (vor allem: Preisuntergrenzen) und, vor allem, für die Überwachung der Wirtschaftlichkeit der Leistungserstellung eingesetzt. Die Feststellung von Preisen umfasst nicht nur die an den Markt gerichteten Verkaufspreise, sondern sie beinhaltet ebenso die Ermittlung innerbetrieblicher Preise im Sinne der pretialen Lenkung.

Demnach erfolgt die Koordination der Entscheidungen in betrieblichen Teilbereichen über ein System von Lenkungspreisen (pretiale Leitung im engeren Sinn). Solche innerbetrieblichen Verrechnungspreise ermöglichen die Ermittlung von Teilbereichsergebnissen (Profit-Center-Rechnungen).

Die Durchführung von Kalkulationen zum Zwecke der Überwachung der Wirtschaftlichkeit ist eine Auswertungs- und Vergleichsrechnung. Ziel ist, rechtzeitig einem Trend entgegenzusteuern, der auf eine sinkende Wirtschaftlichkeit in der Produkterstellung hinweist.

Nach dem Zeitpunkt der Durchführung der Kalkulation werden verschiedene Kalkulationsarten unterschieden. Die Stückkostenrechnung kann grundsätzlich vor, während und nach dem Produktionsprozess erfolgen. Entsprechend wird von Vor-, Zwischen- und Nachkalkulation gesprochen. Eine **Vorkalkulation** ist eine stück- oder losgrößenbezogene Vorrechnung, die man auch als Erzeugniskalkulation bezeichnet. Bei der Vorkalkulation wird der erwartete Güterverkehr mengen- und wertmäßig für bestimmte Leistungseinheiten ermittelt. Sie kann Basis einer Angebotskalkulation sein, die häufig kurzfristig für Kundenaufträge durchgeführt wird. Wenn die Vorkalkulation für solche Einzelaufträge durchgeführt wird, so unterscheidet sie sich grundsätzlich von der Plankalkulation, welche von Einzelaufträgen abstrahierend über eine gesamte Planungsperiode Gültigkeit hat. Sie kann also als Kalkulation von Leistungseinheiten an einem „diffusen" Markt interpretiert werden. Bei der Vorkalkulation werden die erwarteten Materialverbrauchsmengen über Stücklisten abgeleitet, also über eine Komponentenstruktur. Die notwendigen mengenmäßigen Verrichtungen (Fertigungskosten) werden über Arbeitspläne ermittelt. Diese Mengengerüste werden dann wie folgt bewertet:

- die Materialkosten mit den Anschaffungs- oder Herstellungskosten
- die Fertigungskosten mit Leistungstarifen
- (gegebenenfalls) Gemeinkostenzuschläge auf unterschiedliche Bezugsbasen

Die **Zwischenkalkulation**, auch mitlaufende Kalkulation genannt, ist eigentlich eine Form der Nachkalkulation. Während des noch nicht abgeschlossenen Produktionsprozesses werden die Istkosten bereits abgeschlossener Teilabschnitte ermittelt. Es werden zum Beispiel Materialbewegungen verbucht, Rückmeldungen, Wareneingänge sowie die unfertigen Erzeugnisse (Ware in Arbeit) erfasst. Damit erfüllt die Zwischenkalkulation vor allem Bilanzierungszwecke (Bestandsveränderungen an fertigen und unfertigen Erzeugnissen) und interne Steuerungszwecke (Vergleich von geplanten und realisierten Kosten).

Die **Nachkalkulation** erfolgt, wenn der Produktionsauftrag, also der Kostenträger, endgeliefert ist. Sie ist also eine ex post durchgeführte Kalkulation, welche die nunmehr gesamten Istkosten der Kostenträger ausweist. Dabei spielen Auswertungen zur Beurteilung der Wirtschaftlichkeit der Leistungserstellung eine zentrale Rolle. Es werden Abweichungen ermittelt und Plan-Ist- bzw. Soll-Ist-Vergleiche durchgeführt.

5.3.2.2 Divisionskalkulationen

Divisionskalkulationen sind dadurch gekennzeichnet, dass sämtliche der Kostenartenrechnung entnommenen Kosten einer Abrechnungsperiode durch die produzierten Leistungsmengen dividiert werden. Kosiol spricht hier von einer summarischen Gesamtkostenrechnung, in der keine Differenzierung in Einzel bzw. Gemeinkosten erfolgt. Die Stückkosten (k) der produzierten Leistungseinheiten ergeben sich bei der **einstufigen Divisionskalkulation** dann aus:

$$k = \frac{K}{x}$$

mit K = Gesamtkosten und
x = produzierte Leistungseinheitenmenge

Die Einfachheit der Rechnung bedingt auch ihren eng abgegrenzten Anwendungsbereich. Sinnvoll anwendbar ist die einstufige Divisionskalkulation nämlich nur bei Einproduktunternehmen mit Massenproduktion, wo eine Einteilung in Einzel- und Gemeinkosten nicht erforderlich ist und sich alle Kosten proportional zur produzierten Leistungseinheitenmenge verhalten. Wenn die homogenen Produkte zu ihrer Erstellung mehrere Fertigungsstufen durchlaufen, es also nach Stufe unfertige Erzeugnisse geben kann, dann ist die Divisionskalkulation nur noch anwendbar, wenn sich die Lagerbestände der unfertigen Erzeugnisse nicht ändern. Ansonsten würden in den Gesamtkosten einer Abrechnungsperiode entweder Kostenkomponenten enthalten sein, die der Produktion höherer Bestände an unfertigen Erzeugnissen dienen, oder es würden Kostenbestandteile fehlen, die wegen des Verbrauchs von in Vorperioden erstellten (und kostenmäßig dort erfassten) produzierten unfertigen Erzeugnissen angefallen sind. Es würden also falsche Stückkosten ermittelt werden.

Weiterhin darf sich auch der Bestand an Fertigerzeugnissen im Zeitablauf nicht ändern, wenn die einstufige Divisionskalkulation angewendet werden soll. Eine Änderung des Bestands hat nämlich zur Folge, dass ein Anteil der gefertigten Produkte hergestellt *und* abgesetzt wurde und ein anderer Anteil nur hergestellt, aber nicht abgesetzt wurde. Die Gesamtkosten K sind dann nicht mehr alleine der Bezugsgröße x (produzierte Leistungseinheitenmengen) zurechenbar.

Dies bedeutet schlussendlich, dass die produzierten mit den abgesetzten Mengen in einer Periode übereinstimmen müssen.

Vielfach wird darauf verwiesen, dass es beim Einsatz der einstufigen Divisionskalkulationentbehrlich ist, eine Kostenstellenrechnung zu führen. Dies ist aus Sicht der Kalkulation auch durchaus zutreffend, weil die Kosten aus der Kostenartenrechnung direkt zur Ermittlung der Selbstkosten herangezogen werden. Aus abrechnungstechnischer Sicht sind Kostenstellen also grundsätzlich nicht notwendig. Da Kostenstellen allerdings Steuerungs-, Kontroll- und Organisationsaufgaben wahrnehmen, wird die Kostenstellenrechnung per se ein unverzichtbarer Bestandteil jeder ernsthaft betriebenen Kostenrechnung sein.

Bei der **mehrstufigen Divisionskalkulation** wird die Divisionskalkulation in jeder Produktionsstufe durchgeführt. Dies setzt voraus, dass sich die Kosten in den einzelnen

Unternehmensbereichen, die an der (mehrstufigen) Produktion beteiligt sind, auch erfassen lassen. Abrechnungstechnisch ist also hier die Kostenstellenrechnung unabdingbar.

Grundsätzlich sind zwei Formen der mehrstufigen Divisionskalkulation denkbar. Entweder werden die Kosten stufenweise fortgeschrieben (also auf die nächste Produktionsstufe überwälzt) oder aber es finden stufenweise separate Kostenrechnungen statt. Die aus den Vorstufen bezogenen und eingesetzten Materialen bleiben also außer Ansatz. Man kann sagen, dass diese Form der mehrstufigen Divisionskalkulation mehrere isolierte Divisionskalkulationsergebnisse ausweist.

Bei einer Überwälzung der Kosten ergeben sich dann die Stückkosten der ersten Stufe k_1 wie folgt:

$$k_1 = \frac{\text{in der ersten Stufe erfasste Kosten}}{\text{in der ersten Stufe produzierte Leistungseinheitenmengen}} = \frac{K_1}{x_1}$$

Die Stückkosten bis einschließlich der zweiten Stufe (k_2) ergeben sich dann aus:

$$k_2 = \frac{k_1 * x_1 + K_2}{x_2} = \frac{K_2}{x_2}$$

Die Stückkosten bis einschließlich der zweiten Stufe beinhalten die in Stufe 2 verbrauchten Mengen aus Stufe 1, bewertet zu den in Stufe 1 ermittelten Stückkosten sowie die in Stufe 2 zusätzlich angefallenen Kosten.

Bei der isolierten Kostenträgerrechnung innerhalb der mehrstufigen Divisionskalkulation errechnet man jene Kosten separat, die pro Stück ausschließlich in der jeweiligen Fertigungsstufe angefallen sind:

Stückkosten der ersten Stufe $= k_1 = \frac{K_1}{x_1}$

Stückkosten der ersten Stufe $= k_2 = \frac{K_2}{x_2}$

usw

Die gesamten Stückkosten des Fertigerzeugnisses ergeben sich dann aus:

$$K = k_1 + k_2 + \ldots + k_n$$

5.3.2.3 Besondere Form der Divisionskalkulation: Äquivalenzziffernkalkulation

Die Äquivalenzziffernkalkulation verfeinert die Divisionskalkulation, indem bei der Fertigung verschiedener Erzeugnisarten mit hohem Ähnlichkeitsgrad die Kostenbelastung der einzelnen Erzeugnisarten durch Kostengewichtungen determiniert werden. Ein hoher Ähnlichkeitsgrad zwischen den Erzeugnisarten ist *die* zentrale Voraussetzung zur Anwendung der Äquivalenzziffernkalkulation. Klassischerweise liegt dies bei Sortenfertigung vor, bei der die Erzeugnisarten gleichartige Rohstoffe beanspruchen und auch der Produktionsprozess in gemeinsamen Fertigungskostenstellen abläuft.

Äquivalenzziffern stellen die Kostengewichte dar. Sie sind Verhältniszahlen für die Kostenbelastung der einzelnen Sorten. Wenn man mit Relationen arbeitet, muss es ein „Basisprodukt" geben, für welches die Verhältniszahl „1" festgelegt wird. Das Basisprodukt dient damit als Index, anhand dessen alle weiteren Produktvarianten verglichen werden. Eine so vergebene Äquivalenzziffer von „0,8" bedeutet demnach, dass, verglichen mit dem Basisprodukt (Bezugsprodukt), 20 % weniger an Kosten pro Mengeneinheit angelastet werden sollen.

Die Äquivalenzziffern müssen durch Erfahrungswerte abgeschätzt werden. Je ungenauer die Schätzung ist, desto ungenauer ist auch die Kostenallokation. Erfahrungswerte können etwa den Daten der **Betriebsstatistik** entnommen werden.

Bei der Äquivalenzziffernkalkulation wird jede Sortenmenge zunächst mit der zugeordneten Äquivalenzziffer multipliziert. Die so ermittelten Recheneinheiten stellen damit Umwandlungen dar: Die erzeugten Sortenmengen werden in *fiktive* Mengen des Standardprodukts umgerechnet. Die Recheneinheiten repräsentieren also die fiktive Menge der Standardsorte, die annahmegemäß die gleichen Kosten verursacht wie die aktuelle Menge der betrachteten Sorte.

Anschließend werden die Recheneinheiten aufsummiert. Diese Summe stellt die zentrale Rechengröße dar, durch welche die Gesamtkosten der Abrechnungsperiode dividiert werden müssen. Ergebnis sind die Stückkosten der Bezugssorte. Durch Multiplikation dieser Stückkosten mit den jeweiligen festgelegten Äquivalenzziffern werden die Stückkosten der anderen Sorten ermittelt.

Als Zahlenbeispiel sei eine Brauerei gewählt. Dort werden verschiedene Biersorten (A-D) produziert. In der Abrechnungsperiode betragen die Herstellkosten 684.600 GE. Die Ausgangslage gibt folgende Übersicht wieder (Tab. 5.1, 5.2):

Tab. 5.1 Beispiel einer Äquivalenzziffernkalkulation (1)

Biersorte	Äquivalenzziffer	produzierte Flascheneinheiten	Recheneinheiten
A	0,7	300.000	210.000
B	0,9	200.000	180.000
C	1,0	280.000	280.000
D	1,4	220.000	308.000
		$\sum$ 1.000.000	$\sum$ 978.000

Tab. 5.2 Beispiel einer Äquivalenzziffernkalkulation (2)

Biersorte	Äquivalenzziffer	Herstellkosten pro Flascheneinheit	gesamte Herstellkosten
A	0,7	$0,7 \times 0,7 = 0,49$	$0,49 \times 300.000 = 147.000$
B	0,9	0,63	126.000
C	1,0	0,70	196.000
D	1,4	0,98	215.600
			$\sum$ 684.600

$$\text{Stückkosten der Bezugssorte} = \frac{684.600}{978.000} = 0,7$$

5.3.2.4 Zuschlagskalkulation

Zuschlagskalkulationen finden insbesondere dann Anwendung, wenn die Voraussetzungen zur Durchführung einer Divisionskalkulation nicht erfüllt sind. Die Zuschlagskalkulation findet deshalb bei vielfältigen oder oft wechselnden Produktionsprogrammen Verwendung bzw. bei mehrstufiger Produktion sowie bei Schwankungen der Bestände an Halb- und Fertigerzeugnissen. Insgesamt findet die Zuschlagskalkulation also Anwendung bei heterogenen Produktionsverhältnissen.

Bei der Zuschlagskalkulation bedarf es einer Zuschlagsbasis, auf der bestimmte Kostenanteile verrechnet werden. Es erfolgt eine Einteilung der Kosten in Einzel- und Gemeinkosten. Die Einzelkosten werden direkt den Kostenträgern zugeordnet. Bei Vollkostenrechnungssystemen werden die auf den Kostenstellen verrechneten Gemeinkosten den Kostenträgern mittels Kalkulationssätzen „zugeschlagen". Die Basisgrößen für die Verrechnung können mengen- oder wertorientiert sein. Auf jeden Fall stellen sie Verrechnungsschlüssel dar, die dem Verursachungsprinzip regelmäßig nicht entsprechen. Zuschlagsgrundlagen müssten, um verursachungsgerecht zu sein, proportional zu den Gemeinkosten sein.

Die Zuschlagskalkulation auf Basis einer Teilkostenrechnung verrechnet nur die erfassten beschäftigungsabhängigen und somit variablen Gemeinkosten auf die einzelnen Erzeugnisse.

Die so genannte **summarische Zuschlagskalkulation** verrechnet die gesamten Gemeinkosten als einen (summarischen) Zuschlag. Als Bezugsgröße fungieren bestimmte Arten oder Gruppen von Kostenträgereinzelkosten. Man verwendet daher entweder die Materialeinzelkosten oder die Fertigungseinzelkosten oder aber die gesamten Kostenträgereinzelkosten als *die* einzige, nicht weiter differenzierte Zuschlagsgrundlage. Es wird damit unterstellt, dass jene Produkte, die mehr an Einzelkosten verursacht haben, auch mehr an Gemeinkosten verursacht haben. Diese vereinfachende Sichtweise ist mit dem Verursachungsprinzip zumeist nicht vereinbar. Die einfache Handhabung hat dem Verfahren in der Praxis zu einer weiten Verbreitung verholfen. Ungenauigkeiten in der Kostenzuordnung werden allerdings implizit in Kauf genommen.

Werden also die umzulegenden Gemeinkosten durch die gesamte Zuschlagsgrundlage dividiert, so erhält man den Gemeinkostenzuschlagssatz.

Die **summarisch-elektive (auch: differenzierende) Zuschlagskalkulation** verrechnet die Gemeinkosten nicht summarisch, sondern differenziert nach Betriebsbereichen bzw. Kostenstellen. Für jede Hauptkostenstelle werden separate Zuschlagsgrundlagen ermittelt. Die Differenzierung besteht darin, dass die Gemeinkosten getrennt behandelt werden. Es erfolgt regelmäßig eine Aufteilung in Gemeinkosten der Bereiche „Materialwirtschaft", „Produktion" sowie „Vertrieb und Verwaltung".

Basis für die Ermittlung der Gemeinkostenzuschläge stellt der Betriebsabrechnungsbogen aus der Kostenstellenrechnung dar. Hier werden die Bezugsgrößen ermittelt, wie folgendes stark vereinfachende Beispiel verdeutlicht (Angaben in €) (Tab. 5.3).

Tab. 5.3 Beispiel eines Betriebsabrechnungsbogens (Ausschnitt)

	Fertigungskosten-stelle 1	Fertigungskosten-stelle 2	Verwaltung und Vertrieb
Gehälter	3.000	4.000	10.000
kalkulatorische Abschreibungen	50	500	7000
Kostenstelleneinzelkosten	3.050	4.500	17.000
soziale Leistungen	416	555	2.560
kalkulatorische Zinsen	42	100	65
kalkulatorische Miete	143	550	370
Energiekosten	200	480	600
Kostenstellengemeinkosten	801	1.685	3.595
Kostenstellengesamtkosten	3.851	6.185	20.595

Die gesamten Fertigungsgemeinkosten betragen 10.036 GE. Wählt man also Bezugsgröße die Materialeinzelkosten, die 20.000 GE betragen mögen, so ergibt sich als Gemeinkostenzuschlagssatz:

$$\frac{10.036}{20.000} = 50{,}2\,\%$$

Auf die Materialeinzelkosten eines Kostenträgers werden 50,2 % an Gemeinkostenzuschlag verrechnet.

Als Basis für die Verrechung der Verwaltungs- und Vertriebsgemeinkosten dienen regelmäßig die Herstellkosten, also die Summe aus Material- und Fertigungskosten. Die Summe aus Herstellkosten und (anteiligen) Verwaltungs- und Vertriebskosten wird als Selbstkosten bezeichnet. Diese stellen die Gesamtheit der Kosten dar, die bei der Erstellung eines Produkts angefallen sind.

Alle Verfahren der Zuschlagskalkulation haben den großen Nachteil, dass bei jeder Änderung der Bezugsgröße (Materialpreiserhöhungen, Lohnerhöhungen) eine neue Ermittlung der Gemeinkostenzuschläge erforderlich macht.

5.3.2.5 Kuppelproduktion

Bei der *Kuppelproduktion* wird bei einem gemeinsamen Herstellungsprozess mehr als ein Produkt hergestellt. Diese Produkte werden als Kuppelprodukte bezeichnet und vor allem in der Prozessindustrie erzeugt. Dabei spielt die Eigenart der Rohstoffe oder ein bestimmtes Herstellverfahren die zentrale Rolle, wobei naturgesetzlich oder technisch bedingt mehrere, grundsätzlich verschiedene Produkte in ein und demselben Produktionsprozess entstehen. Dies kann etwa bei Rohöldestillation oder bei Hochofenprozessen der Fall sein.

Die Produktion von Kuppelprodukten ist geplant und beabsichtigt. Demgegenüber stellen Nebenprodukte („Reststoffe") ungeplante und unbeabsichtigte Produkte dar, die automatisch bei der Herstellung eines anderen Produkts bzw. anderer Produkte entstehen.

Das zentrale Problem bei Kuppelproduktionen sind aus Kalkulationssicht die durch die Kuppelprodukte gemeinsam verursachten Kosten. Diese so genannten „verbundenen Kosten" müssen auf die Kuppelprodukte aufgeteilt werden. Dazu haben sich in der Praxis verschiedene Verfahren entwickelt. Bei der **Marktpreismethode** erfolgt die Schlüsselung anhand der für die einzelnen Kuppelprodukte erzielbaren Marktpreise. Bei der **Kostenvergleichsmethode** stellen die technischen Eigenschaften der Kuppelprodukte die Verteilungsgrundlage dar (z. B. Wärmewerte).

Die Marktpreise einerseits und die technischen Bezugsgrößen andererseits stellen letztlich Äquivalenzziffern dar, mit denen die Aufteilung der Kosten vorgenommen wird. Die Marktpreismethode und die Kostenvergleichsmethode werden zusammenfassend auch als **Verteilungsmethode** bezeichnet. In beiden Fällen kommt das Tragfähigkeitsprinzip zur Geltung: Die Gemeinkosten werden aufgrund einer marktmäßigen Verwertbarkeit der Kuppelprodukte verteilt. Je höher der erzielbare Marktpreis bzw. je höher das (marktmäßig verwertbare) Potenzial eines Kuppelprodukts, desto mehr Gemeinkosten können getragen (und damit verrechnet) werden.

Die **Restwertmethode** als zweites grundsätzliches Verfahren der Kuppelproduktkalkulation differenziert in Hauptprodukt(e) und Nebenprodukt(e). Für die Nebenprodukte werden Deckungsbeiträge ermittelt. Es werden also die direkten Kosten von den erzielbaren Nettoerlösen abgezogen. Von den Gesamtkosten der Kuppelproduktion wird die Deckungsbeitragssumme der Nebenprodukte abgezogen. Man erhält damit die Gesamtkosten des Hauptprodukts. Durch Division der Kosten des Hauptprodukts durch die Leistungsmengen erzeugter Hauptprodukterzeugnisse werden schließlich die Kosten pro Einheit des Hauptprodukts ermittelt.

Betragen die Gesamtkosten einer Kuppelproduktion beispielsweise 100.000 GE und werden vom Hauptprodukt 1.000 Tonnen sowie 600 Tonnen von Nebenprodukt A und 400 Tonnen von Nebenprodukt B erzeugt, so wird zunächst die Leistungsverwertung der Nebenprodukte betrachtet. Im Beispiel kann Nebenprodukt A für 20 GE/t abgesetzt werden. Direkt dem Nebenprodukt A zurechenbare Veredelungskosten mögen 8 GE/t betragen. Nebenprodukt B muss umweltschonend entsorgt werden. Die Kosten dafür betragen 10 GE/t.

Die Kalkulation ergibt sich dann, wie in Tab. 5.4 dargestellt.

Für die Ermittlung der Selbstkosten können noch Gemeinkostenzuschläge verrechnet werden (etwa Verwaltungs- und Vertriebsgemeinkosten).

5.3.2.6 Zusammenfassende Übersicht über die Kalkulationsverfahren

Die Kalkulationsverfahren können anhand zentraler Kriterien voneinander abgegrenzt werden. Eine entsprechende Zusammenfassung der wesentlichen Kalkulationsverfahren kann der Abb. 5.1 entnommen werden.

Tab. 5.4 Beispiel einer Kuppelproduktkalkulation

Gesamtkosten der Kuppelproduktion:	100.000 GE
Deckungsbeitragssumme Nebenprodukt A	− 7.200 GE (600 × 12)
direkte Kosten des Nebenprodukts B	+ 4.000 GE (400 × 10)
Restkosten	96.800 GE
Herstellkosten pro t des Hauptprodukts	96,80 GE

Kriterium	Kalkulationsverfahren		
	Divisionskalkulation	Zuschlagskalkulation	Kuppelproduktion
Formen	– einfach – stufenweise – mittels Äqui- valenzziffern	– summarisch – summarisch-elektiv	– Verteilungsmethode – Restwertmethode
Anwendungs- gebiete	– Massenfertigung eines einheitlichen Produkts – Sortenfertigung	– vielfältiges Pro- duktionsprogramm – wechselndes Pro- duktionsprogramm – schwankende Bestände an Halb- und Fertigfabrikaten	– Verfahren in der Pro- zessindustrie, in denen im Produktionsprozess mehrere Produkte gleichzeitig entstehen
Attribute	– keine Differenzierung in Einzel- und Gemeinkosten – mit subjektiven, die Kostenhöhe beein- flussenden Faktoren	– Trennung in Einzel- und Gemeinkosten – Ermittlung von Kalkulationssätzen	– Differenzierung in Haupt- und Neben- produkte – Tragfähigkeitsprinzip
Beurteilung	– einfache Anwendung – Kostenungenauigkei- ten wahrscheinlich	– die ausgewählten Bezugsgrößen unter- stellen eine Korrelation mit den Gemeinkosten – Zuschlagssätze müs- sen bei Änderung der Bezugsgröße ange- passt werden	– (zwangsweise) nicht verursachungsgerecht – keine Eignung für dispositive Zwecke – notwendig für die Bestandsbewertung

Abb. 5.1 Kalkulationsverfahren im Überblick. (Quelle: eigene Darstellung)

5.3.3 Kurzfristige Erfolgsrechnung

5.3.3.1 Einordnung

Die kurzfristige Erfolgsrechnung ist eine periodische Rechnung. Sie ermittelt die innerhalb einer Abrechnungsperiode (in der Regel der Kalendermonat) insgesamt angefallenen Kosten sowie die realisierten Erträge (Umsätze, Erlöse). Hauptziel der kurzfristigen Erfolgsrechnung ist die Ermittlung eines Ergebnisses des wirtschaftlichen Handelns. Sie kann grundsätzlich auf zwei Weisen aufgestellt werden:

(1) Auf Basis finanzwirtschaftlicher (finanzbuchhalterischer) Daten

Die kurzfristige Erfolgsrechnung auf Basis finanzwirtschaftlicher Daten ist eine auf Kurzperioden hin ausgerichtete, vergleichende Beständerechnung bzw. Bewegungsrechnung. Die kurzfristige Erfolgsrechnung als Bilanzvergleichsrechnung stellt Zwischenbilanzen auf. Die kurzfristige Erfolgsrechnung als finanzwirtschaftliche Bewegungsrechnung basiert auf den Daten der Gewinn- und Verlustrechnung.

Kurzfristige Erfolgsrechnungen auf Basis finanzwirtschaftlicher Daten können wohl den Unternehmensgesamterfolg messen. Sie können jedoch keine Erfolgszuordnung zu einzelnen Erzeugnissen oder Erzeugnisgruppen leisten. Aussagen über den Beitrag einzelner Produkte zum Gesamterfolg und damit letztlich Aussagen über Erfolgsursachen sind nicht möglich. Hinzu kommt, dass die Daten aus der Finanzbuchhaltung pagatorischen Charakter haben. Sie ist eine letztlich auf Zahlungsvorgängen basierende Rechnung, die wertmäßige, das heißt kalkulatorische Wertansätze nicht kennt. Schließlich werden Bestände mit Anschaffungskosten bewertet und eben nicht laufend an die Marktwerte angepasst.[3]

(2) Auf Basis kostenrechnerischer Daten

Die kurzfristige Erfolgsrechnung auf Basis der Kostenrechnung erfolgt mittels Kostenartengliederung, Kostenstellengliederung und Kostenträgergliederung. Bei der Gliederung nach Kostenträgern kann die kurzfristige Erfolgsrechnung entweder nach dem Gesamtkostenverfahren oder nach dem Umsatzkostenverfahren erstellt werden. Das Gesamtkostenverfahren richtet sich auf die gesamte Erzeugnismenge. Das Umsatzkostenverfahren richtet sich (lediglich) auf die umgesetzten Leistungen. Diese Form der auf Basis der Kostenrechnung durchgeführten kurzfristigen Erfolgsrechnung hat im Zuge der Internationalisierung der Rechnungslegung an Bedeutung gewonnen. Sie ist letztlich

---

[3]Für bestimmte Finanzinstrumente sieht der Referentenentwurf zum Bilanzrechtsmodernisierungsgesetz eine Änderung vor. Demnach sollen zu Handelszwecken erworbene Finanzinstrumente mit ihrem „Fair Value" bewertet werden können. Der Fair Value sollte dem Marktäquivalent entsprechen. Ob dieser regelmäßig objektiv ermittelbar ist, soll an dieser Stelle nicht diskutiert werden. Die Verabschiedung des Bilanzrechtsmodernisierungsgesetzes hat für Unternehmen der Realwirtschaft den Eingang des Fair Value in das Handelsrecht dann wieder verworfen.

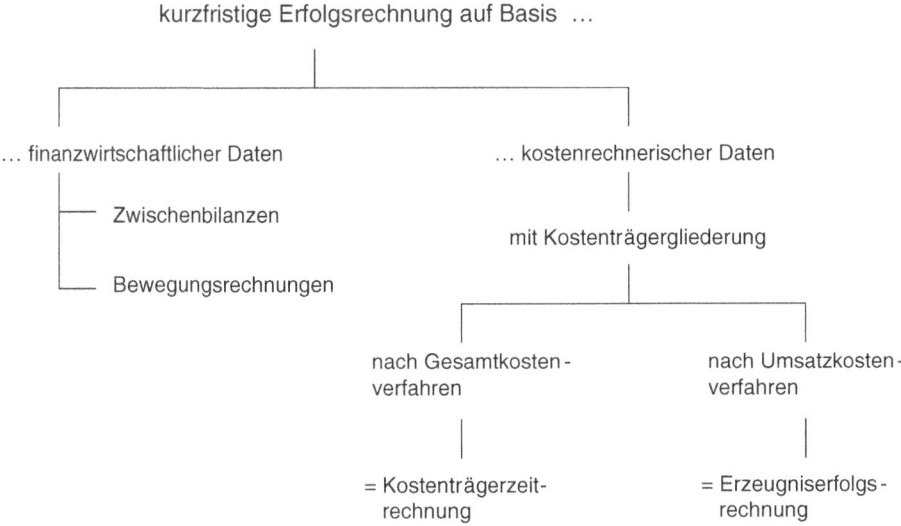

Abb. 5.2 Systematisierung der kurzfristigen Erfolgsrechnung

eine **erzeugnisorientierte** Rechnung, die den Erfolg einzelner Erzeugnisse misst. Nicht realisierte Erträge bleiben außen vor. Anders ausgedrückt heißt das, dass nur bestimmte Kosten- bzw. Erlösvorgänge betrachtet werden. Eine derartig aufgebaute kurzfristige Erfolgsrechnung ist also (bewusst) unvollständig, weil hier ausschließlich die Betrachtung aus Marktsicht interessiert. Sie ist, mit anderen Worten, eine Erzeugniserfolgsrechnung.

Beim Gesamtkostenverfahren steht das Gesamtergebnis aller Erzeugnisse im Vordergrund, erfasst also sämtliche Kosten- und Erlösvorgänge. Eine kurzfristige Erfolgsrechnung auf Basis kostenrechnerischer Daten, die nach Kostenträgern strukturiert ist und nach dem Gesamtkostenverfahren aufgestellt ist, nennt man auch **Kostenträgerzeitrechnung**.

Die kurzfristige Erfolgsrechnung kann darüber hinaus grundsätzlich auf Basis von Voll- oder Teilkosten aufgestellt werden (Abb. 5.2).

5.3.3.2 Kalkulatorischer Periodenerfolg auf Vollkostenbasis

Die Differenz aus Periodenleistungen und den **gesamten** (vollen) mit ihnen verbundenen Kosten stellen den kalkulatorischen Periodenerfolg auf Vollkostenbasis dar. Den Kosten der in einer Abrechnungsperiode hergestellten Güter zu vollen Herstellkosten werden die in der gleichen Periode hervorgebrachten Herstellungsleistungen gegenübergestellt. Die Herstellungsleistungen sind entweder verwertet (realisierter Ertrag), fertig erzeugt, aber noch nicht abgesetzt (Bestandserhöhung an auf Lager produzierten Fertigerzeugnissen) bzw. unfertig geblieben (Bestandserhöhung unfertiger Erzeugnisse).

Die Periodenerfolgsermittlung bezieht sich stets auf die gesamte Unternehmung. Insofern eine organisatorische Strukturierung des Unternehmens in Teilbereiche (z. B. Werk, Abteilungen, Kostenstellen) vorliegt, können die Erfolge auch auf Ebene dieser Organisationseinheiten ausgewiesen werden. Die Abrechnung auf diese betrieblichen Untergliederungseinheiten erfolgt nach einer festgelegten Schrittfolge, in der die Erfolgsermittlung auf immer weiter eingeengte Abrechnungseinheiten vorgenommen wird. Von übergeordneten Einheiten wird schrittweise auf untergeordnete, granularere Einheiten verrechnet. KOSIOL unterscheidet hierbei drei Arten von Abrechnungen (vgl. Kosiol 1979, S. 330):

- Unternehmensabrechnung auf Werke (Werksumlage)
- Werksabrechnung auf Betriebe (Betriebsumlage)
- Betriebsabrechnung auf Kostenstellen (Kostenstellenumlage)

Die hierarchisierende Unterscheidung hat auch kostenartenrechnerische Implikationen. Die Unternehmenskostenarten (Kostenarten der obersten Stufe) sind ausschließlich primäre Kostenarten, also dem Unternehmen insgesamt von außen zufließende Kosten. Auf jede weitere darunter liegende Abrechnungseinheit kommen grundsätzlich zu den umgelegten primären Kostenarten noch sekundäre Kostenarten hinzu. Diese resultieren

- bei Unternehmenskostenarten aus Kosten zwischenwerklicher Leistungsaustauschbeziehungen,
- bei den Werkskostenarten aus Kosten zwischenbetrieblicher Leistungen und
- bei den Betriebskostenarten aus Kosten innerbetrieblicher Leistungsbeziehungen.

Es entstehen also, jeweils über entsprechende Kostenumlagen, Werks-, Betriebs- und Kostenstellenumlagen. Ausgangspunkt sind die werksweise erfassten Kosten. Kosten, die für mehrere Werke gemeinsam verursacht wurden, werden auf die betreffenden Werke umgelegt.

Sollen aus der Periodenerfolgsrechnung wieder Kostenträgereinzelkosten ausgewiesen werden, so können am Ende des hierarchischen Prozesses die auf den Endkostenstellen insgesamt verrechneten Kosten auf die Kostenträger (Leistungseinheiten) über Verrechnungsgrößen umgelegt werden.

Gegen den Ausweis voller Kosten auf die Kostenträger und damit die Vollkostenrechnung insgesamt sind dann wieder jene Argumente zu berücksichtigen, die zur Ermittlung kalkulatorischer Ergebnisse auf Kostenträgern auf Teilkostenbasis führen. Die Diskussion über den Sinn des Ausweises von Vollkosteninformationen auf Kostenträgern kann nicht zu einer pauschalen Aussage führen. Jedes Kriterium kann unterschiedlich aufgefasst werden, wie Abb. 5.3 zusammenfasst.

5.3.3.3 Kalkulatorischer Periodenerfolg auf Teilkostenbasis
Aufgaben und Grundidee
Der kalkulatorische Periodenerfolg auf Teilkostenbasis **berücksichtigt wie die Erfolgsermittlungsrechnungen auf Vollkostenbasis die gesamten Kosten**. Allein die Behandlung der nicht direkt auf die Kostenträger zurechenbaren Kosten (dies sind die Kostenträgergemeinkosten) erfolgt auf anderem Weg. Allen Verfahren der periodischen

Kriterium	„Pro" Vollkosteninformationen auf Kostenträgern	„Contra" Vollkosteninformationen auf Kostenträgern
Verursachungs-gerechtigkeit	Leistungseinheiten können nicht entstehen ohne die Bereitstellung Fixkosten verursachender Kapazi-täten (Fixkosten = Stückkosten). Verzerrende Kosteninformationen durch Schlüsselungen müssen in Kauf genommen werden. Es gilt, geeignete Umlagegrößen zu finden, welche die Verzerrungen minimieren.	Kausalprinzip gilt nicht, weil der Einbeziehung fixer Kosten der Bezug zu den Leistungseinheiten fehlt (Fixkosten = Periodenkosten).
Entscheidungs-relevanz	Kurzfristig sind die Fixkosten nicht entscheidungsrelevant, jedoch bei langfristigen Planungen und Investitionen zur Untersuchung einer Vollkostendeckung der Produkte.	Nur die variablen Kosten sind ent scheidungsrelevant, da diese kurz-fristig disponibel sind. Die Verrech-nung von Fixkosten auf die Leistungs-einheiten kann zu falschen Entschei-dungen führen.
Produktkosten als Grundlage für die Verkaufspreis-determinierung	Der fehlende Ausweis fixer Kostenbestandteile auf den Leistungseinheiten führt dazu, nicht (gesamt) kostendeckende Verkaufspreise zu bestimmen.	Mit dem Einbezug von Fixkosten „kalkuliert" man sich aus dem Markt. Die Summe der Deckungsbeiträge (Verkaufspreis abzüglich variable Kosten) aller Produkte muss so hoch sein, dass mindestens alle Fixkosten gedeckt werden können. Die Fixkosten werden daher auch bei Teilkostenrechnungssystemen berücksichtigt, aber nicht auf die Kostenträger verrechnet.

Abb. 5.3 Voll- bzw. Teilkosteninformationen auf Kostenträgern. (Quelle: eigene Darstellung)

Erfolgsermittlung auf Teilkostenbasis ist gemeinsam, dass den Kostenträgern innerhalb einer Abrechnungsperiode nur ein Teil der Kosten, nämlich die Kostenträgereinzelkosten zugerechnet werden. Werden diesen Kosten das Leistungsverwertungsäquivalent, also der am Markt realisierte Erlös, gegenübergestellt, so können kostenträgerweise Brutto-ergebnisse ausgewiesen werden. Die Bruttoergebnisse aller Kostenträger einer Abrech-nungsperiode müssen dann so hoch sein, dass sie zur Deckung der nicht einbezogenen Kosten einer Abrechnungsperiode dienen können.

Die Verfahren zur kalkulatorisch-periodischen Erfolgsrechnung trennen stets die Kosten(arten) in variable Kosten und in Fixkosten.

Je nach Methodik werden die Kostenträgergemeinkosten unterschiedlich behandelt. Hierzu haben sich verschiedene Verfahren herausgebildet, die unterschiedliche Auspra-gungen der Deckungsbeitragsrechnung darstellen.

Deckungsbeitragsrechnungen

Das betriebliche Rechnungswesen stellt dem Unternehmen für dessen erfolgsorientierte Ausrichtung der betrieblichen Tätigkeiten unterschiedliche Instrumente zur Verfügung. Für die Planung, Steuerung und Kontrolle des Erfolgs auf Basis kurzfristig orientierter Ergebnisrechnungen wurden Deckungsbeitragsrechnungen entwickelt.

Deckungsbeitragsrechnungen sollen zunächst retrograd über den Erfolg der betrieblichen Leistungseinheiten, gemessen an ihrem Leistungsverwertungspotenzial, Auskunft geben. Sie sollen darüber hinaus vorausschauend dem Management Informationen liefern, inwieweit in die Produktion einzelner Kostenträger weiter zu investieren ist oder inwieweit die Produktion zurückgefahren oder ganz aufgegeben werden muss. In diesem Sinne ist die Deckungsbeitragsrechnung eine Gewinnveränderungsplanung.

Der Deckungsbeitrag ist zunächst die Differenz aus den Erlösen und den Kosten eines Bezugsobjekts (Kostenträger, sonstige Bezugsobjekte einer Bezugsobjektehierarchie), die ausschließlich durch das Objekt selbst ausgelöst werden. Der Deckungsbeitrag dient dann zur Deckung der dem jeweiligen Entscheidungsobjekt **nicht** eindeutig zurechenbaren Kosten. Je nach Kostenrechnungssystem werden als Bezugsobjekt lediglich der Kostenträger oder aber weitere Objekte in die Betrachtung einbezogen.[4]

Ziel der Deckungsbeitragsrechnung ist, über die Dokumentation verschiedener Deckungsbeiträge die Erfolgsänderungskomponenten offenzulegen, die sich als Folge management-bedingter Entscheidungen ergeben haben (retrograde Perspektive) oder ergeben werden (prospektive Perspektive).

Die eindeutige Zuordnung von Erlös- bzw. Kostenkomponenten ist allerdings nicht immer möglich. Die Fachliteratur spricht in diesem Zusammenhang vom **Zurechnungsproblem**. Die Gegenüberstellung von Kosten und Erlösen (= Leistungen) ist nur dann möglich, wenn jene Leistungs- und Kostengüter abgebildet werden, die demselben Kausalprozess oder der gleichen betrieblichen Entscheidung entsprungen sind.[5]

Die ermittelten Deckungsbeiträge sind als Steuerungssubstitute aufzufassen. Ihr Hauptmerkmal ist die Kurzfristorientierung. Die Steuerung und die Kontrolle des betrieblichen Erfolgs sind nur möglich, wenn kurzfristige Ergebnisrechnungen aufgebaut werden. Als solche entsprechen Deckungsbeitragsrechnungen Betrachtungen der betrieblichen Leistungserstellung und -verwertung auf kurze Sicht. Auf kurze Sicht sind insbesondere die Kapazitäten und daher auch die damit verbundenen, leistungsmengenunabhängig anfallenden Fixkosten nicht entscheidungsrelevant. Sie fallen daher als erfolgsorientierte Steuerungsgrößen weg. Ihren Platz nehmen die erwirtschafteten Deckungsbeiträge ein. Diesen Deckungsbeiträgen sind dann die Fixkosten als Kosten der vorgehaltenen Betriebsbereitschaft gegenüberzustellen.

---

[4]Siehe dazu die verschiedenen Kostenrechnungssysteme auf Teilkostenbasis: Direct Costing, Grenzplankostenrechnung, Einzel- und Deckungsbeitragsrechnung.

[5]Auch hier setzt das Riebel'sche Konzept der (relativen) Einzelkosten- und Deckungsbeitragsrechnung an.

Grenzkostenrechnung (Proportionalkostenrechnung)[6]

Die Grenzkostenrechnung, die im anglo-amerikanischen Sprachraum auch als „direct costing", „marginal costing" oder „variable costing" bezeichnet wird, teilt die Kosten auf in fixe Kosten sowie in proportionale Kosten. Mit den proportionalen Kosten sind jene gemeint, bei denen der Gesamtkostenverlauf in Abhängigkeit der Ausbringungsmenge proportional ist: Jede (relative) Beschäftigungsänderung führt zur gleichen (relativen) Änderung der Kostenhöhe. Verdreifacht sich die Ausbringungsmenge, so verdreifachen sich auch die Gesamtkosten. Ausbringung und Kosten verlaufen also linear.

Die Grenzkostenrechnung unterstellt damit, dass andere Kostenverhalten in den variablen Kosten nicht vorliegen. Degressive Verläufe, in denen eine (relative) Beschäftigungsänderung zu einer geringeren, unterproportionalen (relativen) Kostenänderung führt, progressive Verläufe oder regressive Verläufe, bei denen jede (relative) Beschäftigungsänderung zu einer (relativen) Kostenänderung mit umgekehrtem Vorzeichen führt, werden bei der Grenzkostenrechnung nicht berücksichtigt.

Die Kostenträgergemeinkosten werden bei der Grenzkostenrechnung entweder als nicht weiter aufgeschlüsselter, monolithischer Kostenblock in das Betriebsergebnis verbucht (einstufige Grenzkostenrechnung, „einstufiges Direct Costing") oder aber in Form einer Fixkostenrechnung in mehrere Stufen zerlegt (mehrstufige Grenzkostenrechnung, „mehrstufiges Direct Costing").

Bei der einstufigen Grenzkostenrechnung werden von den Umsatzerlösen der Leistungseinheiten deren direkt zurechenbare variable Kosten abgezogen. Als Bruttoergebnis wird ein Deckungsbeitrag ausgewiesen. Von der Summe der Deckungsbeiträge aller Produkte werden dann die Fixkosten en bloc abgezogen. Der Saldo ergibt dann das Betriebsergebnis der Abrechnungsperiode (Tab. 5.5).

Da die einstufige Grenzkostenrechnung keine Transparenz innerhalb der Fixkosten bietet, werden bei der mehrstufigen Grenzkostenrechnung die Fixkosten in mehrere, hierarchisch strukturierte Fixkostenschichten zerlegt und ausgewiesen. Es erfolgt damit eine Zuordnung von Fixkostenbestandteilen auf verschiedene, sich in einer Hierarchie einordnende Kostenbezugsgrößen. Die Fachliteratur identifiziert vier Fixkostenschichten, die je nach betrieblichem Bedürfnis durch weitere Schichten ergänzt oder verkürzt werden können:

Erste Fixkostenschicht: Erzeugnisfixkosten

Dabei handelt es sich um jene Fixkosten, welche nur für eine bestimmte Produktart anfallen und daher der gesamten Leistungseinheitenmenge zugeordnet werden können. Dabei kann es sich zum Beispiel um Kosten für Spezialmaschinen handeln, die nur eine ganz bestimmte Produktart produzieren.

---

[6]Die Bezeichnung „Grenzplankostenrechnung" trägt dem Umstand Rechnung, dass in aller Regel mit Plankalkulationssätzen gearbeitet wird (Grenzkostenrechnung auf Plankostenbasis).

Tab. 5.5 Beispiel einer einstufigen Grenzkostenrechnung

Einstufige Grenzkostenrechnung				
Zahlenmaterial der Abrechnungsperiode	Produkt A	Produkt B	Produkt C	Summen
Umsatzerlös je Leistungseinheit	5 GE	7 GE	3 GE	15 GE
Absatzmenge	100 Stück	200 Stück	200 Stück	500 Stück
Gesamterlös	500 GE	1.400 GE	600 GE	2.500 GE
variable Kosten	3 GE/Stück	2 GE/Stück	1,5 GE/Stück	1.000 GE
Deckungsbeitrag je Leistungseinheit	2 GE	5 GE	1,5 GE	
Gesamtdeckungsbeitrag	200 GE	1.000 GE	300 GE	1.500
Fixkosten der Abrechnungsperiode laut betrieblichem Informationssystem: 800 GE				
Betriebsergebnis der Abrechnungsperiode (Nettogewinn): 700 GE				

Zweite Fixkostenschicht: Erzeugnisgruppenfixkosten

Erzeugnisgruppenfixkosten werden durch zusammengehörige, aber letztlich unterschiedliche Produktarten verursacht. Vielfach entstehen solche Kosten auf Ebene der Kostenstellen. Beispiele können die Gehälter der Kostenstellenleiter sein oder die Zinsen für Betriebsmittel, die nur für eine bestimmte Erzeugnisgruppe anfallen.

Dritte Fixkostenschicht: Bereichsfixkosten

Bereichsfixkosten fallen in der Regel für mehrere Kostenstellen insgesamt an, also auf Ebene bestimmter Kostenstellengruppen. Dazu können etwa die Gehälter der Bereichsleiter oder Raumkosten zählen.

Vierte Fixkostenschicht: Unternehmungsfixkosten

Unternehmensfixkosten sind die Residualfixkosten, die keiner der darunterliegenden Fixkostenschichten zugeordnet werden können. Die Gehälter der Unternehmensleitung, Beiträge, Versicherungsprämien oder Kosten der Betriebsüberwachung können hierzu zählen.

Die mehrstufige Grenzkostenrechnung zieht vom Deckungsbeitrag der betrieblichen Leistungsarten („Deckungsbeitrag I") sukzessive die Fixkosten der Fixkostenschichten ab und weist auf jeder Hierarchieebene weitere Deckungsbeiträge aus. Pro Ebene verbleibt also ein Restdeckungsbeitrag, von dem die Fixkosten der folgenden Schicht abgezogen werden. Wenn sich nach Abzug der Unternehmensfixkosten noch ein positiver Saldo ergibt, so handelt es sich um das Betriebsergebnis (Nettogewinn).

Die mehrstufige Grenzkostenrechnung wird aufgrund des stufenweisen Ausweises von Deckungsbeiträgen auch als **stufenweise Deckungsbeitragsrechnung** bezeichnet.

Die Ablaufsequenz stellt sich zusammenfassend wie folgt dar:

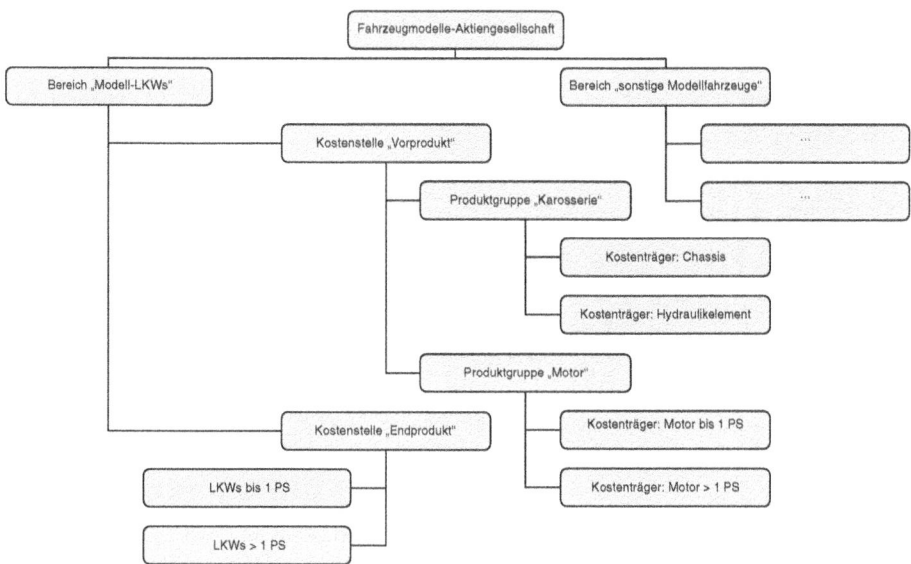

Abb. 5.4 Beispiel eines Organigramms als Grundlage der mehrstufigen Grenzkostenrechnung

Deckungsbeitrag I
./. Erzeugnisfixkosten
= Deckungsbeitrag II
./. Erzeugnisgruppenfixkosten
= Deckungsbeitrag III
./. Bereichsfixkosten
= Deckungsbeitrag IV
./. Unternehmensfixkosten
= Deckungsbeitrag V
= Betriebsergebnis
= operativer (Netto-)Gewinn

Gegeben sei ein Unternehmen, welches hochwertige Modell-Fahrzeuge produziert. Am Beispiel der Produktion von Modell-Lastkraftwagen (LKWs) wird die Vorgehensweise der mehrstufigen Deckungsbeitragsrechnung erläutert. Im Beispiel werden zwei Modell-LKWs erstellt: Die eine Variante produziert Modell-LKWs „bis 1 PS", die andere Variante erstellt Modell-LKWs „über 1 PS". Beide Modellvarianten weisen bis auf den Motor die gleichen Komponenten auf.

Der Übersichtlichkeit halber wird dies anhand eines Auszugs aus folgendem Organigramm dargestellt (Abb. 5.4).

Folgende Kosten sind in der Abrechnungsperiode angefallen:

- Kostenträgereinzelkosten Produktgruppe „Karosserie"
  - Chassis (für ein Stück):   300 GE
  - Hydraulikelement (für ein Stück):   500 GE
- Kostenträgereinzelkosten Produktgruppe „Motor"
  - Motor bis 1 PS (für ein Stück)   1.000 GE
  - Motor > 1 PS (für ein Stück)   1.500 GE
- Kostenträgereinzelkosten „LKWs bis 1 PS" (für ein Stück)
  - Sonstige Materialkosten: 100 GE
  - Fertigungseinzelkosten: 150 GE
- Kostenträgereinzelkosten „LKWs > 1 PS" (für ein Stück)
  - Sonstige Materialkosten: 150 GE
  - Fertigungseinzelkosten: 250 GE
- Abschreibungen für Maschinen, die in beiden Produktgruppen „Karosserie" und 50.000 GE
  „Motor" eingesetzt werden
- Zinsen für Betriebsmittel der Kostenstelle „Vorprodukt"   1.500 GE
- Zinsen für Betriebsmittel der Kostenstelle „Endprodukt"   2.000 GE
- Gehaltskosten Kostenstellenleiter „Vorprodukt"   6.000 GE
- Gehaltskosten Kostenstellenleiter „Endprodukt"   6.500 GE
- Raumkosten Bereich „Modell-LKWs"   9.000 GE
- Gehaltskosten Bereichsleiter „Modell-LKWs"   7.000 GE
- Gehaltskosten Geschäftsführer   10.000 GE
- Kosten für Objektschutz (Firmengelände)   3.000 GE

Alle Kostenbestandteile werden unterhalb der Ebene „Unternehmen" erfasst:
Die erzielbaren Verkaufspreise lauten

- für die Modell-LKWs bis 1 PS: je 2.200 GE
- für die Modell-LKWs > 1 PS: je 3.000 GE

In der Abrechnungsperiode betragen die realisierten Absatzmengen für die Modell-LKWs bis 1 PS 500 Stück, für Modell-LKWs > 1 PS 400 Stück. Die mehrstufige Grenzkostenrechnung sieht dann wie in Tab. 5.6 dargestellt aus.

Die mehrstufige Grenzkostenrechnung bietet mit dem expliziten Ausweis von Fixkostenschichten sowie dem expliziten Ausweis von Deckungsbeiträgen auf jeder dieser Stufen nicht nur eine erhöhte Transparenz, sondern weist darüber hinaus die Quellen des Erfolgs aus.

Die Grenzkostenrechnung deckt weiterhin quantitative Beziehungen zwischen Absatzmenge, Kosten und Erlösen auf. Erlöse, variable Kosten, Fixkosten und Absatzmenge werden in ein so genanntes **Gewinnschwellen-Diagramm** eingestellt (Break-even-Point).[7]

---

[7]Es werden lineare Kosten- und Erlösfunktionen angenommen.

Tab. 5.6 Beispiel einer mehrstufigen Grenzkostenrechnung

Kennzahlen		Produkt „LKWs bis 1 PS"	Produkt „LKWs > 1 PS"
Kostenträgereinzelkosten		300 + 500 + 1.000 + 100 + 150 = 2.050 GE	300 + 500 + 1.500 + 150 + 250 = 2.700 GE
Absatzmengen der Abrechnungsperiode		500 Stück	400 Stück
gesamte Kostenträgereinzelkosten		1.025.000 GE	1.080.000 GE
Gesamterlös		1.100.000 GE	1.200.000 GE
	Deckungsbeitrag I	75.000 GE	120.000 GE
	gesamter Deckungsbeitrag I	195.000 GE	
./.	Produktgruppenfixkosten	50.000 GE	
=	Deckungsbeitrag II	145.000 GE	
./.	Erzeugnisgruppenfixkosten	1.500 + 2.000 + 6.000 + 6.500 = 16.000 GE	
=	Deckungsbeitrag III	129.000 GE	
./.	Bereichsfixkosten	9.000 + 7.000 = 16.000	
=	Deckungsbeitrag IV	113.000 GE	
./.	Unternehmensfixkosten	10.000 + 3.000 = 13.000 GE	
=	Deckungsbeitrag V	100.000 GE	
=	Betriebsergebnis	–	

Der Break-even-Point gibt die Umsatzmenge an, bei der die Erlöse gerade ausreichen, um die fixen und variablen Kosten zu decken. Im Break-even-Point macht die Unternehmung gerade keinen Gewinn. Anders ausgedrückt macht das Unternehmen *ab* dem Break-even-Point Gewinn, wie Abb. 5.5 zu entnehmen ist:

Beispiel: Ein Unternehmen plant mit Stückkosten von 20 GE und fixen Kosten von insgesamt 40.000 GE. Wie viel Stück muss das Unternehmen in einer Periode mindestens produzieren, um bei einem Verkaufspreis von 40 GE/Stück keinen Verlust zu erleiden?

Bezeichnet p den Verkaufspreis, m die Absatzmenge, K_f die Fixkosten und k_v die variablen Kosten, so gilt:

$$\text{Erlös} = p \times m = K_f + k_v m$$

$$m = 40.000/(40 - 20) = 40.000/20 = 2000$$

Plausibilität: bei 2.000 verkauften Mengen ist der Erlös 2.000×40 GE/Stück = 80.000 GE; die Fixkosten betragen 40.000 GE und die variablen Kosten $2.000 \times 20 = 40.000$ GE.

Mit der Break-even-Point-Analyse verfügt die Führungskraft über ein Planungs- und Kontrollinstrumentarium, mit dem hinreichend genau Ansatzpunkte für gegebenenfalls notwendige Anpassungsentscheidungen gefunden werden können.

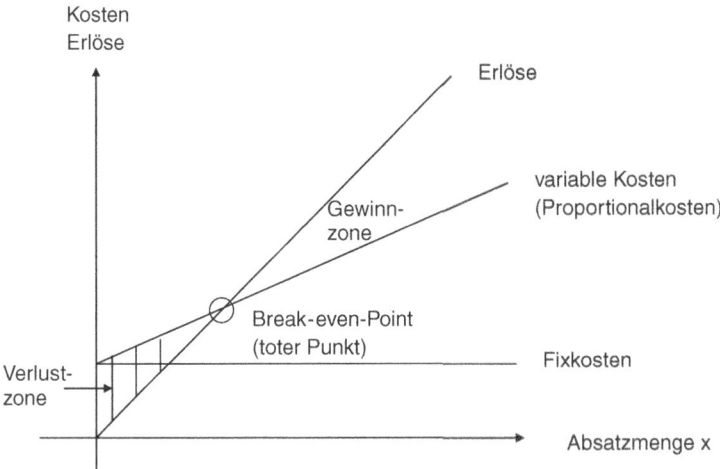

Abb. 5.5 Toter Punkt: Break-even-Point

Die Gewinnschwellenanalyse lässt Auswirkungen von Änderungen der proportionalen und der fixen Kosten sowie der Preise auf die Gewinnschwelle erkennen. Es lassen sich Aussagen der Art fällen, in welchem Umfang ein Unternehmen bei konjunkturell bedingtem Absatzrückgang die variablen Kosten und/oder Fixkosten senken muss.

Anders ausgedrückt kann das Management im Unternehmen jene Absatzmenge bestimmen, die einen geplanten Periodenerfolg realisiert.

Der kalkulatorische Periodenerfolg auf Teilkostenbasis bietet für kurzfristige Entscheidungen gegenüber der kalkulatorischen Periodenerfolgsrechnung auf Vollkostenbasis zentrale Vorzüge. Kurzfristig sind die Preise wie die Fixkosten verursachenden Kapazitäten gegeben und nicht disponibel bzw. nicht entscheidungsrelevant. Daher kann bei der kurzfristigen Preisuntergrenze kurzfristig auf die Deckung der variablen Kosten abgestellt werden.

Die Fixkostenstufung bietet sich insbesondere dann an, wenn die Verursachung neuer Fixkosten (Investitionen) oder der Abbau bisheriger Fixkosten (Desinvestitionen) transparent gemacht werden soll.

Langfristig sind allerdings sämtliche Kosten disponibel, da auch Kapazitäten abgebaut werden können. Die langfristige Preisuntergrenze muss daher mindestens die gesamten Kosten abdecken. Vollkosteninformationen sind also auch in Teilkostenrechnungen von Bedeutung.

Relative Einzelkostenrechnung nach Riebel: Das Identitätsprinzip

Auch die Grenzkostenrechnung bleibt insofern unbefriedigend, als die Fixkosten zwar mehr (mehrstufige Grenzkostenrechnung) oder weniger (einstufige Grenzkostenrechnung) transparent gemacht werden. Allerdings wird die Fixkostenproblematik – nachdem die Fixkosten letztlich deswegen anfallen, weil Leistungseinheiten einerseits produziert werden, andererseits aber die Fixkosten den Leistungseinheiten nicht verursachungsgerecht zugeordnet werden können – nicht gelöst. Die relative Einzelkosten- und Deckungsbeitragsrechnung geht daher davon aus, dass jeder Versuch einer Zurechnung zu unterbleiben hat, da es einen verursachungsgerechten Schlüssel *nicht geben kann*. Jede Kostenrechnung, die mit einer Schlüsselung der Gemeinkosten arbeitet, ist per se vom Ansatz her falsch aufgesetzt.

Die relative Einzelkostenrechnung geht von dem Leitgedanken aus, dass *alle* Kosten irgendeinem Bezugsobjekt als Einzelkosten zugeordnet werden können. Alle Kosten sind „relativ" zu einem dieser Bezugsobjekte als Einzelkosten erfassbar. Die Bezugsobjekte müssen in einer geeigneten Hierarchie eingeordnet werden. Alle Gemeinkosten einer Hierarchieebene können auf einer der nächsthöheren Hierarchieebenen dann als Einzelkosten verursachungsgerecht zugerechnet werden. Letztlich können spätestens die Kosten auf der Ebene „Unternehmen als Ganzes" zugeordnet werden. Auf jeder dieser Ebenen werden dann, analog der mehrstufigen Grenzkostenrechnung, Deckungsbeiträge ermittelt. Die stufenweise ausgewiesenen Deckungsbeiträge entstehen dabei stets als Residualgröße, wenn relative Einzelkosten vom (Rest-)Deckungsbeitrag abgezogen werden.

Zur Realisierung des Konzepts relativer Einzelkosten wird das Identitätsprinzip angewandt. Es wird identifiziert, wo die Kostenverursachung ihre Begründung hat. Demnach müssen Kosten (und Erlöse) auf die betrieblichen Entscheidungen, die sie verursacht haben, zurückgeführt werden. Die Abbildung dieser Entscheidungsinstanzen erfolgt hierarchisch. Diese Entscheidungsinstanzen sind dann die Bezugsobjekte. Diese Hierarchisierung lässt eine Zuordnung jedweder Kosten als Einzelkosten auf eine der Hierarchiestufen (= Entscheidungsträger) zu. Infolgedessen entfallen Kostenschlüsselungen per se.

Kriterium	Grenzkostenrechnung		relative Einzel - und Deckungsbeitragsrechnung
	einstufig	mehrstufig	
Idee	kalkulatorische Periodenerfolgsrechnung auf Teilkostenbasis		
Ziel	nach Einzel- und Gemeinkosten differenzierte Ermittlung des Betriebsergebnisses		konsequente Vermeidung der Gemeinkostenproblematik
Behandlung von Gemeinkosten	Erfassung en bloc im Betriebsergebnis	Aufteilung der Gemeinkosten in Fixkostenschichten zwecks Schaffung von Transparenz	Erfassung als relative Einzelkosten gemäß dem Identitätsprinzip
Anwendung	insbesondere für die Fundierung kurzfristiger betrieblicher Entscheidungen		

Abb. 5.6 Formen der Deckungsbeitragsrechnung im Überblick

Entscheidungsobjekte können sein: Kostenträger, Kostenstellen, Kostenstellengruppen, Abteilungen, Betriebsstätten, Produktionsbereiche und das Unternehmen als Ganzes. Einzelkosten einer Hierarchie sind aus Sicht der untergeordneten Ebene Gemeinkosten.

In der relativen Einzelkostenrechnung sind also nicht nur die Kostenträger „Verursacher von Kosten". Sie mögen als Kostenträger im engeren Sinne bezeichnet werden. Kostenträger im weiteren Sinne sind dann auch Kostenstellen, Kostenstellengruppen, Kostenbereiche und das Unternehmen als Ganzes.

Die Komplexität betrieblicher Entscheidungen macht allerdings einen flächendeckenden Einsatz der relativen Einzelkosten- und Deckungsbeitragsrechnung schwierig. Entscheidungen sind nicht immer eindeutig lokalisierbar. Diese Rechnung stellt jedoch das verursachungsgerechteste Prinzip dar.

Vergleicht man die relative Einzelkostenrechnung mit den anderen Formen von Deckungsbeitragsrechnungen, so lässt sich dies wie in Abb. 5.6 dargestellt zusammenfassen.

5.4 Fragen zur Kostenträgerrechnung

1. Definieren Sie den Terminus „Kostenträger"!
2. Was kann alles ein Kostenträger sein?
3. Erläutern Sie die Ziele der Ermittlung der Herstell- bzw. Selbstkosten!
4. Was ist eine Vorkalkulation im Vergleich zur Nachkalkulation?
5. Warum kann bei einer einstufigen Divisionskalkulation dem Grunde nach auf eine Kostenstellenrechnung verzichtet werden?
6. Erläutern Sie das Konzept der Äquivalenzziffernkalkulation?
7. Beurteilen Sie die Zuschlagskalkulation!
8. Erläutern Sie die Methoden der Kuppelproduktkalkulation!
9. Systematisieren Sie die kurzfristige Erfolgsrechnung!
10. Erläutern Sie das Identitätsprinzip!

Kostenrechnungssysteme

6

6.1   Grundlagen und konzeptionelle Anforderungen

Kostenrechnungssysteme sind konkrete Ausgestaltungsformen von Kostenrechnungen. Sie umfassen damit alle Vorstellungen und Verfahrensweisen, die eine konkrete Ausprägung einer Kostenrechnung determinieren. Kostenrechnungssysteme repräsentieren stets ein Leitbild und stellen heraus, wie eine Kostenrechnung zu konzipieren ist.

Die mit einem Kostenrechnungssystem zu erfassenden Informationen *über* Kosten müssen dabei stets selbst dem Wirtschaftlichkeitspostulat genügen. Der Nutzen der Kosteninformationen aus einem Kostenrechnungssystem muss mindestens so hoch sein wie die Kosten der Erfassung, Auswertung und Kontrolle. Diese Kosten umfassen vor allem die Gehaltskosten der direkt mit der Erfassung, Auswertung und Kontrolle der Kosteninformationen betrauten Mitarbeiter sowie die Kosten der eingesetzten betrieblichen Anwendungssoftware (so genannte ERP[1]-Systeme), mit der die Aufgaben umgesetzt werden.

Da der Nutzen nur schwer und schon gar nicht intersubjektiv messbar ist, müssen Indikatoren zur Operationalisierung herangezogen werden. Dazu zählen unter anderem Zeitgewinne, die Zunahme an Datenqualität oder auch das Einsparen von Personal.

Dem Wirtschaftlichkeitspostulat wird insbesondere dann Rechnung getragen, wenn die durch ein Kostenrechnungssystem zu generierenden Kosteninformationen *standardisiert* werden. Diese Anforderung hat zu der klassischen Einteilung der Kosteninformationen in Kostenarteninformationen, Kostenstelleninformationen und Kostenträgerinformationen geführt, die über entsprechende Rechnungen gewonnen werden (Kostenartenrechnung, Kostenstellenrechnung, Kostenträgerrechnung).

---

[1]Enterprise Resource Planning.

© Springer-Verlag Berlin Heidelberg 2016
L. Buchholz und R. Gerhards, *Internes Rechnungswesen,* BA KOMPAKT,
DOI 10.1007/978-3-662-48405-0_6

	Zeit-bezug	Istkostenrechnungs-systeme	Normalkostenrech-nungssysteme	Plankostenrech-nungssysteme
Sach-umfang				
Vollkosten-rechnung		Istkostenrechnung auf Vollkostenbasis	Normalkostenrechnung auf Vollkostenbasis	Plankostenrechnung auf Vollkostenbasis
Teilkosten-rechnung		Istkostenrechnung auf Teilkostenbasis	Normalkostenrechnung auf Teilkostenbasis	Plankostenrechnung auf Teilkostenbasis

Abb. 6.1 Kostenrechnungssysteme

Welches konkrete Kostenrechnungssystem eingesetzt wird, hängt von verschiedenen Faktoren ab. Je nach getroffenen begrifflichen und abrechnungstechnischen Festlegungen werden dann unterschiedliche Kostenrechnungssysteme abgeleitet. Die Anforderungen an ein Kostenrechnungssystem werden insbesondere determiniert durch:

• die verfolgten Rechnungszwecke des Managements,
• das Sachziel des Unternehmens (Produktart-Programm),
• die Informationsbedürfnisse im Unternehmen,
• die organisatorische Struktur im Unternehmen sowie
• die Anforderung nach Wirtschaftlichkeit der Generierung von Kosteninformationen.

Kostenrechnungssysteme sind Ergebnis einer konkreten Kombination aus dem **Sachumfang** der auf die Kostenträger verrechneten Kosten einerseits und dem **Zeitbezug** der Kostengrößen andererseits.

Nach dem Zeitbezug wird unterschieden in:

• Istkostenrechnungssysteme,
• Normalkostenrechnungssysteme sowie
• Plankostenrechnungssysteme.

Nach dem Sachumfang erfolgt eine Klassifizierung in:

• Vollkostenrechnungssysteme und
• Teilkostenrechnungssysteme.

Die Kombinationsmöglichkeiten stellt die Übersicht in Abb. 6.1 zusammen.

6.2 Istkostenrechnungen

Istkostenrechnungen (auf Voll- oder Teilkostenbasis) sind dadurch charakterisiert, dass nur die innerhalb einer Abrechnungsperiode *tatsächlich* angefallenen Kosten ausgehend von der Kostenartenrechnung über die Kostenstellenrechnung bis hin zur Kostenträgerrechnung verrechnet werden.

Die Istkosten sind Resultat der Bewertung der Istverbrauchsmengen mit den Istpreisen (Anschaffungspreise).

Einmalige oder zufällig Istkosten verursachende Vorgänge schlagen sich in der Kostenermittlung nieder. Solche Vorgänge können (z. B. saisonal bedingte) Schwankungen der Kapazitätsauslastung sein oder zufällige, unvorhersehbare Änderungen von Rohstoff- oder Energiepreisen.

Da sich diese Vorgänge voll auf das Betriebsergebnis auswirken und damit unpräzise Kosteninformationen generiert werden, ist eine (reine) Istkostenrechnung für Steuerungszwecke ungeeignet. Zudem gibt es nur theoretisch eine „reine" Istkostenrechnung. Sämtliche zeitlich abzugrenzende Kostenarten (etwa kalkulatorische Zinsen oder im Voraus gezahlte Miete) führen dazu, dass Auszahlungen, Ausgaben, Aufwand und/oder Kosten zu einem Betrachtungszeitpunkt nicht übereinstimmen.

Der einzige Maßstab, anhand dessen die realisierten Istkosten beurteilt werden können, sind Istkosten vergangener Perioden. Mit den Worten Schmalenbachs ausgedrückt bedeutet diese ausschließliche Fokussierung auf vergangene Daten allerdings, „Schlendrian mit Schlendrian" zu vergleichen. Wirtschaftlichkeitskontrollen sind nur möglich, wenn die realisierten Kosten mit Plan- und Sollwerten verglichen werden. Bei einer reinen Istkostenrechnung dokumentieren zwar die angefallen Kosten einen Wirtschaftlichkeitsmissstand. Gleichwohl ist dann eine antizipierende Reaktion auf einen sich anbahnenden Missstand nicht mehr möglich. Die Kosten sind bereits angefallen.

6.3 Normalkostenrechnungen

Normalkostenrechnungen stellen eine aus der Kritik an der Istkostenrechnung heraus entstandene Weiterentwicklung der Istkostenrechnung dar. Durch die Weiterentwicklung der Istkostenrechnung zur Normalkostenrechnung sollen die Störfaktoren „kontrolliert" werden. Diese „Kontrolle" wird erreicht, in dem die Normalkosten diese Störfaktoren glätten („normalisieren"). Die Normalkostenrechnung arbeitet also mit Durchschnittswerten vergangener Perioden. Als Ergebnis der Normalisierung entstehen durchschnittliche Kostensätze.

Die Normalkostenrechnung sei am Beispiel der Zahlung von Urlaubsgeld im Monat März erläutert. Die sonstigen Schwankungen in den Lohnkosten sollen annahmegemäß nicht auf außerordentliche Einflüsse zurückzuführen sein (Tab. 6.1).

Tabelle 6.1: Der Normalkostenverrechnungssatz beträgt damit

Tab. 6.1 Beispiel einer Normalkostenrechnung

Perioden	Istlohnkosten	geleistete Fertigungsstunden	Normalkosten
Januar	100.000 GE	200	107.872,00 GE
Februar	105.000 GE	220	118.659,20 GE
März	**202.000 GE**	220	118.659,20 GE
April	100.000 GE	200	107.224,00 GE
Mai	102.000 GE	210	113.265,60 GE
Juni	98.000 GE	190	102.478,40 GE
Juli	98.000 GE	195	105.175,20 GE
August	103.000 GE	211	113.804,96 GE
September	104.000 GE	220	118.659,20 GE
Oktober	97.000 GE	190	102.478,40 GE
November	97.000 GE	180	97.084,80 GE
Dezember	100.000 GE	200	107.872,00 GE
Summen	1.306.000 GE	2.436	1.306.000,00 GE[a]

[a]Rundungsbedingte Abweichungen werden ignoriert

$$\frac{1.306.000}{2.436} = 536,12\,\text{GE/Stunde}$$

Mit diesem Verrechnungssatz werden dann die in den einzelnen Perioden geleisteten Fertigungsstunden bewertet.

Die Aussagekraft von Normalkostenrechnungen wird erhöht, wenn die Mittelwerte zeitnah überprüft und gegebenenfalls an veränderte Kosteneinflussfaktoren angepasst werden (z. B. bei signifikantem Stellenauf- oder -abbau). Erste Kontrolloptionen werden mit der Normalkostenrechnung möglich: Es können die Normalkosten mit den Istkosten verglichen werden. Auf jeden Fall ist die Normalkostenrechnung genauso wie die Istkostenrechnung eine vergangenheitsorientierte Rechnung und damit für Steuerungszwecke letztlich genauso ungeeignet wie die Istkostenrechnung.

6.4   Plankostenrechnungen

6.4.1   Aufgaben der Plankostenrechnung

Als Plankostenrechnungen werden alle Verfahren der Kostenrechnung bezeichnet, in denen für einen zukünftigen Zeitraum (Planungsperioden) im Voraus sowohl Verbrauchsmengen (Planmengen) als auch die Preise (Planpreise) geplant und daraus Plankosten ermittelt werden. Die Plankostenrechnung arbeitet also mit **Kostenvorgaben** und stellt damit steuerungsrelevante Maßstäbe zur Verfügung, mit denen die realisierten Istkosten verglichen werden können. Abweichungen zwischen Plan- und Istmengen, Planpreisen und Istpreisen sowie schließlich Plankosten und Istkosten können explizit ermittelt und zur Steuerung des betrieblichen Geschehens genutzt werden. Die Plankostenrechnung generiert damit entscheidungsunterstützende Informationen.

Die Plankostenrechnung hat nicht nur die Aufgabe der Wirtschaftlichkeitskontrolle und der Bereitstellung von Zahlen für dispositive, entscheidungsunterstützende Zwecke. Sie dient auch der Kalkulation der betrieblichen Leistungseinheiten (Produktkostenplanung).

Im Rahmen der Wirtschaftlichkeitskontrolle spielen die Plankosten eine weitere wichtige Rolle. Sie werden nämlich benötigt, um die **Sollkosten** zu ermitteln. Sollkosten sind Kostenvorgaben für die **Istbeschäftigung**. Sollkosten werden ermittelt, indem die Plankosten auf die tatsächliche Leistungsausbringung bezogen werden. Ist die Istmenge gleich der Planmenge, so entsprechen die Sollkosten den Plankosten. Vergleiche zwischen den Sollkosten und den Istkosten werden als **Abweichungsanalyse** bezeichnet.

Die **Kostenplanung** erfolgt operativ. Im Gegensatz zu strategischen Planungen beträgt der Planungszeitraum regelmäßig ein Jahr und erfolgt dann monatsweise. Die Kostenplanung ist keine isolierte Planungsanwendung, sondern muss mit anderen betrieblichen Teilplänen, wie die Absatz- und Beschaffungsplanung, abgestimmt werden. Sie umfasst die Preisplanung und die Verbrauchsmengenplanung. Die sich daraus ermittelnden Plankosten werden nach Einzelplankosten und Gemeinplankosten unterschieden.

Die Preisplanung umfasst die Ressourcenplanung, also die Planung der Preise für Sachgüter sowie für Arbeitsleistungen. Die Sachgüter werden mit den in der Planungsperiode erwarteten Einstandspreisen bewertet. Für die geplanten Arbeitsleistungen besteht der Bewertungsmaßstab aus den für die Planungsperiode erwarteten Bruttolohnsätzen.

Bei der Einzelkostenplanung wird unterschieden nach der Einzelmaterialkostenplanung einerseits sowie der Einzellohnkostenplanung andererseits. Die Gemeinkostenplanung erfolgt differenziert nach (Gemein-)Kostenarten kostenstellenweise. Ergebnis jeder Gemeinkostenplanung sind dann Kostenstellenpläne.

6.4.2 Starre Plankostenrechnung

Die starre Plankostenrechnung ermittelt für jede Kostenstelle die Plankosten bezogen auf einen einzigen Durchschnittsbeschäftigungsgrad (= Planbeschäftigung). Es erfolgt keine Anpassung an Beschäftigungsschwankungen und damit keine Umrechnung der Plankosten auf die Istbeschäftigung. Es werden also keine Sollkosten ermittelt, die allerdings für eine Kostenkontrolle zu Steuerungszwecken unentbehrlich ist. Sämtliche in die Plankostenrechnung eingehenden Parameter, dies sind neben der Planbeschäftigung unter anderem die geplanten Produktionsverfahren, geplante Seriengrößen etc., bleiben unverändert (starr).

Der Plankalkulationssatz ergibt sich dann aus der Division der Plankosten durch die Planbeschäftigung. Da die starre Plankostenrechnung keine Aufteilung in variable bzw. Fixkosten vornimmt (Voraussetzung dafür wäre die so genannte **Kostenzerlegung**), ist der Plankalkulationssatz stets ein Vollkostensatz, der dann mit der Istbeschäftigung multipliziert wird. Die so ermittelten Kosten werden als **verrechnete Plankosten** auf die Kostenträger verrechnet.

Die Vorgehensweise der starren Plankostenrechnung zeigt folgendes Beispiel:

- In einer Kostenstelle wird mit einer jährlichen Durchschnittsbeschäftigung von 8.000 Stück geplant.
- Bei den geplanten Kosten geht man insgesamt von 40.000 GE aus.
- Der Plankostensatz ergibt sich dann aus 40.000/8.000 = 5 GE/Stück.

In der betrachteten Abrechnungsperiode mögen allerdings lediglich 5.000 Stück produziert worden sein, für die 30.000 GE an Istkosten angefallen sind. Die verrechneten Plankosten und damit die auf die Leistungseinheiten zu verrechnenden Planosten ergeben sich dann aus

$$5.000 \text{ Stück (Istbeschäftigung)} \times \text{Plankostensatz} = 25.000 \text{ GE}$$

Die Differenz aus den Plankosten (40.000 GE) und den Istkosten (30.000 GE) in Höhe von 10.000 GE ist kein geeigneter Maßstab für die Kostenkontrolle. Die Plankosten in Höhe von 40.000 GE beziehen sich auf einen Planbeschäftigungsgrad von 100 % bzw. beziehen sich die Istkosten in Höhe von 30.000 GE auf einen Istbeschäftigungsgrad von 62,5 %. Belastbare Aussagen zur wirtschaftlichen Produkterstellung können daraus nicht abgeleitet werden, weil die Vergleichbarkeit der Ergebnisse wegen der unterschiedlichen Beschäftigungsgrade nicht gewährleistet ist.

Betrachtet man die Differenz aus Istkosten (30.000 GE) und den verrechneten Plankosten (25.000 GE), so muss man auch hier zu dem Schluss kommen, dass die Kostenüberschreitung wiederum nicht aussagekräftig ist, da abermals keine Vergleichbarkeit gewährleistet ist. Der zur Berechnung der verrechneten Plankosten verwendete Plankostensatz geht implizit von der Proportionalität zwischen Bezugsgröße und Plankosten aus: Jede Erhöhung der Menge um eine Einheit führt zu einer Erhöhung der Plankosten um eine Einheit. Dies trifft gerade dann *nicht* zu, wenn die Plankosten Fixkostenbestandteile enthalten. Eine Erhöhung der Menge beeinflusst nämlich lediglich jenen Teil der Plankosten, der sich in Abhängigkeit der Mengenänderung ebenfalls (bei unterstelltem linearen Kostenverlauf proportional) erhöht. Da die starre Plankostenrechnung nicht in die fixen und variablen Kostenbestandteile trennt, kann keine wirksame Kostenkontrolle abgeleitet werden. Der Plankalkulationssatz basiert auf der Planbeschäftigung und wird nicht auf die Istbeschäftigung bezogen.

Es fehlt die Ermittlung der **Sollkosten**, also die auf die Istbeschäftigung umgerechneten Plankosten. Nur durch die Ermittlung von Sollkosten kann eine Kostenkontrolle durchgeführt werden. In der nachfolgenden Abbildung werden die Sollkosten gestrichelt, also nur als gedanklicher Einschub betrachtet. Sie sind der starren Plankostenrechnung unbekannt (Abb. 6.2).

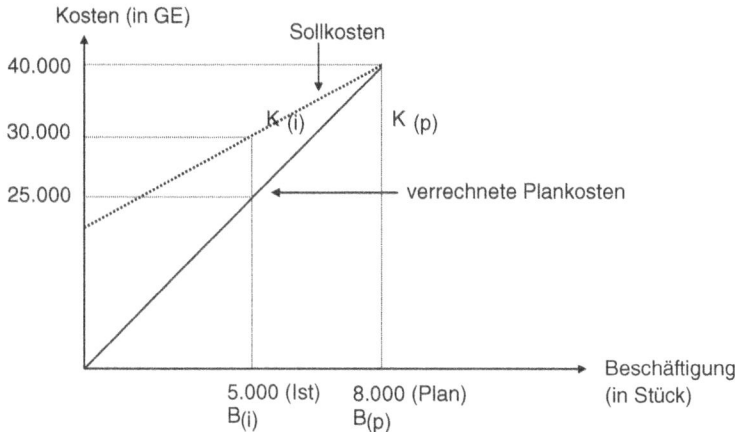

Abb. 6.2 Konzept der starren Plankostenrechnung. (Quelle: eigene Darstellung in Anlehnung an Haberstock 1986, S. 19)

Die Darlegungen zeigen, dass eine wirksame Kostenkontrolle mit der starren Plankostenrechnung nicht möglich ist. Die fehlende Anpassung der Plankosten an die sich ändernden Istbeschäftigungen beeinträchtigt ihre Aussagekraft.

Als Vorteil einer starren Plankostenrechnung wird allgemein angesehen, dass überhaupt eine Kostenplanung durchgeführt wird und sich dadurch bereits Einblicke in Verbesserungspotenziale bei hinsichtlich der Wirtschaftlichkeitsbeurteilung der Leistungserstellung ergeben können. Dies hebt selbst die starre Plankostenrechnung von der (reinen) Istkostenrechnung sowie von der Normalkostenrechnung positiv ab.

6.4.3 Flexible Plankostenrechnung

6.4.3.1 Einordnung

Flexible Plankostenrechnungen können als Weiterentwicklung der starren Plankostenrechnungen aufgefasst werden. Im Gegensatz zur starren Plankostenrechnung ermittelt die flexible Plankostenrechnung die Sollkosten. Dadurch können flexibel Anpassungen der Kostenvorgaben an die konkrete Istbeschäftigung einer Abrechnungsperiode erfolgen. Die Sollkosten geben jene Kosten an, die man bei wirtschaftlichem Produktionsverlauf als Maßstab für die Beurteilung der realisierten Istkosten vorgeben kann (bzw. die eingehalten werden *sollen*), wenn die Beschäftigung einen beliebigen Istwert annimmt. Sämtliche andere Kostenbestimmungsfaktoren[2] werden bei der Ermittlung der Sollkosten als konstant angenommen.

---

[2]Kostenbestimmungsfaktoren neben der Beschäftigung können z. B. sein: Qualitätsanforderungen, Faktorpreise, Betriebsgröße oder das Fertigungsprogramm.

In beiden Formen der flexiblen Plankostenrechnung, also jener auf Vollkostenbasis bzw. jener auf Teilkostenbasis, erfolgt eine Kostenaufteilung in fixe und variable Kostenbestandteile. Andernfalls wäre keine Bestimmung des Sollkostenverlaufs möglich.

6.4.3.2 Flexible Plankostenrechnung auf Vollkostenbasis

Die flexible Plankostenrechnung auf Vollkostenbasis ist dadurch charakterisiert, dass trotz der Kostenauflösung Kostensätze ermittelt werden, in die auch die fixen Plankostenbestandteile eingehen. Dabei rechnet das System der flexiblen Plankostenrechnung auf Vollkostenbasis in der Kostenstellenrechnung mit anderen Kosten als in der Kostenträgerrechnung.

In der Kostenstellenrechnung werden die Plankosten in ihre fixen und in ihre variablen Bestandteile aufgespalten: Es werden Sollkosten ermittelt. Auf die Kostenträger werden, wie bei der starren Plankostenrechnung, verrechnete Plankosten ausgewiesen. Diese unterschiedliche Vorgehensweise führt dazu, dass die Kostenkontrolle in der Kostenstellenrechnung stattfindet. Für Zwecke der Kalkulation wird weiterhin der Plankostensatz (auf Vollkostenbasis) mit der Istbeschäftigung multipliziert (Abb. 6.3).

Bezug nehmend auf das Beispiel in Abschn. 6.4.2 soll davon ausgegangen werden, dass die Kostenauflösung der Plankosten Folgendes ergeben hat:

- K_f = 12.000 GE
  mit K_f = fixe Plankosten
- K_v = 28.000 GE
  mit K_v = variable Plankosten

Da sich nur die variablen Kosten ex definitione bei Beschäftigungsänderungen verändern, ergeben sich die Sollkosten wie folgt:

- Fixe Plankosten: 12.000 GE (entstehen unabhängig vom Beschäftigungsgrad)
- Variable Plankosten pro Stück: $\frac{\text{variable Plankosten}}{\text{Planmenge}} = \frac{28.000}{8.000} = 3{,}5\,\text{GE}$
- Variable Kosten der Istmenge: $5.000 \times 3{,}5 = 17.500\,\text{GE}$
- Sollkosten = $12.000 + 17.500 = 29.500\,\text{GE}$

Den Istkosten in Höhe von 30.000 GE sind also Sollkosten in Höhe von 29.500 GE gegenüberzustellen. Die über den Maßstab hinausgehenden Kosten in Höhe von 500 GE werden als **Verbrauchsabweichung** bezeichnet. Die Verbrauchsabweichung muss in der Abweichungsanalyse wie andere Abweichungskategorien auch[3] analysiert werden. In aller Regel ist die Verantwortung für eine Verbrauchsabweichung lokalisierbar (Abb. 6.4).

---

[3]Siehe später: etwa Beschäftigungsabweichungen und Preisabweichungen.

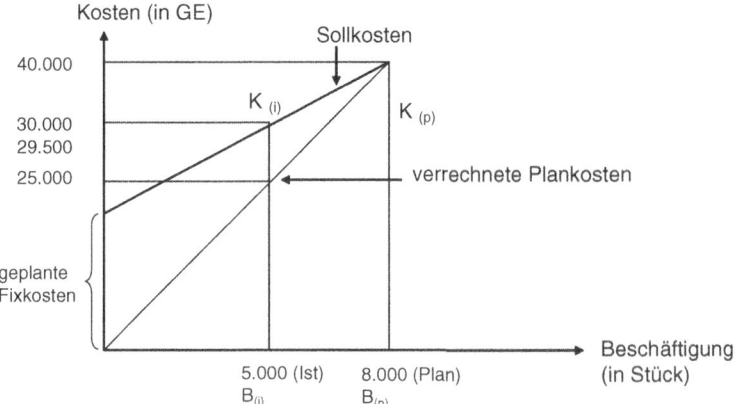

Abb. 6.3 Flexible Plankostenrechnung auf Vollkostenbasis (Überblick)

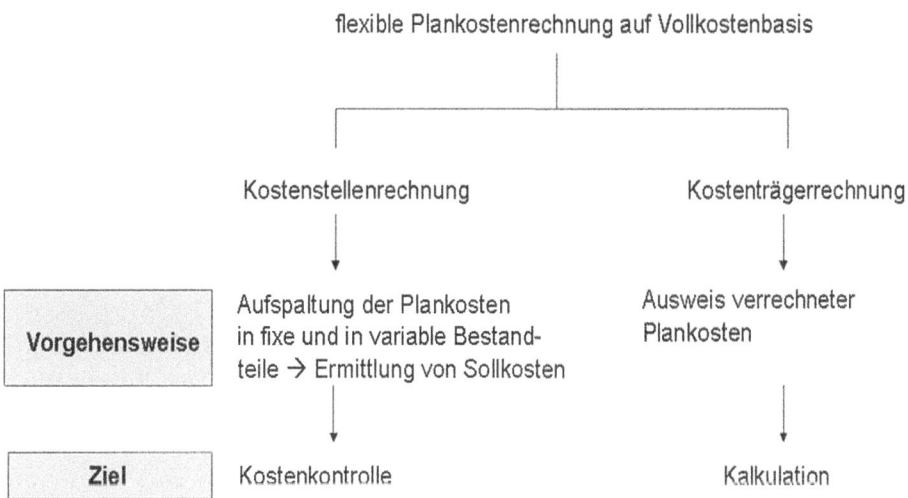

Abb. 6.4 Konzept der flexiblen Plankostenrechnung auf Vollkostenbasis. (Quelle: eigene Darstellung in Anlehnung an Haberstock 1986, S. 25)

Vergleicht man darüber hinaus die Sollkosten mit den auf die Kostenträger zu verrechnenden Plankosten, so berechnet man die **Beschäftigungsabweichung**. Sie beträgt im Beispiel 29.500 (Sollkosten) − 25.000 (verrechnete Plankosten) = 4.500 GE. Sowohl die verrechneten Plankosten als auch die Sollkosten multiplizieren ihre jeweiligen Plankalkulationssätze mit der Istbeschäftigung. Die verrechneten Plankosten ermitteln ihren Plankalkulationssatz mit $\frac{\text{Plankosten}}{\text{Planmenge}}$, ohne die Plankosten in ihre fixen bzw. variablen Bestandteile aufzuspalten. Wenn die Istbeschäftigung der Planbeschäftigung entspricht, dann gilt:

$$\text{verrechnete Plankosten} = \text{Plankosten}$$

Die Sollkosten ermitteln zwei Plankalkulationssätze, nämlich einen für die fixen Kosten-bestandteile und einen für die variablen Kostenbestandteile. Im Beispiel ergibt sich der leistungsmengenunabhängige Fixkostensatz pro Leistungseinheit aus $\frac{12.000}{8.000} = 1,5$ GE/ Leistungseinheit. Der variable Kostensatz pro Leistungseinheit ergibt sich aus $\frac{28.000}{8.000} = 3,5$ GE/Leistungseinheit, die für die tatsächliche Beschäftigung (= Istbeschäf-tigung) pro Leistungseinheit anfallen. Wenn die Istbeschäftigung der Planbeschäftigung entspricht, dann ist die Unterscheidung in fixe und variable Kosten irrelevant, weil sich die Planbeschäftigung nicht geändert hat. Es ergibt sich ein Gesamtkostensatz pro Leis-tungseinheit von 5 GE/Stück, was bei einer Plan- = Istbeschäftigung in Höhe von 8.000 Stück 40.000 GE ergibt. Also folgt für diesen Fall:

$$\text{Sollkosten} = \text{verrechnete Plankosten} = \text{Plankosten}$$

Beschäftigungsabweichungen, so zeigt das Beispiel, entstehen, weil man gedanklich die Fixkosten auf die Kostenträger zu verteilen versucht.

Die flexible Plankostenrechnung als Vollkostenrechnung hat gegenüber der starren Plankostenrechnung den zentralen Vorteil, dass sie eine aussagekräftige Kostenkontrolle auf Kostenstellenebene ermöglicht. Sie schafft es aber nicht, die Fixkostenproblematik zu beheben, wenn in den verrechneten Plankosten auch Fixkosten (= Betriebsbereit-schaftskosten, Kapazitätskosten) auf die Kostenträger verrechnet werden. Gerade für kurzfristige Planungsaufgaben, bei denen die Kosten der Kapazitäten nicht disponibel sind, sind Vollkostenrechnungen in jeglicher Form nicht aussagekräftig. Im Gegenteil: Sie können zu Fehlentscheidungen führen.

6.4.3.3 Flexible Plankostenrechnung auf Grenzkostenbasis

In der flexiblen Plankostenrechnung auf Grenzkostenbasis erfolgt eine Kostenspaltung sowohl in der Kostenstellen-, als auch in der Kostenträgerrechnung. Die Kostentrennung endet also nicht auf Kostenstellenebene, sondern sie wird bis in die Kostenträgerrech-nung beibehalten.

In der Kostenstellenrechnung ergeben sich keine Unterschiede zur flexiblen Plankos-tenrechnung auf Vollkostenbasis. Der Sollkostenverlauf ist gleich.

In die Kostenträgerrechnung gehen allerdings im Gegensatz zur flexiblen Plankos-tenrechnung auf Vollkostenbasis ausschließlich Plankalkulationssätze ein, die variable Plankosten pro Einheit der Bezugsgröße enthalten. Je nach Teilkostenrechnungssys-tem werden die Fixkosten en bloc oder aber getrennt nach Fixkostenschichten in das Betriebsergebnis übernommen.

Wie bei der flexiblen Plankostenrechnung auf Vollkostenbasis wird als Verbrauchs-abweichung die Differenz aus Istkosten und Sollkosten ausgewiesen. In der Kosten-trägerrechnung wird allerdings anstelle mit verrechneten Plankosten nunmehr mit **Grenzplankalkulationssätzen** gearbeitet. Sie betragen im Beispiel $\frac{28.000}{8.000} = 3,5$ GE/ Stück. Sie werden mit der Istmenge multipliziert und es ergeben sich 17.500 GE. Sie

Kriterium	flexible Plankostenrechnung	
	auf Vollkostenbasis	auf Grenzkostenbasis
Kostenstellenrechnung	Sollkostenausweis	
Kostenträgerrechnung	verrechnete Plankosten	Grenzplankostensätze
Verbrauchsabweichung	Istkosten – Sollkosten	
Beschäftigungsabweichung	möglich	immer null

Abb. 6.5 Flexible Plankostenrechnung auf Voll- bzw. Grenzkostenbasis

entsprechen jenem Teil der Sollkostenermittlung im System der flexiblen Plankosten-rechnung auf Vollkostenbasis, der die variablen Kosten betrifft. Die variablen Sollkosten entsprechen hier den verrechneten Plankosten.

Den Kostenträgern sind also nach dem Verursachungsprinzip lediglich 17.500 GE als zu verrechnende Plankosten zuzurechnen.

Wenn man die en bloc im Betriebsergebnis zu berücksichtigenden Fixkosten in die Gesamtüberlegungen einbezieht, dann stimmen die gesamten Sollkosten mit den ver-rechneten Plankosten überein. Die Differenz aus Sollkosten und verrechneten Plankosten ist dann null. Entsprechend kann festgehalten werden: Die flexible Plankostenrechnung auf Grenzkostenbasis kennt keine Beschäftigungsabweichung.

Die flexible Plankostenrechnung auf Grenzkostenbasis behebt alle Mängel der bishe-rigen Kostenrechnungssysteme. Alle Steuerungsfunktionen der Kostenrechnung können mit diesem Kostenrechnungssystem realisiert werden.

Die zentralen Unterschiede zwischen den beiden Hauptformen der flexiblen Plankos-tenrechnung können wie in Abb. 6.5 dargestellt zusammengefasst werden.

6.4.3.4 Exkurs: Prozesskostenrechnung

Als „Geburtsstunde" der Prozesskostenrechnung gilt die Untersuchung von Miller und Vollmann aus dem Jahre 1985 („The hidden factory"[4]). Diese Untersuchung von Unter-nehmen in den USA im Verlauf von 100 Jahren hat das Ergebnis ausgewiesen, dass der Anteil der Gemeinkosten an den Gesamtkosten relativ zu den direkten Kosten der Ferti-gung signifikant gestiegen ist. Grund dafür sei insbesondere der hohe Automatisierungs-grad in der Fertigung. Die Kosten, die in den indirekten Leistungsbereichen wie Auftragsabwicklung und Qualitätssicherung anfallen und vor allem Gemeinkostencha-rakter haben, gilt es transparent zu machen. Die Transparenz in den fertigungsfernen Leistungsbereichen soll mittels der Prozesskostenrechnung dann zu einer „verursa-chungsgerechteren" Verrechnung der Gemeinkosten führen.

---

[4]Vgl. Miller und Vollmann (1985), S. 142ff.

Die Verrechnung von Gemeinkosten erfolgt in der Prozesskostenrechnung entgegen der klassischen Vorgehensweise, bei der wertbasierte Verrechnungsgrößen Verwendung finden (z. B. die Materialeinzelkosten als Bezugsgröße zur Verrechnung der Materialgemeinkosten), nunmehr mengenbasiert.

Der Aufbau der Prozesskostenrechnung erfolgt in vier Schritten:

- Zunächst müssen die Prozesse im Unternehmen bestimmt werden. Dies erweist sich aufgrund der Komplexität mancher Prozesse im Unternehmen als schwierig. Des Weiteren können nur solche Prozesse berücksichtigt werden, die repetitiver Natur sind, also regelmäßig wiederkehrend im Unternehmen ablaufen. Nicht repetitive Prozesse, wie etwa jene des dispositiven Faktors, bleiben entweder außen vor oder werden entgegen ihrer Natur repetitiv gemacht. Dies würde bereits bedeuten, dass die generierten Kosteninformationen ungenau sind.
- Um die Komplexität der Prozesse zu reduzieren, werden Teilprozesse zu kostenstellenübergreifenden Hauptprozessen zusammengefasst. Ein Hauptprozess „Material beschaffen" kann sich etwa aus den Teilprozessen „Material einkaufen" (Kostenstelle Einkauf), „Material lagern" (Kostenstelle Materiallager) und „Material prüfen" (Kostenstelle Qualitätssicherung) zusammensetzen.
- Bei den Teilprozessen ist zu differenzieren zwischen solchen, die in Abhängigkeit von dem in der Kostenstelle zu erbringenden Leistungsvolumen mengenvariabel („leistungsmengeninduziert" – lmi) oder mengenfix („leistungsmengenneutral" – lmn) sind.
- Im zweiten Schritt werden die Bezugsgrößen, das heißt die kostentreibenden Faktoren (Cost Driver) für alle lmi-Hauptprozesse ermittelt. Für den Hauptprozess „Material beschaffen" wäre eine denkbare Verrechnungsgröße die Anzahl der Bestellungen, also ein mengenbasierter Schlüssel.
- Im nächsten Schritt werden die Prozessmengen festgelegt. Es wird geplant, wie oft ein bestimmter Prozess innerhalb der Betrachtungsperiode in Anspruch genommen werden wird.
- Schließlich werden die Prozesskostensätze berechnet. Dazu müssen die Plankosten ermittelt werden, welche dann durch die geplanten Prozessmengen dividiert werden. Aus Praktikabilitätsgründen fordert die Prozesskostenrechnung, lediglich die wesentlichen Kostenarten zu planen. Bei allen lmi-Prozessen wird kalkuliert, was die einmalige Inanspruchnahme bzw. Ausführung des jeweiligen Prozesses kostet. Die Ermittlung liefert einen lmi-Prozesskostensatz. Der Vollkostenansatz der Prozesskostenrechnung wird dann deutlich, wenn die lmn-Prozesse proportional zum Verhältnis der Prozesskosten leistungsmengeninduzierter Prozesse verrechnet werden.

Folgendes Beispiel stellt die Prozesskostenrechnung am Beispiel des Hauptprozesses der Materialbeschaffung dar (Tab. 6.2).

Der Umlagesatz ergibt sich aus der Multiplikation des lmi-Satzes mit dem Verhältnis aus:

Tab. 6.2 Beispiel einer Prozesskostenrechnung

Teilprozess	Status	Prozesskosten	Prozessmengen (in Stück)	lmi-Satz	Umlagesatz	Gesamtsatz
Material einkaufen	lmi	5.000	500	10	4	14
Material lagern	lmi	3.000	300	10	4	14
Material prüfen	lmi	2.000	500	4	1,6	5,6
		$\sum$ 10.000				**33,6**
Bereichsleitung Beschaffung	lmn	4.000				

$$\frac{\text{Summe Prozesskosten der lmn-Prozesse}}{\text{Summe Prozesskosten der lmi-Prozesse}} = \frac{4.000}{10.000} = 0,4$$

Der Gesamtkostensatz ist die Summe aus lmi-Satz und Umlagesatz. Die Summe der Gesamtsätze pro Teilprozess ergibt dann die Kosten der einmaligen Inanspruchnahme des Hauptprozesses (33,6 GE).

Wenn man die Prozesskostenrechnung beurteilt, so greifen bei ihr als Vollkostenrechnung zunächst sämtliche Nachteile, die auf Vollkostenrechnungen insgesamt zutreffen.

Darüber hinaus gibt es einige konzeptionelle Bedenken. So ist etwa die Frage nach den Möglichkeiten zur Bestimmung der Prozesse im Unternehmen nicht eindeutig beantwortet. Interviews mit Kostenstellenleitern, Selbstaufschriebe oder Schätzungen werden allerdings als wenig zufriedenstellende Lösungsalternativen immer wieder genannt. Auch die Fokussierung auf die repetitiven Prozesse schränkt die Anwendbarkeit der Prozesskostenrechnung ein.

Darüber hinaus sind mengenbasierte Verrechnungsgrößen auch in sonstigen Kostenrechnungssystemen bekannt und daher nichts Neues. Auch hinsichtlich der Transparenz im Gemeinkostenbereich gibt es bereits bekannte Alternativen, zum Beispiel die Wertanalyse nach DIN 69910.

6.5   Fragen zu Kostenrechnungssystemen

1. Welche Steuerungsmöglichkeiten sind bei Normalkostenrechnungen gegeben?
2. Systematisieren Sie die Aufgaben der Plankostenrechnung!
3. Was sind Sollkosten und worin unterscheiden sie sich von den Plankosten?
4. Worin bestehen die Nachteile starrer Plankostenrechnungen?
5. Wo spielen Verbrauchsabweichungen eine Rolle und was stellen sie dar?
6. Was sind Beschäftigungsabweichungen und wie werden diese ermittelt?
7. Warum werden bei flexiblen Plankostenrechnungen auf Vollkostenbasis zwei Plankalkulationssätze errechnet?

8. Wie geht die flexible Plankostenrechnung auf Grenzkostenbasis bei der Ermittlung der Plankalkulationssätze vor?

9. Womit wird die Einführung einer Prozesskostenrechnung begründet und wie lässt sich der Aufbau der Prozesskostenrechnung beschreiben?

10. Beurteilen Sie die Prozesskostenrechnung!

7.1 Motivation und Vorgehensweise

Die Analyse von Abweichungen ist eine der zentralen Aufgaben der internen, prozessabhängigen[1] betrieblichen Kontrolle. Ziel der Abweichungsanalyse ist es zunächst, Unwirtschaftlichkeiten bei der Leistungserstellung durch den Vergleiche realisierter Größen (Istgrößen) mit ihren jeweils vorab festgelegten Vorgabegrößen (Vergleich- oder Sollgrößen) aufzudecken, indem aufgetretene Abweichungen berechnet werden (Abweichungsermittlung). Daran schließt sich die eigentliche Analyse der ermittelten Abweichungen an. Dabei sollen Steuerungsinformationen generiert werden, welche Aufschlüsse über Verbesserungen in der betrieblichen Planung und der Ausführung geben können. Im Ergebnis sollen Abweichungsanalysen die Grundlage legen für die Verhaltensbeeinflussung im Sinne einer Verbesserung der unternehmerischen Planung bzw. zur Verbesserung der Ausführungsdisziplin, also der Einhaltung der Vorgaben. Die mit der Abweichungsanalyse durchgeführt Kontrolle hat damit eine Auslösefunktion für betriebliche Dispositionen. Voraussetzung dafür ist die Zuweisung einer Abweichung zu einer Abweichungsverursachungsinstanz. Zu trennen ist die Abweichungsverursachung von der Abweichungsverantwortung. Die Abweichung kann etwa von einem Mitarbeiter einer Kostenstelle verursacht sein, die Verantwortung dafür mag aber beim zuständigen Kostenstellenleiter liegen.

Die Vorgehensweise bei der Ermittlung von Abweichungen hängt vom Kostenrechnungssystem des Unternehmens ab. Je nach Kostenrechnungssystem treten die gleichen Abweichungen auf oder aber es gibt Abweichungen, die nur bei bestimmten

---

[1]Im Gegensatz dazu ist die Interne Revision die prozessunabhängige Kontrolle durch unternehmensangehörige Personen.

© Springer-Verlag Berlin Heidelberg 2016
L. Buchholz und R. Gerhards, *Internes Rechnungswesen*, BA KOMPAKT,
DOI 10.1007/978-3-662-48405-0_7

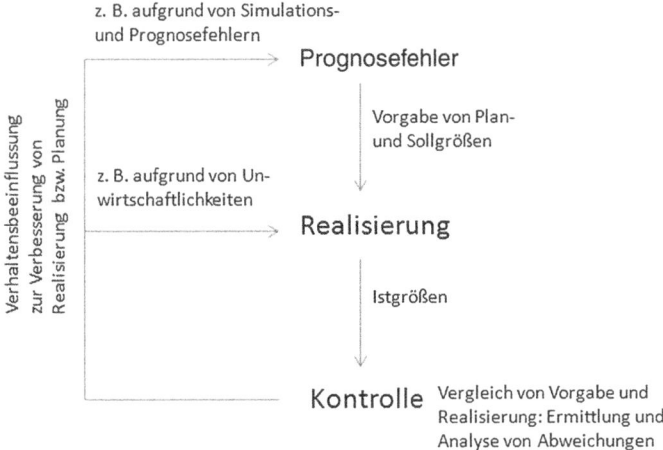

Abb. 7.1 Vorgehensweise der Abweichungsanalyse

Kostenrechnungssystemen überhaupt erst auftreten können.[2] Abb. 7.1 fasst den Ablauf der Abweichungsanalyse zusammen.

7.2 Systematisierung und Grundprobleme der Abweichungsanalyse

Die Abweichungsanalyse setzt sich aus insgesamt drei Bereichen zusammen. Dies sind die Mengenabweichungen und Preisabweichungen als Primärabweichungen sowie die Sekundärabweichungen. Die Primärabweichungen knüpfen an jene beiden Komponenten an, welche die entstandenen Kosten insgesamt determinieren, nämlich die multiplikative Verknüpfung der Ressourcenpreise mit den eingesetzten Ressourcenmengen. Daher wird die Durchführung von Abweichungsanalysen auch als Kostenkontrolle bezeichnet. Sekundärabweichungen, die auch als Abweichungen zweiten Grades bezeichnet werden, können wohl ermittelt, nicht aber in eine Mengen- und in eine Preisabweichung aufgespalten werden. Das Grundproblem der Abweichungsanalysen entsteht bei mehreren parallel auftretenden Abweichungen. Dadurch entstehende Abweichungsüberlappungen, die sich dann einer eindeutigen Identifizierung einer Abweichungsursache entziehen können. Ziel von Abweichungsanalysen bleibt allerdings grundsätzlich, die Abweichungen in ihre Einflussgrößen aufzuspalten, um damit zu lokalisieren, wo unternehmerischer Handlungsbedarf besteht. Die Gesamtabweichung umfasst zunächst die Gesamtdifferenz

---

[2]Die Beschäftigungsabweichung kann nur bei einer flexiblen Plankostenrechnung auf Vollkostenbasis ermittelt werden. Die flexible Plankostenrechnung auf Teilkostenbasis weist diese Abweichung konzeptionell bedingt nicht aus.

aus Ist- und Plankosten. Die Aufspaltung in einzelne Abweichungskategorien zur Durchführung von Abweichungsanalysen dient dabei auch der Vermeidung von Saldierungseffekten innerhalb der Abweichungen, die den Blick auf die tatsächlichen Abweichungsursachen verdecken können.

7.3 Abweichungskategorien

7.3.1 Preis- und Mengenabweichungen

Unter einer Preisabweichung wird jene Abweichung zwischen Ist- und Plankosten verstanden, welche auf Unterschiede zwischen den geplanten und den tatsächlichen Preisen der verbrauchten Ressourcen zurückzuführen ist. Die Mengenabweichung ist definiert durch die Unterschiede zwischen geplanten und realisierten verbrauchten Mengen, die ursächlich für die Abweichung zwischen Ist- und Plankosten sind (Tab. 7.1).

Zur Präzisierung sei folgendes Beispiel gegeben:

Die Gesamtabweichung setzt sich aus einer Preis- und einer Mengenabweichung zusammen. Eine ausschließliche Fokussierung auf die Gesamtabweichung würde verkennen, dass die beiden Teilabweichungen saldiert Verzerrungen generieren können. Unter Inkaufnahme dieser Saldierungseffekte können dann falsche Entscheidungen getroffen werden. Die gemischte Abweichung entzieht sich zunächst einer eindeutigen Lokalisierung der Abweichungsursache. In weiteren Verfahren (vgl. Abschn. 7.3.3) können dann die gemischten Abweichungen behandelt werden.

7.3.2 Zentrale Abweichungen in der flexiblen Plankostenrechnung: Beschäftigungs- und Verbrauchsabweichungen

Die Beschäftigungsabweichung ermittelt bei der flexiblen Plankostenrechnung auf Voll kostenbasis (vgl. Abschn. 6.4.3.2) die Abweichung zwischen Sollkosten[3] und verrechneten Plankosten.[4] Sie ist Maß für die Auslastung der betrieblichen Fertigungskapazitäten. Bei positiver Beschäftigungsabweichung liegt eine Unterbeschäftigung vor und es werden Leerkosten der Istbeschäftigung als jener Teil der Fixkosten ausgewiesen, der auf die nicht genutzten Kapazitäten entfällt. Grundsätzlich kann die Verursachung einer Beschäftigungsabweichung nicht einer verantwortlichen Instanz im Unternehmen zugewiesen werden. Im Ergebnis müssen bei aufgedeckter Beschäftigungsabweichung Anpassungen der betrieblichen Kapazitäten erfolgen. Bei flexibler Plankostenrechnung

---

[3]An die Istbeschäftigung angepasste Plankosten.

[4]Istbeschäftigung * Planalkulationssatz zu Vollkosten.

Tab. 7.1 Beispiel einer Preis- und Mengenabweichung

Größe	Produkt 1	Produkt 2	Gesamt
Istpreis	7	5	
Istmenge	20	30	
Istkosten	140	150	290
Planpreis	6	8	
Planmenge	24	27	
Plankosten	144	216	360
Δ Menge (Mengendifferenz)	$20 - 24 = -4$	$30 - 27 = 3$	
Δ Preis (Preisdifferenz)	$7 - 6 = 1$	$5 - 8 = -3$	
Mengenabweichung[a]	$-4 * 6 = -24$	$3 * 8 = 24$	0
Preisabweichung[b]	$20 * 1 = 20$	$30 * (-3) = -90$	-70
Gesamtabweichung[c]	$-24 + 20 = 44$	$24 + (-90) = -66$	-22
davon Preisabweichung[d]	$24 * 1 = 24$	$27 * (-3) = -81$	
gemischte Abweichung[e]	$-4 * 1 = -4$	$3 * (-3) = -9$	

[a] Mengendifferenz * Planpreis
[b] Istmenge * Preisdifferenz
[c] Istkosten − Plankosten = Mengenabweichung + Preisabweichung
[d] Planmenge * Preisdifferenz
[e] Mengendifferenz * Preisdifferenz. Die gemischte Abweichung wird auch als Sekundärabweichung oder als Abweichung zweiten Grades bezeichnet.

auf Teilkostenbasis gibt es keine Beschäftigungsabweichung, da die Sollkosten mit den verrechneten Plankosten hier immer übereinstimmen.

Die positive Differenz zwischen Istkosten und Sollkosten, also die gegenüber den Sollkosten höher angefallenen Istkosten geben als Verbrauchsabweichungen Hinweise auf die durch unplanmäßige Ressourcenverbräuche entstandenen Mehrkosten. Liegen die Istkosten unter den Sollkosten, so sind durch wirtschaftliche Verhaltensweise weniger Kosten entstanden, als eigentlich selbst bei wirtschaftlichem Verhalten zu erwarten gewesen wären. Bei gegebener Ausgangslage weist die flexible Plankostenrechnung auf Vollkostenbasis die Verbrauchsabweichung in gleicher Höhe aus, wie es die flexible Plankostenrechnung auf Teilkostenbasis täte. Verbrauchsabweichungen können vielfach einem Verursacher zugeordnet werden. Der Mehr- oder Minderverbrauch betrieblicher Ressourcen kann seine Begründung in wirtschaftlichem bzw. unwirtschaftlichem Ressourcenverbrauch haben, aber auch in veränderten Produktionsverfahren oder in geänderten Anforderungen an die Produktqualität. Gerade bei den zuletzt genannten Begründungen ist eine eindeutige Allokation der Verursachung nicht immer möglich.

Grafisch ergeben sich Beschäftigungs- und Verbrauchsabweichungen wie folgt (Abb. 7.2):

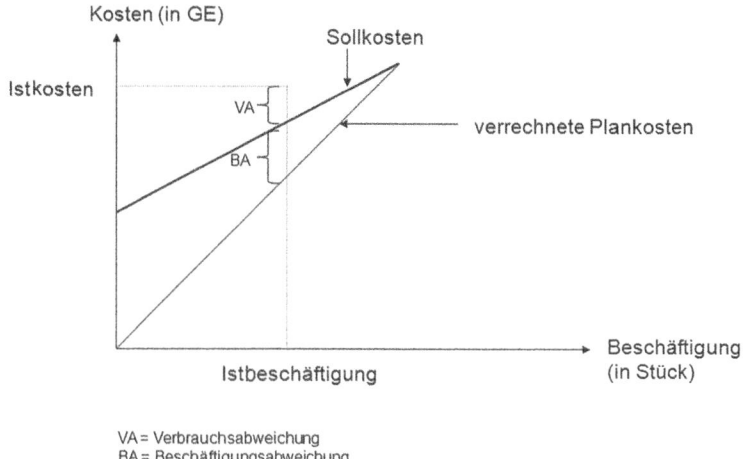

Abb. 7.2 Verbrauchs- und Beschäftigungsabweichung grafisch

7.3.3 Konsequenzen aus Sekundärabweichungen

Für die Behandlung von Sekundärabweichungen als Ergebnis von Abweichungen aufgrund unterschiedlicher Faktoren haben sich verschiedene Verfahren etabliert. Die proportionale Abweichungsermittlungsmethode teilt die Gesamtabweichung proportional zur Höhe der Teilabweichungen auf die primären Abweichungen auf, während die symmetrische Methode die Sekundärabweichung zu gleichen Teilen auf die Preis- bzw. Mengenabweichung verteilt. Beide Verfahren verstoßen gegen die Verursachungsgerechtigkeit, da keine direkte Beziehung der zu verrechnenden Sekundärabweichung zu den Kostenfaktoren besteht, sondern über Schlüsselgrößen unabhängig von einer eindeutigen Kostenverursachung erfolgt. Insofern greifen hier die Vorbehalten gegen Vollkostenrechnungen analog.

Die Methoden der alternativen Abweichungsverrechnung (auf Istbasis, auf Planbasis) gehen davon aus, dass, alternativ, entweder nur bei Mengen oder nur bei Preisen Abweichungen zwischen geplanten und realisierten Werten auftreten. Für die jeweils nicht berücksichtigten Kostenbestimmungsfaktoren werden die realisierten (Istbasis) oder die geplanten (Planbasis) Werte übernommen. Die Abweichungen werden je nach Basis dann für jeden Kostenfaktor berechnet. Beide Verfahren lösen nicht das grundsätzliche Problem der verursachungsgerechten Zuordnung der Sekundärabweichung.

Die kumulative Verrechnung der Abweichungen gibt eine Reihenfolge der Kostendeterminanten vor. Für den in der Reihenfolge ersten Faktor werden, wenn erforderlich, Abweichungen zwischen Ist- und Planwerten ermittelt, während alle anderen Faktoren mit ihren Istwerten geführt werden. Bei der Ermittlung der in der Reihenfolge nächsten Abweichung wird der Effekt des ersten Kostenfaktors beibehalten (Kumulierungseffekt).

Lediglich für den aktuell untersuchten Kostenfaktor werden wieder Abweichungen zwischen realisierten und geplanten Werten errechnet. Maßgebend für die Höhe der Einzelabweichungen ist also die Reihenfolge der isoliert betrachteten Teilabweichungen. Das grundsätzlich vorhandene Problem der Priorisierung innerhalb der Reihenfolge verbleibt beim Anwender des Verfahrens. Bei zwei Kostendeterminanten (Menge und Preis) wird die gesamte Sekundärabweichung der ersten Determinante zugerechnet.

Gegeben sei:

- Unternehmen A produziert in einer Periode Gut A und plant dazu den Einsatz von 50 Stück der Ressource A.
- Bei der Planung wird dem entsprechenden Einkaufsinformationssatz ein Beschaffungspreis von 200 € pro Stück entnommen.
- In einem Abweichungsbericht wird festgestellt, dass 60 Stück der Ressource A verbraucht wurden.
- Der Preis pro Stück beläuft sich nach Auskunft der Einkaufsabteilung auf 220 €.

Die Abweichungen gibt Tab. 7.2 wieder.

7.4   Weitere Ansätze zur Methodik von Abweichungsanalysen

7.4.1   Einordnung

Die Ergebnisabweichungsanalyse ermittelt die Ursachen von Abweichungen zwischen einem Planerfolg und einem realisierten Erfolg als Ergebnis der Gegenüberstellung zweier Determinanten, nämlich den Umsätzen einerseits und den Kosten andererseits. Sowohl die Umsätze als auch die Kosten werden von zwei Faktoren beeinflusst. Dies sind Preise und Mengen. Die Umsatzabweichung fokussiert auf die Mengen- und Preisabweichungen zwischen realisierten und geplanten Umsätzen. Die Kostenabweichung untersucht die Mengen- und Preisabweichungen in den Kosten.

7.4.2   Umsatzabweichungsanalysen

Die Umsatzabweichungsanalyse setzt an auf Abweichungen im Preis für die Leistungsverwertung bzw. auf Abweichungen bei der Absatzmenge. Die Umsatzabweichung kann, wie gezeigt, Teilabweichungen beinhalten. Deren Ermittlung erfolgt analog der kumulativen Abweichungsanalyse. Die Absatzpreisabweichung berechnet die Unterschiede zwischen dem geplante Preis pro abgesetzte Einheit und dem realisierten Preis pro abgesetzte Einheit. Die Absatzpreisabweichung ergibt sich damit aus der Summe der mit Istpreisen bewerteten Istabsatzmengen abzüglich der mit Planpreisen bewerteten Istabsatzmengen (Sollumsätze).

Tab. 7.2 Abweichungen im Beispiel

Gesamtabweichung (GA)	=	$(220 * 60) - (200 * 50)$	$(p_i * x_i) - (p_p * x_p)$
	=	$13.200 - 10.000$	
	=	3.200	
Sekundärabweichung (SA)	=	$(220 - 200) * (60 - 50)$	$\Delta p * \Delta x$
	=	$20 * 10$	
	=	200	
Teilabweichung Preis (TA$_p$)	=	$(220 - 200) * 50$	$\Delta p * x_p$
	=	$20 * 50$	
	=	1.000	
Teilabweichung Menge (TA$_m$)	=	$(60 - 50) * 200$	$\Delta x * p_p$
	=	$10 * 200$	
	=	2.000	
proportionale Abweichungs-verrechnung (MA$_{neu}$)		Anteil SA: $2.000 * \frac{200}{1.000+2.000} = 133.33$ MA$_{neu}$ = TA$_m$ + 133.33 = 2.000 + 133.33 = 2.133.33	TA$_m$ * $(1 + \frac{SA}{MA+PA})$
proportionale Abweichungs-verrechnung (PA$_{neu}$)		Anteil SA: $1.000 * \frac{200}{1.000+2.000} = 66.67$ PA$_{neu}$ = 1.000 + 66.67 = 1.066,67	TA$_p$ * $(1 + \frac{SA}{MA+PA})$
symmetrische Abweichungsverrechnung	=	$2.000 + 100 = 2.100$	MA$_{neu}$ = TA$_m$ + $\frac{SA}{2}$
	=	$1.000 + 100 = 1.100$	PA$_{neu}$ = TA$_p$ + $\frac{SA}{2}$
alternative Verrechnung (Istbasis)	=	$220 * (60 - 50) = 220 * 10 = 2.200$	TA$_m$ = p$_i$ * (x$_i$ − x$_p$) (Kostenfaktor: Menge)
	=	$60 * (220 - 200) = 60 * 20 = 1.200$	TA$_p$ = x$_i$ * (p$_i$ − p$_p$) (Kostenfaktor: Preis)
alternative Verrechnung (Planbasis)	=	$200 * 10 = 2.000$	TA$_m$ = p$_p$ * (x$_i$ − x$_p$) (Kostenfaktor: Menge)
	=	$200 * 20 = 4.000$	TA$_p$ = x$_p$ * (p$_i$ − p$_p$) (Kostenfaktor: Preis)
kumulierte Abweichungsver-rechnung (Abspaltung der Mengenabweichung zuerst)	=	$220 * (60 - 50) = 2.200$	TA$_m$ = p$_i$ * (x$_i$ − x$_p$) (Mengenabweichung)
	=	$50 * (220 - 200) = 1.000$	TA$_p$ = x$_p$ * (p$_i$ − p$_p$) (Preisabweichung)
kumulierte Abweichungsver-rechnung (Abspaltung der Preisabweichung zuerst)	=	$60 * (220 - 200) = 1.200$	TA$_p$ = x$_i$ * (p$_i$ − p$_p$) (Preisabweichung)
	=	$200 * (60 - 50) = 2.000$	TA$_m$ = p$_p$ * (x$_i$ − x$_p$) (Mengenabweichung)

Die Absatzmengenabweichung ermittelt die Differenz aus mit Planpreisen bewerteten realisierten Absatzmengen (Sollumsätze) und den zu Planpreisen bewerteten geplanten Absatzmengen. Ergänzend zur Absatzmengenabweichung kann deren Auswirkungen auf den Deckungsbeitrag mit in die Betrachtung einbezogen werden.

7.4.3 Kostenabweichungsanalysen

Die Kostenabweichung analysiert die Abweichungen der Fixkosten und der variablen Kosten. Um weitergehende Transparenz über die Herkunft der Abweichung zu erhalten, werden die Kostenabweichungen häufig nach betrieblichen Funktionsbereichen ermittelt. So verfolgt die Einsatzpreisabweichung das Ziel, die Istkosten über die Erfassung der entsprechenden Kostenart mit den zu Planpreisen bewerteten Isteinsatzmengen (Sollkosten) zu vergleichen. Die Einsatzpreisabweichung knüpft an die eingesetzten Produktionsfaktor an. Für den Produktionsfaktor Material ist die Beschaffung verantwortlich, für den Produktionsfaktor Personal insbesondere die Produktion. Dort werden über Arbeitspläne die zu verrichtenden Tätigkeiten mit Vorgabezeiten eingestellt. Jede Tätigkeit ist einem Arbeitsplatz zugeordnet, an dem die Tätigkeiten ausgeführt werden. Jeder Arbeitsplatz ist dann einer Kostenstelle zugeordnet, welche die personellen Ressourcen für die Leistungserbringung zur Verfügung stellt. Ursachen für Einsatzpreisabweichungen liegen begründet in unvorhergesehenen, also nicht bereits in der Planung antizipierten, Änderungen der Material- bzw. Personalkosten. Dies betrifft Erhöhungen oder Senkungen der Beschaffungspreise für Material bzw. etwa aufgrund von Entgelterhöhungen gestiegene Personalkosten. Im Rahmen der Abweichungsanalyse ist insbesondere zu überprüfen, inwieweit bei der Planung die Preisänderungen hätten bereits berücksichtigt werden können bzw. inwieweit bei der Realisierung verpasst wurde, zum Beispiel vor Preiserhöhungen die Materialien zu beschaffen.

Wird geplant, 20 Stück eines Materials mit 10 Euro/Stück in die Produktion einfließen zu lassen, und wurden in der Kostenträgerrechnung bei einem Istverbrauch von 20 Stück Materialkosten in Höhe von 300 Euro verbucht, so enthalten die erfassten 300 Euro eine Einsatzpreisabweichung von 100 Euro, da die Einsatzmenge gleich geblieben ist.

Die Strukturabweichung zeigt auf, inwieweit ein gegenüber der Planung anderer Produktionsfaktor eingesetzt worden ist. Entweder wurde eine nicht geplante Kostenart während der Realisierung eingesetzt oder es wurden für eine geplante Kostenart keine Istdaten verbucht. Wenn eine Kostenstelle den Einsatz von Material A in Höhe von 200 Euro auf der entsprechenden Kostenart A plant, im Ist aber 200 Euro für den Verbrauch von Material B auf einer Kostenart B verbucht wurden, so weist die Strukturabweichung auf beiden Kostenarten die gebuchten Kosten auf.

Die Restabweichung erfasst alle sonstigen, nicht explizit in einer eigenen Kategorie ausgewiesenen Abweichungen. Hierunter fallen etwa die Verbuchung von Kosten im Plan und im Ist, allerdings ohne Verbrauchsmengen. Die Restabweichung wird auch als

„echte" Verbrauchsabweichung bezeichnet. Zumindest bei jenen Ressourcenverbräuchen, die nur in geringem Ausmaß Preisschwankungen unterworfen sind, kann die Differenz zwischen Ist- und Sollkosten in der Regel auf einen Mehrverbrauch zurückgeführt werden. Eine ermittelte Restabweichung mit negativem Vorzeichen bedeutet dann, dass der Istverbrauch geringer als der Sollverbrauch ist und vice versa.

Betriebsstatistik

8.1   Positionierung innerhalb des internen Rechnungswesens

Die Betriebsstatistik spielt innerhalb des internen Rechnungswesens meistens eine untergeordnete Rolle in der entsprechenden Fachliteratur. Dies mag darin begründet sein, dass die Kosten- und Leistungsrechnung *das* zentrale operative Steuerungsinstrument des Managements darstellt. Seit einiger Zeit kann man allerdings eine deutliche Aufwertung der Betriebsstatistik ausmachen, was nicht zuletzt auch Konsequenz der softwaretechnischen Möglichkeiten auf diesem Gebiet ist. Analysen, basierend auf der betrieblichen Statistik, sind zur Entscheidungsfundierung des Managements unentbehrlich. Sie erlauben die Durchführung von Planungs- und Prognoseprozessen. Die relevanten Informationen zur richtigen Zeit an den richtigen Adressaten zu verteilen, hat sich zu einem Wettbewerbsvorteil entwickelt.

8.2   Aufgaben der Betriebsstatistik

Wie die Statistik insgesamt hat auch die Betriebsstatistik zunächst die zentrale Aufgabe, Massendaten zu erfassen, aufzubereiten und zu analysieren. Hinzu kommt bei der Betriebsstatistik, bei der die Massendaten betrieblicher und gesamtwirtschaftlicher Herkunft sind, dass die Datenanalyse zur Entscheidungsunterstützung für das Management transparent gemacht werden muss.

Die Betriebsstatistik ermittelt und beschreibt die Istzustände im Unternehmen und versucht, daraus Entwicklungen zu detektieren. Hier wird vor allem auch der Planungs- und Prognosecharakter der Betriebsstatistik deutlich.

Die Betriebsstatistik dient darüber hinaus als Kontrollinstrumentarium: Die mittels verschiedener statistischer Verfahren der Regressions- und Zeitreihenanalyse

© Springer-Verlag Berlin Heidelberg 2016
L. Buchholz und R. Gerhards, *Internes Rechnungswesen*, BA KOMPAKT,
DOI 10.1007/978-3-662-48405-0_8

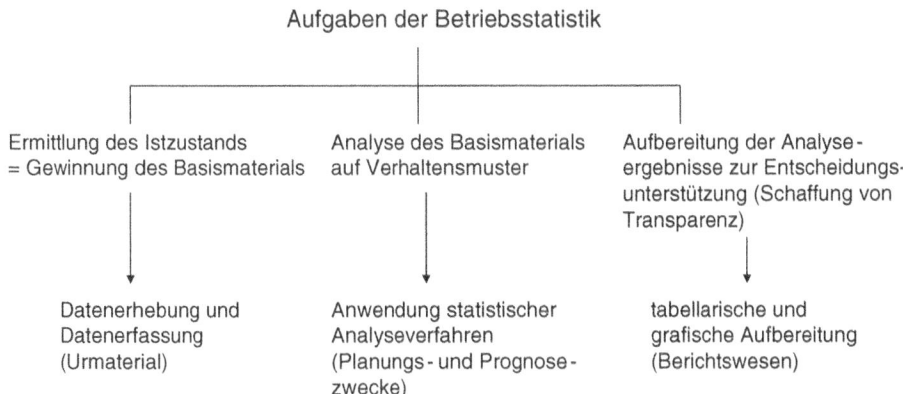

Abb. 8.1 Aufgaben der Betriebsstatistik

aufbereiteten betrieblichen Daten können Auskunft darüber geben, ob Vorgaben erfüllt wurden oder (voraussichtlich) noch oder eben nicht mehr erfüllt werden können. Die Betriebsstatistik macht damit vor allem auch deutlich, wo Handlungsbedarf besteht (Abb. 8.1).

Zur Analyse der Unternehmensdaten können verschiedene statistische Verfahren angewendet werden, etwa

- einfache Regressionsanalysen und Mittelwertvergleiche,
- Vergleiche von Median und Modalwerten,
- uni- und multivariate Varianz- und Kovarianzanalysen,
- multivariate multiple Analyseverfahren (multivariate Regressionsanalysen).

8.3 Gegenstände der Betriebsstatistik

Die Gegenstände der Betriebsstatistik hängen von jenen Merkmalen ab, die konkret in die Statistik aufgenommen werden sollen. Grundsätzlich müssen alle betrieblich relevanten Daten ausgewertet werden können. Allerdings sind nicht alle Daten im gleichen Ausmaß für die Entscheidungsfindung des Managements relevant. Es werden also regelmäßig nicht sämtliche Daten einer statistischen Analyse unterzogen. Allerdings werden alle Daten grundsätzlich für eine solche Analyse vorgehalten.

Kerngegenstand der Betriebsstatistik im **Absatzbereich** ist die **Umsatzstatistik**. Sie zeigt zunächst die Entwicklung des Umsatzes nach Zeiteinheiten. Neben dem Gesamtumsatz interessieren vor allem die Quellen des Erfolgs, das heißt die Zusammensetzung des Gesamtumsatzes nach Leistungsarten. Weitere Aufrissmerkmale können Nettoerlöse und Erlösschmälerungen, Auftragsgrößen und Kunden sein. Die Kunden können dann wieder in verschiedene Kategorien eingeteilt und entsprechend analysiert werden.

Solche Einteilungen können erfolgen etwa hinsichtlich der Ausprägungen „inländische Kunden" und „ausländische Kunden", „Einzel- und Großhandelskunden", oder „Altkunden" und „Neukunden".

Im Bereich der **Leistungserstellung** sind die erbrachten betrieblichen Leistungen Gegenstand der Statistik (**Ertragsstatistik**). Die betrieblichen Leistungen können nach Arten strukturiert werden, etwa in Fertigerzeugnisse und Halbfabrikate. Insbesondere erfasst die Statistik auch den Ausschuss, Ressourcenverbräuche (Roh-, Hilfs- und Betriebsstoffe) sowie Lohnstatistiken.

Im **Einkaufsbereich** können Einkaufsnebenkosten, Einkaufsmengen, Einkaufspreise, Lieferanteninformationen, Lieferzeiten, Lieferausfälle und Qualitätsmerkmale in die Statistik einfließen (**Beschaffungsstatistik**).

Unternehmensbereichsübergreifend werden insbesondere personalwirtschaftliche Daten statistisch erfasst und analysiert. Dazu zählen Statistiken über die Zusammensetzung des Personals nach unterschiedlichsten Kriterien (Geschlecht, Bildungsstatus, Alter etc.), Abwesenheitsgründe und Abwesenheitsquote, Fluktuationsraten, Personalaufwand, Struktur der Personalaufwendungen, Kosten betrieblicher Sozialeinrichtungen (Kantine, Betriebssportstätten) sowie Anzahl und Ursachen von Arbeitsunfällen (**Personalstatistik**).

Die **Vermögens- und Kapitalstatistik** untersucht die Zusammensetzung und die Entwicklung des Vermögens und des Kapitals und damit der Aktiv- bzw. Passivseite der Bilanz.[1]

Die Vermögens- und Kapitalstatistik schlägt dann den Bogen zur Bilanzanalyse.

8.4 Data Warehousing

Moderne betriebswirtschaftliche Anwendungssysteme, so genannte ERP-Software (Enterprise Resource Planning), ermöglichen das Erfassen, Ändern und Anzeigen betrieblicher Daten. Dabei werden insbesondere folgende Ziele verfolgt:

- Automatisierung des Ablaufs von Geschäftsprozessen
- Unterstützung der Integrationsaspekte von Geschäftsprozessen
- Kostenreduktion bei der Abbildung von Geschäftsprozessen

Solche in der Regel betriebswirtschaftliche Transaktionen anbietende Softwaresysteme[2] ermöglichen die Verarbeitung und Verwaltung von Massendaten. Die Auswertung dieser Massendaten zum Zwecke der Unterstützung der Entscheidungsträger erfolgt allerdings

---

[1]Die Kapitalstatistik wird auch als Finanzstatistik bezeichnet. Weil sich die Daten allerdings auf die Bilanzstruktur beziehen, scheinen hier die bilanzspezifischen Termini eher zur Bezeichnung geeignet.

[2]Systeme, auf denen transaktional arbeitende Software betrieben sind, nennt man auch OLTP-Systeme (Online Transaction Processing).

Abb. 8.2 Betriebsstatistik:
Datengenerierung und
Datenauswertung

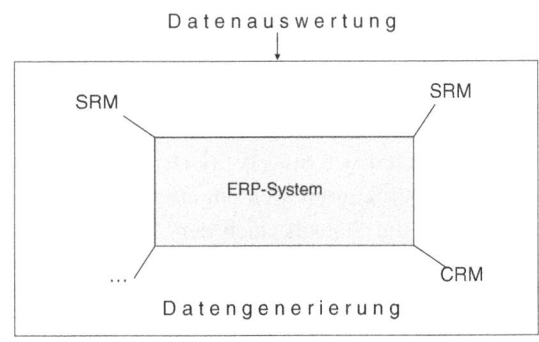

nicht in diesen ERP-Systemen. Dies hat vor allem technische Gründe sowie Performance-gründe. Die anwendungsübergreifende Auswertung betriebswirtschaftlicher Daten, die aus allen ERP-Anwendungen (Rechnungswesen, Materialwirtschaft, Personalwirtschaft, Logistik und Produktion etc.) kommen können, würde voraussetzen, dass die Anwendungen datentechnisch harmonisiert persistiert würden. Dies ist regelmäßig nicht der Fall, da die Anwendungen zu verschiedenen Zeiten von verschiedenen Entwicklern mit unterschiedlichen Programmiersprachen entwickelt und erweitert wurden. Hinzu kommt, dass neben den klassischen ERP-Systemen vielfach weitere Softwaresysteme geführt werden (z. B. neben einem ERP-System mehrere CRM[3]-Systeme, SEM[4]-Systeme, SRM[5]-Systeme).

Heterogene Softwarelandschaften machen die Notwendigkeit eines darüber aufzusetzenden Systems deutlich, welches die Auswertung der Daten aller Systeme ermöglicht (Abb. 8.2).

Systeme, welche der Anforderung an ein „Unternehmensreporting" gerecht werden, nennt man **Data-Warehouse-Systeme**. Data-Warehouse-Systeme werden als OLAP-Systeme bezeichnet (Online Analytical Processing).

Deren Ziele sind:

* flexible Extraktion von Daten aus den Softwaresystemen (diese stellen dann die Quellsysteme dar),
* technische Harmonisierung der Daten,
* Bereitstellung von Funktionen zur Datenbereinigung,
* Bereitstellung von Funktionen zum Reporting.

---

[3]Customer Relationship Management: Software zur Abbildung und Optimierung der Beziehungen zu den Kunden.

[4]Strategic Enterprise Management: Software zur strategischen Ausrichtung eines Unternehmens, z. B. Software zur Abbildung von Balanced Scorecards.

[5]Supplier Relationship Management: Software zur Abbildung und Optimierung der Beziehungen zu den Lieferanten (Beschaffung).

Abb. 8.3 Quellsysteme eines
Data-Warehouse-Systems

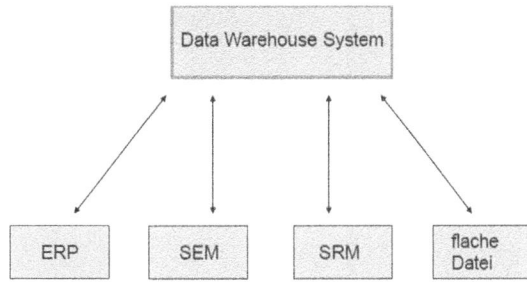

Ein Data Warehouse ist zunächst sprichwörtlich ein „Lagerplatz" für Daten. Dazu müssen die Softwaresysteme, in denen auswertungsrelevante Daten gehalten werden, als Quellsysteme an das Data-Warehouse-System angeschlossen werden. Grundsätzlich müssen alle Systeme und alle Anwendungen, in denen auswertungsrelevante Daten vorhanden sind, an ein Data Warehouse angeschlossen werden können.

Die Datenanforderung erfolgt vom Data-Warehouse-System an die Quellsysteme. In den Quellsystemen werden die Daten extrahiert und dem Data-Warehouse-System übergeben (Abb. 8.3).

Die Daten werden im Data Warehouse in dort zu erstellende Berichte eingebunden und dann an die Informationsadressaten weitergeleitet. Auch hier bieten moderne Data-Warehouse-Systeme Funktionen an, die Informationen in der richtigen Form, zur richtigen Zeit und zu den richtigen Adressaten zu transferieren („information broadcasting"). Berichte können etwa im Portable Document Format (PDF) oder in HTML erstellt werden. Die Informationen können ereignisgesteuert verteilt oder über Bedingungen und Ausnahmeregelungen gesteuert werden. Informationen können auch nutzerspezifisch in Abhängigkeit von Stammdateninformationen versendet werden. So kann zum Beispiel ein Kostenstellenbericht automatisiert per E-Mail an die jeweiligen Kostenstellenleiter versendet werden, wenn die entsprechenden E-Mail-Adressen in den Kostenstellenstammdaten gepflegt sind und diese Informationen in das Data Warehouse extrahiert wurden („data bursting")

Adressaten der Informationen können einzelne Systemnutzer, Nutzergruppen, Verteilerlisten oder Nichtsystemnutzer sein.

Die Daten im Data Warehouse werden nicht nur dort gesammelt und über Berichte ausgegeben. Darüber hinaus sollen aus den Daten Verhaltensmuster abgeleitet werden. Wenn der Funktionsumfang einer Data-Warehouse-Software auch diese Aufgaben abdeckt, so wird von **Data Mining** gesprochen. Typische Anwendungsfälle sind etwa:

- das Erkennen potenzieller Kunden aus Kundenanfragen und abgegebenen Angeboten,
- Entwicklung von Werbemaßnahmen in Abhängigkeit von Konsumentenverhalten oder
- das Entdecken kritischer Forderungen durch die Analyse von Kundenzahlungshistorien.

Abb. 8.4 Aufgaben der Betriebsstatistik

Alle Systeme und Prozesse, welche die Datenextraktion, Datenaufbereitung, Datenana-lyse und Datenausgabe betreffen, werden zusammenfassend auch als **Business Intelli-gence** bezeichnet.

Spiegelt man die Aufgaben der Betriebsstatistik mit den softwaretechnischen Mög-lichkeiten des Business Intelligence, so kann dies wie folgt dargestellt werden (Abb. 8.4).

8.5   Data Mining im internen Rechnungswesen

Durch neue Technologien (insbesondere In-Memory-Datenbanken) können Massen-daten in Echtzeit ausgewertet werden. Dabei können unternehmensinterne und unter-nehmensexterne Daten, strukturierte und unstrukturierte Daten (etwa Textdateien), gemeinsam ausgewertet werden. Die selektive Nutzung von Daten zum Erkennen von Zusammenhängen ist im internen Rechnungswesen insbesondere bei Abweichungsana-lysen und bei Prognoserechnungen von Bedeutung.

Für Abweichungsanalysen kann etwa über folgende Fragestellungen nach Wissen (Mustern) in den betrieblichen Daten gesucht werden:

- Warum sind Einsatzmengenabweichungen besonders häufig bei bestimmten Einsatz-materialien aufgetreten?
- Warum ist der Ausschuss in Produktionswerk A für das gleiche Material höher als in den Produktionswerken B und C?
- Warum ist es bei Ausschuss im Material A in 80% der Fälle auch zum Ausschuss im Material B gekommen?

- Warum nimmt der Anteil von Restabweichungen seit fünf Jahren überproportional zu?
- Liegen strukturelle Abweichungen mit den Preisen der betrieblichen Ressourcen zusammen?

Der Einsatz von Data Mining innerhalb von Prognoserechnungen dient vor allem dazu, Informationsunsicherheiten zu reduzieren und damit die Prognosequalität zu erhöhen. Die Anwendung von Prognosemodellen und –verfahren bedingt dabei, dass bereits konkrete Anforderungen an die Wissensgenerierung formuliert werden müssen. Insbesondere muss vorab entschieden werden, mit welchem Modell beziehungsweise mit welchem (statistischen) Verfahren nach Wissen gesucht werden soll. So generiertes Wissen kann dann zu einem Wettbewerbsvorteil ausgebaut werden, wenn die auf den Prognoserechnungen fundierenden, das Unternehmen langfristig ausrichtenden Entscheidungen, etwa über die Einführung neuer Produkte, Investitionen, Rationalisierungen, oder Unternehmenskäufe in ihren Auswirkungen sicherer beurteilt werden können. Zu den klassischen Verfahren der Prognosetechniken, die innerhalb des Data Mining durchgeführt werden können, zählen etwa multivariate Verfahren, Wachstums- und Sättigungsmodelle, Trendextrapolationen und heuristische Prognoseverfahren.

Weitere Anwendungsgebiete für Data Mining im internen Rechnungswesen können sein:

- Überprüfung von Kausalzusammenhängen zwischen Kundengruppen und der Entwicklung von Umsatzerlösen oder Deckungsbeiträgen.
- Clusteranalyse von Geschäftssegmenten mit Bezug auf Absatzmengen für eine ABC-Gruppierung.
- Untersuchung von Ursachen von Kostenentwicklungen in Abhängigkeit der Beschäftigungsmenge.

8.6   Fragen zur Betriebsstatistik

1. Systematisieren Sie die Aufgaben der Betriebsstatistik!
2. Erläutern Sie das Konzept des Data Warehousing!
3. Was ist unter „Quellsystemen" zu verstehen?
4. Spiegeln Sie die Aufgaben der Betriebsstatistik mit Bereichen des Business Intelligence!
5. Nennen Sie Anwendungsfälle des Data Mining!

Planungsrechnung 9

9.1 Vorbemerkungen

Die Planungsrechnung wird in der betriebswirtschaftlichen Literatur sehr unterschiedlich betrachtet und eingeordnet. Im Weiteren wird die Planungsrechnung als Bestandteil des betrieblichen Rechnungswesens beschrieben, obwohl sie in der jüngeren betriebswirtschaftlichen Literatur mehrheitlich dem Controlling zugeordnet wird.

Die Planungsrechnung greift grundsätzlich auf das Zahlenmaterial aller Teilbereiche des betrieblichen Rechnungswesens zurück. Da genau dieses Zahlenmaterial „ganz überwiegend jedoch aus der Kostenrechnung und kurzfristigen Erfolgsrechnung" (Haberstock 1987, S. 22) kommt, ist es erforderlich, die Planungsrechnung im Rahmen des internen Rechnungswesens abzuhandeln. Der Steuerungsaspekt im Zusammenhang mit der betrieblichen Planung wird hingegen im Weiteren außer Acht gelassen. Die Abgrenzung zwischen Planung und Unternehmenssteuerung ist vielmehr ein Thema der Ausgestaltung des Unternehmenscontrollings und wird an dieser Stelle nicht weiter erörtert.

Mit der Planungsrechnung werden unterschiedliche zeitliche und inhaltliche Dimensionen verbunden. Aus diesem Grund unterscheidet die Betriebswirtschaftslehre zwischen strategischer, operativer und taktischer Planung.[1] In den weiteren Ausführungen wird die Planungsrechnung vordergründig als operative und teilweise taktische Planung betrachtet. Diese Form der Planung ist im Ergebnis eine Vorwegnahme der zukünftigen Rahmenbedingungen des Rechnungswesens. So werden in der operativen und taktischen Planung wesentliche Bestandteile des betrieblichen Rechnungswesens, wie beispielsweise die Finanz- und Liquiditätsströme, die Bilanz sowie die Gewinn- und

---

[1]Eine exakte inhaltliche Abgrenzung zwischen operativer und taktischer Planung ist nicht möglich. Lediglich die zeitliche Abgrenzung verdeutlicht die Unterschiede. Während die operative Planung in der Regel auf den Jahreshorizont abstellt, ist die taktische Planung unterjährig ausgerichtet.

© Springer-Verlag Berlin Heidelberg 2016
L. Buchholz und R. Gerhards, *Internes Rechnungswesen,* BA KOMPAKT,
DOI 10.1007/978-3-662-48405-0_9

Verlustrechnung, festgelegt. Darüber hinaus werden die Höhe der einzelnen Kostenarten sowie Kostenbudgets für einzelne Kostenstellen und Kostenträger für einen feststehenden, zukünftigen Zeitraum bestimmt und die betriebsnotwendigen Kapital- und Vermögenspositionen sowie die kurzfristige Erfolgsrechnung geplant. Dies verdeutlicht auch die enge Verknüpfung der operativen und taktischen Planung mit dem internen Rechnungswesen.

Die strategische Planung hingegen wird insbesondere deshalb in den weiteren Ausführungen ausgeklammert, da sie auf die Potenziale des Unternehmens abstellt und im betrieblichen Rechnungswesen nur bedingt eingeordnet werden kann.

9.2 Grundlagen der Planungsrechnung

9.2.1 Planungsbegriff

Der Planungsbegriff wird in der betriebswirtschaftlichen Literatur häufig verwendet, ist jedoch in der Definition sehr unscharf (vgl. Weber 2006, S. 231). Dies liegt insbesondere an seinen vielfältigen Verwendungsmöglichkeiten sowohl in inhaltlicher als auch zeitlicher Dimension. Einigkeit herrscht in der Betriebswirtschaftslehre hinsichtlich folgender Merkmale:

(1) Die Planung ist ein Willensbildungsprozess.
Dieses Merkmal beschreibt sowohl die Ausrichtung der Planung am Zielsystem des Unternehmens als auch die Einigung aller Beteiligten in einem Unternehmen auf die Erreichung der gesteckten Ziele. Mit der Planung soll erreicht werden, dass alle in den Planungsprozess einbezogenen Personen sinnbildlich an einem Strang ziehen. Die Planungsergebnisse zeigen allen Beteiligten, welche Beiträge sie zum Erfolg des Unternehmens in der Zukunft leisten.

(2) Die Planung ist der Entwurf einer zukünftigen Ordnung.
Mit der Planung wird ein gewollter Zustand in der Zukunft formuliert. Hierzu werden angestrebte Ziele und Zustände für überschaubare Zeiträume festgelegt und die damit verbundenen Umsetzungsmaßnahmen, Mittel und Ressourcen bestimmt.

(3) Die Planung ist die gedankliche Vorwegnahme künftigen Handelns.
Die Zukunft wird als Raum für vielfältige Handlungsmöglichkeiten und Optionen interpretiert. Demzufolge werden im Planungsprozess die verschiedenen Möglichkeiten zur Erreichung eines gewollten Zustands zu einem so genannten Planungskorridor zusammengefasst. Der Planungskorridor umfasst dabei eine Bandbreite möglicher zukünftiger Zustände mit dazugehörigen Handlungserfordernissen. Die Planung ist immer auf die Zukunft des Unternehmens ausgerichtet, wobei der Zeithorizont unterschiedlich ausgestaltet sein kann. In Abhängigkeit vom Zeithorizont werden unterschiedliche Planungsebenen und -kreisläufe im Unternehmen formuliert. Ist die gedankliche Vorwegnahme

kurzfristigen Handelns gemeint, dann geht es im Unternehmen um die Erhaltung der Zahlungsfähigkeit und damit um die Finanz- und Liquiditätsplanung. Erstreckt sich der Zeithorizont auf ein Geschäftsjahr, dann wird die Zielstellung der Vermögensbildung (Planbilanz) und Gewinnerwirtschaftung (Plan-GuV) verfolgt. Ist der Zeithorizont langfristig angelegt, verfolgt das Unternehmen mit der Planung die Zielstellung, langfristig erfolgreich zu sein, und formuliert strategische Erfolgsziele.

(4) Die Planung ist ein an Zielen und Absichten orientierter Prozess.
In der Planung geht es nicht nur darum, künftige Ereignisse und Zustände vorherzusagen. Vielmehr sollen zukünftige Entwicklungen mit dem Planungsprozess so beeinflusst werden im, dass der gewünschte Zustand erreicht werden kann. Dementsprechend werden im Planungsprozess neben den Zielen die beabsichtigten Umsetzungsmaßnahmen im Unternehmen detailliert beschrieben.

(5) Die Planung ist ein Informationsverarbeitungsprozess.
Im Planungsprozess werden Informationen insbesondere aus dem internen und externen Rechnungswesen verarbeitet. Der Planungsprozess baut jedoch auf einer Vielfalt von Informationen auf. Dabei werden sowohl Erfahrungswerte aus der Vergangenheit als auch aktuelle Informationen zu unternehmensexternen und -internen Tatbeständen verarbeitet.

(6) Die Planung ist ein Führungsinstrument im Unternehmen.
Sie hat deswegen eine herausragende Bedeutung, weil sie die Zielrichtung für das Unternehmen detailliert vorgibt. Dabei spiegeln sich in der Planung die Erwartungen der Unternehmensführung wider, was die Planung zu einem unternehmenspolitischen Instrument macht.

Die herausragende Bedeutung der Planung im Unternehmen kommt zusammenfassend dadurch zum Ausdruck, dass sie (vgl. Ehrmann 1995, S. 20):

- zum Erkennen und Strukturieren von Problemen des Unternehmens insgesamt bzw. seiner Teilbereiche beiträgt,
- zur Auseinandersetzung mit zukünftigen Ereignissen und zu wirtschaftlichem Denken in verschiedenen Zeitabschnitten zwingt,
- die Formulierung von Erwartungen und Einstellungen von der Unternehmensleitung bzw. deren Führungskräften abverlangt,
- bewirkt, dass die beteiligten Mitarbeiter des Unternehmens nicht als Summe einzelner Akteure, sondern als Ganzes gesehen werden,
- die Identifikation der Mitarbeiter mit dem Unternehmen erhöht und zur Zielerreichung motiviert,
- die Ziele und Maßnahmen entwickelt, koordiniert und variiert,
- wichtige Entscheidungen vorbereitet,
- die Kommunikation auf horizontaler und vertikaler Ebene fördert,
- den Soll-Ist-Vergleich ermöglicht und damit Kontrollmöglichkeiten schafft.

Neben diesen Vorteilen, die eine Planung in ihrer Bedeutung maßgeblich beeinflussen, gibt es eine Reihe von Kriterien, die als kritische Erfolgsfaktoren den Planungsprozess stören oder die Ergebnisse der Planung negativ beeinflussen können:

- unrealistische Ziele und damit verbunden fehlende Motivation der Mitarbeiter,
- unvorhersehbare Entwicklungen,
- Planungsfehler.

Speziell zu Planungsfehlern führt Weber aus, dass diese in der Regel durch bestimmte menschliche Verhaltensweisen entstehen. Hierzu zählen Fehler aufgrund kognitiver Verzerrungen, isolierter Entscheidungen sowie aufgrund von Gruppeneffekten (vgl. Weber 2006, S. 241ff.).

9.2.2 Planungsdimensionen

Wie bereits eingangs formuliert, wird in der betriebswirtschaftlichen Literatur im Wesentlichen zwischen der strategischen und der operativen bzw. taktischen Planung unterschieden. Diese verschiedenen Formen der Planung lassen sich anhand von Planungsdimensionen klar voneinander abgrenzen.

(1) Zeitliche Dimension
Während die operative bzw. taktische Planung kurzfristiger Natur ist, hat die strategische Planung einen langfristigen Charakter. Die taktische Planung ist ein kurzfristiger und unterjähriger Entwurf, die operative Planung bezieht sich in der Regel auf ein Geschäftsjahr (in seltenen Fällen bis zu drei Geschäftsjahren) und die strategische Planung ist langfristig für die nächsten drei bis fünf Geschäftsjahre des Unternehmens formuliert.

(2) Inhaltliche Dimension
Die strategische Planung ist inhaltlich darauf ausgerichtet, die Chancen der Zukunft für das Unternehmen zu erkennen und zu nutzen und dabei Risiken möglichst zu vermeiden. Dazu ist es erforderlich, die Stärken des Unternehmens zu erhalten bzw. auszubauen und die Schwächen zu mindern bzw. zu beseitigen. Zur inhaltlichen Ausgestaltung der strategischen Planung werden im Unternehmen Stärken-Schwächen-Analysen und -Profile[2] erstellt.

Die operative Planung leitet sich aus der strategischen Planung ab und konkretisiert diese. Der Begriff „operativ" steht für die unmittelbare Wirkung der Planung. Dabei stehen die Vermögens- und Kapitalentwicklung, die zukünftigen Erträge und Aufwendungen sowie die Kosten und Leistungen der Zukunft im Mittelpunkt. Im Gegensatz zur

---

[2]Die Stärken-Schwächen-Profile werden in der betriebswirtschaftlichen Literatur auch als so genannte SWOT-Profile bezeichnet. SWOT ist das engl. Akronym für Strengths (Stärken), Weaknesses (Schwächen), Opportunities (Chancen) und Threats (Risiken).

strategischen Planung werden in der operativen Planung konkrete Vorgaben für die Teilbereiche des betrieblichen Rechnungswesens formuliert und Aktivitäten bzw. Maßnahmen zur Erreichung der Ziele festgelegt.

Die taktische Planung ist die kurzfristigste Form der Planung. Sie ist einerseits eine Konkretisierung der operativen Planung auf der untersten hierarchischen Planungsstufe, wie beispielsweise einzelne Mitarbeiter, Teams oder Abteilungen. Andererseits beinhaltet die taktische Planung eine Vorwegnahme zukünftiger Zahlungsströme, wie Ein- und Auszahlungen sowie Einnahmen und Ausgaben. Damit wird in der taktischen Planung insbesondere die in naher Zukunft sich ergebende Finanz- und Liquiditätslage des Unternehmens geplant.

(3) Zieldimension
Das Ziel der strategischen Planung ist die Existenzsicherung des Unternehmens. Dabei werden Subziele aus den erkennbaren Erfolgspotenzialen abgeleitet. GÄLWEILER definiert Erfolgspotenziale als „das gesamte Gefüge aller jeweils produkt- und marktspezifischen erfolgsrelevanten Voraussetzungen, die spätestens dann bestehen müssen, wenn es um die Erfolgsrealisierung geht" (Gälweiler 2005, S. 26). Beispiele für Erfolgspotenziale sind Produktentwicklungen, Produktionskapazitäten, Marktpositionen oder kostengünstig funktionierende Organisationen. Alle Erfolgspotenziale haben eine gemeinsame Eigenschaft. Für ihre Schaffung wird eine lange Zeit gebraucht, weshalb eine strategische Auseinandersetzung mit diesen Potenzialen in einem Unternehmen unerlässlich ist (vgl. Gälweiler 2005, S. 26).

Die Ziele der operativen und taktischen Planung sind die Liquiditäts-, Gewinn- und Vermögenssicherung. Hierzu werden die Liquiditäts- und Finanzsituation des Unternehmens geplant sowie eine Planbilanz und eine Planerfolgsrechnung aufgestellt. Die Subziele der operativen Planung sind mit den betriebswirtschaftlichen Kennzahlen Produktivität, Rentabilität und Wirtschaftlichkeit erklärt.

(4) Managementdimension
Die strategische Planung ist eine originäre Aufgabe der Geschäftsleitung bzw. des Topmanagement. Dagegen ist die operative Planung eine Schwerpunktaufgabe der mittleren und unteren Führungsebene des Unternehmens. An späterer Stelle wird deutlich, dass der betriebliche Planungsprozess der Mithilfe vieler Mitarbeiter des Unternehmens bedarf, da die Komplexität der Teilpläne und deren Abhängigkeit untereinander die Fach- und Sachkenntnis aus verschiedenen Unternehmensbereichen erfordert.

(5) Aggregations- bzw. Detaillierungsgrad
Die strategische Planung ist, wie bereits ausgeführt, langfristig angelegt. Sie soll Unternehmensentwicklungen aufzeigen, bevor sich diese in den Zahlen des betrieblichen Rechnungswesens niederschlagen. Mit der strategischen Planung wird ein hoher Aggregationsgrad angestrebt, wobei die Beziehungen des Unternehmens zu seiner Umwelt mit den wirkenden Anziehungskräften und Abhängigkeiten das Wesen der strategischen Planung bestimmen. Demzufolge ist der Detaillierungsgrad der strategischen Planung

niedrig und umfasst nur wenige strategische Zielwerte. Die strategische Planung wird dementsprechend häufig auch als Grobplanung bezeichnet.

Demgegenüber hat die operative Planung einen niedrigen Aggregationsgrad, der durch viele Teilpläne zum Ausdruck kommt. Die Teilpläne werden zu einer ganzheitlichen Unternehmensplanung zusammengeführt und sind in der Regel sehr detailliert. In Abgrenzung zur strategischen Planung wird die operative Planung auch als Feinplanung bezeichnet.

(6) Formale Dimension
Die strategische Planung ist durch verbale Formulierungen geprägt. Sie gilt als qualitative Planungsart, in der die zukünftigen Unternehmensziele in verbaler Form und unter Angabe weniger quantitativer Ziele umschrieben werden.

Dagegen ist die operative Planung eine quantitative Planung. Insbesondere die Verwendung der Daten des internen Rechnungswesens führt zu quantitativ geprägten Teilplänen und wertmäßigen Zielen.

(7) Planungsphilosophie
Die strategische Planung stellt auf Entwicklungen und Veränderungen im Unternehmen und dessen Umwelt ab. Sie dient der Existenzsicherung und Nutzung der Erfolgspotenziale, während die operative Planung der Optimierung des Unternehmenserfolgs dient. Der Unterschied zwischen der Philosophie auf strategischer und operativer Ebene wird an dem berühmten Zitat von DRUCKER deutlich. Strategische Planung bedeutet „do the right things". Operative Planung hingegen besagt „do the things right" (vgl. Drucker, 1974, S. 45).

9.2.3 Grundsätze und Funktionen der Planung

Zur effektiven Gestaltung der Planung gilt es, eine Vielzahl von Grundsätzen einzuhalten. Bei Missachtung dieser Grundsätze erreicht die Planung eine ungenügende Genauigkeit oder die Zielverfehlung wird erheblich. Die Planung ist in ihrem Kern ein komplizierter Prozess der Festlegung von Zielen und Maßnahmen. Dabei sind folgende Grundsätze zu beachten:

(1) Vollständigkeit
Die Planung umfasst viele verschiedene Teilpläne, die in einer feststehenden Abfolge und unter Berücksichtigung der gegenseitigen Abhängigkeiten erstellt werden. Sie bildet dabei ein geschlossenes System von aufeinander abgestimmten Teilplänen.

(2) Genauigkeit
Die Planungsgenauigkeit ist ein wesentlicher Erfolgsfaktor für die Einhaltung und Erreichbarkeit der Planungsergebnisse. Sie umfasst sowohl die Anforderungen an die Basis- und Grunddaten, die in den Planungsprozess einfließen, als auch die erforderliche Genauigkeit bei der Festlegung von Planungsannahmen.

(3) Übersichtlichkeit und Klarheit

Dieses Kriterium ist eine wichtige Voraussetzung für das Verständnis der Planungsergebnisse der im Unternehmen handelnden Personen. Jedoch muss angemerkt werden, dass dieser Grundsatz sehr subjektiv geprägt ist und im Wesentlichen von der Sichtweise der Informationsempfänger abhängt.

(4) Antizipationsfähigkeit

Dieser Grundsatz beschreibt die Befähigung des Unternehmens, im Rahmen der Planung zukünftiges Geschehen vorwegnehmen zu können. Hierzu benötigt ein Unternehmen eine Vielzahl von Instrumenten zur Prognose möglicher Entwicklungen. WEBER bezeichnet diese Fähigkeit bezogen auf den Planungsverantwortlichen als „unternehmerisches Gespür" (Weber 2006, S. 52).

(5) Adaptibilität

Der Planungsprozess eines Unternehmens sollte grundsätzlich auch die Fähigkeit zur Anpassung an veränderte Umweltbedingungen und unternehmensinterne Gegebenheiten haben. Die Planung muss dabei in der Lage sein, durch geeignete Analyse- und Planungstechniken in einer entsprechenden Anpassungsgeschwindigkeit veränderte Rahmenbedingungen in den verschiedensten Teilplänen zu berücksichtigen.

(6) Stabilität

EHRMANN beschreibt den Grundsatz der Stabilität der Planung, wie folgt: „Bei aller erforderlichen Anpassungsfähigkeit sollte eine Planung so stabil sein, dass auftretende Störungen in einzelnen Bereichen nicht die gesamte Planung zunichte machen" (Ehrmann 1995, S. 29).

(7) Verbindlichkeit

Aus der Planung müssen für alle Mitarbeiter verbindliche Ziele ableitbar sein. Nur so lässt sich die Erreichung der geplanten Ziele und Maßnahmen sicherstellen. Die Ziele müssen dabei nicht zwingend für jeden einzelnen Mitarbeiter gelten. Die Formulierung von Gruppen- oder Teamzielen ist auch eine Möglichkeit, den Grundsatz der Verbindlichkeit im Planungsprozess umzusetzen.

(8) Messbarkeit

Im Planungsprozess werden, wie bereits an verschiedenen Stellen ausgeführt, Ziele und Maßnahmen wesentlicher Geschäftsaktivitäten festgelegt. Dabei gilt für die Ziele und Maßnahmen, dass sie mit messbaren Werten verbunden sein müssen. Die Quantifizierbarkeit der Planwerte muss in jedem Teilplan gegeben sein. Nur bei Einhaltung dieses Planungsgrundsatzes lassen sich eine Abstimmung und Koordination zwischen den Teilplänen umsetzen, verbindliche Ziele formulieren und eine Kontrolle der Zielerreichung durchführen. Der Grundsatz der Messbarkeit schließt die erforderliche Kontrollierbarkeit der Planwerte ein.

(9) Realisierbarkeit

Mit diesem Grundsatz wird das Erfordernis realistischer Ziele formuliert. Das bedeutet, die Ziele der Planung müssen realisierbar und damit erreichbar sein. Jede andere Form der Planung demotiviert die Mitarbeiter und führt in der Konsequenz zur Nichterreichung der gesteckten Ziele.

Aus den genannten Planungsgrundsätzen lassen sich für die Planung folgende Funktionen ableiten:

- Zielerreichungsfunktion
- Innovationsfunktion
- Steuerungsfunktion
- Dokumentations- und Informationsfunktion
- Koordinationsfunktion
- Motivationsfunktion

Im Weiteren wird auf die Koordinationsfunktion der Planung gesondert eingegangen,[3] während alle anderen Planungsfunktionen im Rahmen der oben stehenden Ausführungen selbsterklärend sind.

9.3 Betriebliche Teilpläne

Die Planung eines Unternehmens besteht in der Regel aus mehreren Teilplänen, die nach einem sachlogischen Ablauf geplant werden. Bei der Erstellung der betrieblichen Teilpläne unterscheidet man zwischen Sachziel- und Formalzielplanung. Der Unterschied zwischen Sach- und Formalzielen wird anhand der Abb. 9.1 deutlich.

Im Weiteren werden die Teilpläne der betrieblichen Planung beschrieben. Den Ablauf der betrieblichen Planung zeigt Abb. 9.2. Demnach verläuft die Sachzielplanung entgegengesetzt zur Wertschöpfungskette eines Unternehmens. Das heißt, die Planung beginnt mit der Festlegung der zukünftigen Absatzziele und dementsprechend mit den am Markt verkaufbaren Produkten und Dienstleistungen.

9.3.1 Absatzplanung

Die Absatzplanung bildet immer die Ausgangsbasis für die betriebliche Planung. In ihr werden die voraussichtlichen Absatzmengen an Produkten und Dienstleistungen, das so genannte Absatzprogramm, geplant. Darüber hinaus werden im Rahmen der Absatzplanung häufig auch die absatzpolitischen Maßnahmen festgelegt.

---

[3]Vgl. hierzu Abschn. 9.4 Planungskoordination.

Sachziele Was soll produziert werden?	Formalziele Nach welchen Regeln soll produziert werden?
Festlegung von: - Arten - Mengen - Qualitäten - Orten - Zeitpunkten der Produktion	Festlegung von: - Umsatzzielen - Kostenzielen - Gewinnzielen - Rentabilitätszielen - Liquiditätszielen

Abb. 9.1   Sachziele und Formalziele. (Quelle: Wöhe 2005, S. 92)

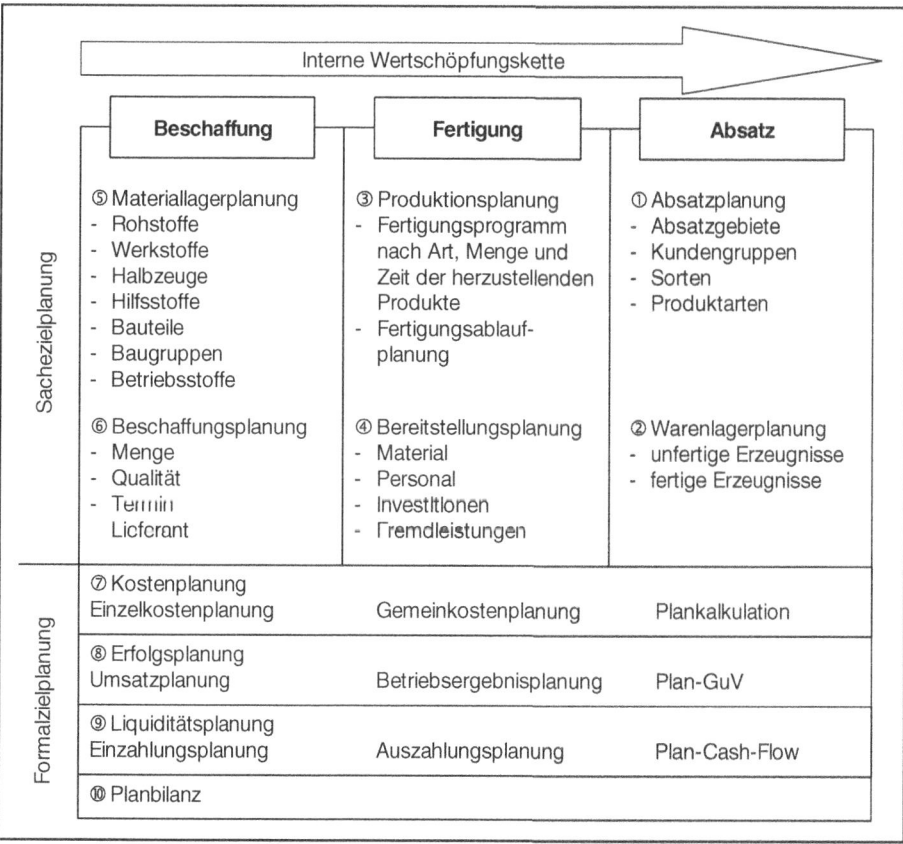

Abb. 9.2   Betriebliche Teilpläne

Die Variationsmöglichkeiten einer Absatzplanung hängen im Wesentlichen von den zu planenden Produktgruppen und Absatzgebieten ab. Darüber hinaus unterscheiden sich betriebliche Absatzpläne hinsichtlich der geplanten Absatzmengen. In der Absatzplanung können sowohl Stückziele als auch prozentuale Steigerungsraten gegenüber dem Vorjahr geplant werden.

9.3.2 Warenlagerplanung

Die Warenlagerplanung umfasst die Anfangs-, Mindest- und Endbestände für unfertige und fertige Erzeugnisse. Häufig werden dabei Teilpläne für einzelne Erzeugnisarten unterschieden. Darüber hinaus fließen in die Warenlagerplanung auch die Bestände an Handelswaren ein. Dabei handelt es sich um Waren, die Unternehmen beziehen, um ihr eigenes Angebotssortiment zu verbreitern. Das Unternehmen handelt mit diesen Produkten, wodurch der Begriff der Handelsware geprägt wird.

Häufig wird die Warenlagerplanung im Zusammenhang mit der Transportplanung erstellt. Dann wird in der unternehmerischen Praxis von der Logistikplanung eines Unternehmens gesprochen. Unter Logistikplanung werden die Warenlager- und Transportpläne subsumiert und damit die logistischen Rahmenbedingungen für den zukünftigen Produktionsprozess verstanden. Die Transportplanung umfasst alle notwendigen Informationen für den Transport von fertigen und unfertigen Erzeugnissen zwischen Lager und Produktion. Im Wesentlichen leiten sich daraus die Transportkosten ab, die in der Kostenplanung Berücksichtigung finden.

Aus der Warenlagerplanung ergeben sich folgende Informationen für weitere Teilpläne:

- die geplanten Lageranfangs- und Lagerendbestände, die in der Planbilanz aufgeführt sind und deren Saldo bei den Produktionsmengen in der Produktionsplanung berücksichtigt werden muss,
- die geplante Bestandsveränderung an unfertigen und fertigen Erzeugnissen, die in die Plan-Gewinn- und Verlustrechnung (nach dem Gesamtkostenverfahren) einfließt.

9.3.3 Produktionsplanung

In der Produktionsplanung werden die zukünftigen Produktionsprogramme und -prozesse festgelegt. Die Produktionsplanung ist eine hoch komplexe und zwischen verschiedenen Wissenschaftsdisziplinen, wie beispielsweise Betriebswirtschaftslehre, Fertigungswirtschaft, Maschinenbau, Wirtschaftsingenieurwesen oder Wirtschaftsinformatik, angesiedelte Methodik. Sie legt detailliert den operativen, zeitlichen, mengenmäßigen und räumlichen Ablauf der Produktion von Gütern fest. Auf der Basis der geplanten Produktionsmengen und unter Berücksichtigung weiterer Vorgaben beispielsweise hinsichtlich der Qualität werden konkrete Arbeitsabläufe bestimmt und Ressourcenanforderungen für weitere Teilpläne abgeleitet. Je nach Beschaffenheit der Produktion werden auch Losgrößen, Durchlaufzeiten, Kapazitätsbereitstellungen und andere, den Produktionsablauf bestimmende Merkmale geplant. Auf eine umfassende Darstellung der Produktionsplanung wird verzichtet. Lediglich die für alle weiteren Teilpläne erforderlichen betriebswirtschaftlichen Elemente der Produktionsplanung werden an späterer Stelle beispielhaft dargestellt.

Aus der Warenlager- und Absatzplanung ergeben sich die zu produzierenden Stücke:

Absatzziel aus der Absatzplanung
− geplanter Anfangsbestand an fertigen Erzeugnissen aus der Fertigwarenlagerplanung
+ geplanter Endbestand an fertigen Erzeugnissen aus der Fertigwarenlagerplanung
= geplante Produktionsmenge

Die geplante Produktionsmenge bildet die Ausgangsbasis für die Bestimmung des Verbrauchs der Produktion in der Bereitstellungsplanung.

9.3.4 Bereitstellungsplanung

Die Bereitstellungsplanung dient der Festlegung aller für den Planungsprozess erforderlichen Produktionsfaktoren. Zur Bereitstellungsplanung gehören:

- die Materialplanung,
- die Personalplanung,
- die Investitionsplanung.

In der Materialplanung werden die bereitzustellenden Materialien der Höhe nach geplant. Hierzu sind die Mengen an Roh-, Hilfs- und Betriebsstoffen pro Produkt gesondert zu planen. Dies erfolgt in der Regel auf der Basis von (vgl. Kalenberg 2008, S. 158):

- technischen Studien,
- Probeläufen und Musterfertigungen,
- Expertenschätzungen sowie
- statistischen Vergangenheitswerten.

In der Personalplanung werden alle im Planungszeitraum erforderlichen Personalressourcen, die notwendig sind, um dem Unternehmen die Erreichung seiner Ziele zu ermöglichen, festgelegt. Dabei müssen die Qualität und Quantität der Mitarbeiter in gleicher Weise berücksichtigt werden, wie ihr Einsatz zur richtigen Zeit und am richtigen Ort. Die Personalplanung besteht aus:

- einer Aufstellung des Personalbestands und -bedarfs,
- einer Planung der Personalbeschaffung und -entwicklung,

- einer Personaleinsatzplanung,
- gegebenenfalls einer Planung der Personalfreisetzung.

In der Personalplanung werden die zur Produktion erforderlichen Mitarbeiterkapazitäten festgelegt und die in weiteren Unternehmensbereichen, wie beispielsweise im Stabsbereich, notwendigen Personalkapazitäten bestimmt. Aus der Personalplanung ergeben sich die Personalkosten, die in der Kostenplanung berücksichtigt werden.

Mit der Investitionsplanung werden der Kapitalbedarf und die Kapitalverwendung in Sach-, Finanz- und immaterielle Investitionen detailliert geplant. Die Investitionsplanung umfasst im Detail:

- die Planung der Sachinvestitionen,
- die Bestimmung des Investitionsvolumens im Planungszeitraum für Grundstücke und Gebäude, Maschinen und Anlagen und eventuell Vorräte,
- die Planung der Finanzinvestitionen,
- die Festlegung des Investitionsumfangs für Beteiligungen, langfristige Forderungen und eventuell Wertpapiere,
- die Planung der immateriellen Investitionen,
- die Festlegung des Budgets für Forschung und Entwicklung sowie für den Erwerb von Rechten.

Aus der Investitionsplanung ergibt sich einerseits ein Kapitalbedarf, der in der Liquiditätsplanung angerechnet werden muss. Andererseits sind die aus der Investitionsplanung sich ergebenden Kosten in der Kostenplanung zu berücksichtigen.

9.3.5 Materiallager- und Beschaffungsplanung

Material ist der Sammelbegriff für Roh-, Hilfs- und Betriebsstoffe. Häufig werden jedoch auch Werkstoffe, Halbzeuge, Bauteile und Baugruppen als Materialien aufgeführt. Material ist der Grundstoff zur Produktion bestimmter Erzeugnisse. Die Materiallagerplanung umfasst die Anfangs-, Mindest- und Endbestände für Roh-, Hilfs- und Betriebsstoffe. Häufig werden dabei Teilpläne für einzelne Materialarten unterschieden. Darüber hinaus müssen in der Materiallagerplanung die zeitlichen, mengenmäßigen und qualitätsmäßigen Anforderungen aus der Bereitstellungsplanung Berücksichtigung finden. Aus der Materiallagerplanung ergeben sich die Anfangs- und Endbestände der einzelnen Materialarten, die zum einen für die Planbilanz und zum anderen zur Bestimmung der Beschaffungsmengen verwendet werden.

In der Beschaffungsplanung werden die im Planungszeitraum zu beschaffenden Verbrauchsgüter geplant. Dabei werden im Wesentlichen die Verbräuche an Roh-, Hilfs- und Betriebsstoffen geplant. Die Beschaffungsmengen ergeben sich dabei aus der Materiallager- und Produktionsplanung.

Verbrauch der Produktion gemäß Produktionsplanung
− geplanter Anfangsbestand je Verbrauchsgut gemäß Materiallagerplanung
+ geplanter Endbestand je Verbrauchsgut gemäß Materiallagerplanung
= Beschaffungsmengen je Verbrauchsgut

Die Beschaffungsplanung ist jedoch weit mehr als nur die Bestimmung der zu beschaffenden Materialmengen. In der Beschaffungsplanung erfolgt die planmäßige Ermittlung der Beschaffung der einzelnen Materialien in der erforderlichen Menge, in der benötigten Qualität, zum richtigen Termin, am richtigen Ort, zu den besten Bedingungen bzw. vom geeigneten Lieferanten und zum geplanten Preis.

9.3.6 Kostenplanung

Die Kostenplanung hat die Aufgabe, alle im Planungszeitraum anfallenden Kosten zusammenzufassen und zu budgetieren. Dabei werden in den Unternehmen Einzel- und Gemeinkosten nach unterschiedlichen Verfahren geplant. Zur Kostenplanung gehört darüber hinaus die Plankalkulation.

(1) Einzelkostenplanung
Die Planung der Einzelkosten lässt sich unmittelbar aus der Produktionsplanung ableiten, da Einzelkosten direkt mit dem hergestellten Produkt verbunden sind. In der Einzelkostenplanung werden Planverbrauchsmengen mit Planpreisen bewertet. Als Einzelkosten lassen sich planen:

- Materialkosten,
- Fertigungslöhne,
- Sondereinzelkosten der Fertigung und des Vertriebs.

Die geplanten Materialkosten ergeben sich aus der Produktionsplanung bzw. dem Verbrauch der Produktion. Für die Materialkostenplanung werden die geplanten Verbräuche mit geplanten Materialpreisen bewertet.

Die geplanten Fertigungslöhne ergeben sich aus der Personalplanung im Rahmen der Ressourcenplanung. Die Fertigungslöhne lassen sich auf der Grundlage der Fertigungszeiten und der geplanten Stundensätze für den Planungszeitraum festlegen. Dabei ist zu beachten, dass Leerzeiten ausreichend Berücksichtigung finden.

(2) Gemeinkostenplanung
Die Planung der Gemeinkosten erfolgt innerhalb der Unternehmensplanung auf der Ebene der Kostenstellen. Geplante Gemeinkosten sind:

- Hilfs- und Betriebsstoffe,
- Hilfslöhne und Gehälter,

- Dienstleistungskosten,
- Öffentliche Abgaben,
- Kalkulatorische Kosten.

Die Planung der Gemeinkosten erfolgt grundsätzlich nach folgenden Teilschritten:

1. Auswahl der Planbezugsgrößen
2. Festlegung der Höhe der Planbezugsgrößen
3. Ermittlung der geplanten Gemeinkosten
4. Bildung von Plangemeinkostensätzen

Die Planbezugsgröße ist ein Kostenbestimmungsfaktor, der als Maßgröße für die Kostenverursachung steht. Je nach Kostenstelle können verschiedene und mehrere Bezugsgrößen verwendet werden. Bei der Wahl der Bezugsgröße wird eine in begrenztem Maße proportionale Verbindung zwischen der Kostenentstehung und dem Leistungsumfang der Kostenstelle hergestellt.

In Abb. 9.3 sind geeignete Planbezugsgrößen für verschiedene Gemeinkostenarten aufgeführt. In der betriebswirtschaftlichen Literatur werden die Planbezugsgrößen häufig in Verbindung mit dem Leistungsumfang von Kostenstellen definiert. Da der Leistungsumfang von Kostenstellen außerhalb der Fertigung des Unternehmens nur in begrenztem Rahmen festgelegt werden kann, bleibt die Art der Bestimmung von Planbezugsgrößen im Zusammenhang mit Kostenstellen außerhalb der Fertigung in der unternehmerischen Praxis häufig unvollständig und damit ungenau.

Gemeinkostenart	Planbezugsgröße
Materialgemeinkosten	Materialeinzelkosten
Personalgemeinkosten	Mitarbeiterkapazitäten gemäß Stellenbesetzungsplan
Dienstleistungskosten	Geplante Verbrauchsmengen für die Inanspruchnahme von Fremdleistungen
Öffentliche Abgaben	Steuerbemessungsgrundlagen
Kalkulatorische Abschreibungen	Geplanter Bestand von Maschinen, Anlagen und Ausrüstungen
Kalkulatorische Mieten	Gebäudeflächen
Kalkulatorische Wagnisse	Bezugsgrößen je Wagnisart[a]
Kalkulatorische Zinsen	Geplantes betriebsnotwendiges Kapital

Abb. 9.3 Planbezugsgrößen für Gemeinkosten. Vgl. hierzu Abschn. 3.3.5.4

Die Festlegung der Höhe der Planbezugsgrößen im zweiten Schritt ist gleichzusetzen mit der Festlegung der Höhe der Verbrauchsmengen im Planungszeitraum. Die Dimension der Planbezugsgrößen richtet sich nach der gewählten Art und kann Personenzahlen, Stunden, Stücke und Ähnliches beinhalten. Die Höhe der Planbezugsgrößen gibt die Kapazität in der jeweiligen Kostenstelle an. Dabei werden zwei grundsätzliche Herangehensweisen unterschieden, die Kapazitätsplanung und die Engpassplanung.

Bei der Kapazitätsplanung wird jede Kostenstelle individuell und ohne Abstimmung mit anderen Kostenstellen geplant. Bei der Engpassplanung hingegen erfolgt eine Koordination der Planung unterhalb der einzelnen Kostenstellen, um Abhängigkeiten zwischen ihnen in der Planung zu berücksichtigen. Gutenberg bezeichnet dies als „Ausgleichsgesetz der Planung" (Gutenberg 1983, S. 163).

Bei der Planung der Gemeinkosten im engeren Sinne werden die geplanten Bezugsgrößen mit den geplanten Preisen bewertet. Daran anschließend werden die geplanten Gemeinkosten in einer Plankostenstellenrechnung zusammengeführt, eine innerbetriebliche Leistungsverrechnung geplant und die Plangemeinkostenzuschlagssätze ermittelt. Diese werden für die Durchführung der Plankalkulation benötigt.

(3) Plankalkulation

In der Plankalkulation werden die zukünftigen Herstellungs- und Selbstkosten je Kostenträger bestimmt. Dabei greift die Plankalkulation sowohl auf die Planung der Einzel- als auch Gemeinkosten zu. Der Aufbau der Plankalkulation entspricht dem bereits bekannten Schema der Zuschlagskalkulation und Preisbildung.

Das allgemein gültige Plankalkulationsschema lautet:

Plan-Materialeinzelkosten
+ Plan-Materialgemeinkosten
+ Plan-Fertigungseinzelkosten
+ Plan-Fertigungsgemeinkosten
+ Plan-Sondereinzelkosten der Fertigung
= Plan-Herstellkosten
+ Plan-Verwaltungsgemeinkosten
+ Plan-Vertriebsgemeinkosten
+ Plan-Sondereinzelkosten des Vertriebs
= Plan-Selbstkosten
+ Plan-Gewinn
= Plan-Netto-Bar-Verkaufspreis
+ Plan-Skonto
= Plan-Netto-Ziel-Verkaufspreis
+ Plan-Rabatt
= Plan-Netto-Listen-Verkaufspreis

Die Informationen der Plankalkulation werden verwendet:

- zur Bewertung der Bestände an unfertigen und fertigen Erzeugnissen in der Planbilanz,
- zur Bestimmung der Bestandsveränderungen in der Planbetriebsergebnisrechnung (nach dem Gesamtkostenverfahren) sowie
- zur Ermittlung der geplanten Umsatzerlöse.

9.3.7 Erfolgsplanung

An die Kostenplanung schließt sich die Planung des Betriebsergebnisses an. Hierzu sind zunächst die geplanten Umsatzerlöse zu ermitteln, von denen die geplanten Kosten zur Bestimmung des Betriebsergebnisses abzuziehen sind. Die Umsatzerlöse ergeben sich aus der Multiplikation der geplanten Absatzmengen mit den in der Plankalkulation ermittelten Planpreisen.

Bei der Planung des Betriebsergebnisses können zwei verschiedene Verfahren zur Anwendung gelangen. Während die Betriebsergebnisplanung nach dem Umsatzkostenverfahren dem geplanten Umsatz die Selbstkosten der abgesetzten Produkte gegenüberstellt, werden bei der Planung nach dem Gesamtkostenverfahren die Gesamtkosten des Unternehmens aus der Kostenplanung berücksichtigt und um Bestandsveränderungen an unfertigen und fertigen Erzeugnissen korrigiert. Darüber hinaus werden in der Gesamtkostenbetrachtung auch aktivierte Eigenleistungen berücksichtigt.

Die Unterschiede zwischen den beiden Verfahren werden anhand der Abb. 9.4 deutlich. Durch Erweiterung der geplanten Betriebsergebnisrechnung um:

- planmäßige, betriebsfremde Erträge (z. B. Wertpapiererträge oder Erträge aus der Fremdvermietung von Gebäuden),
- planmäßige, betriebsfremde Aufwendungen (z. B. Aufwendungen für fremdvermietete Gebäude),
- planmäßige, periodenfremde Erträge bzw. Aufwendungen (z. B. geplante Steuerrückerstattungen oder Steuernachzahlungen),
- Korrektur der Kosten um bilanzielle Aufwandsarten (z. B. Ersatz der geplanten kalkulatorischen Abschreibungen durch geplante bilanzielle Abschreibungen)

ergibt sich die Plan-Gewinn- und Verlustrechnung des Unternehmens.

9.3.8 Liquiditätsplanung und Planbilanz

Die Liquiditätsplanung dient der Ermittlung der zukünftigen Ein- und Auszahlungen sowie des geplanten Zahlungsmittelbestands. Mit der Liquiditätsplanung soll das finanzwirtschaftliche Gleichgewicht des Unternehmens über den Planungshorizont gesichert werden.

Betriebsergebnisplanung nach dem Umsatzkostenverfahren	
Planselbstkosten der abgesetzten Produkte	Planumsatz
(Planselbstkosten pro Stück × geplante Absatzmenge)	(geplante Absatzmenge × geplante Absatzpreise)
Planbetriebsgewinn	Planbetriebsverlust

Betriebsergebnisplanung nach dem Gesamtkostenverfahren	
geplante Gesamtkosten getrennt nach Kostenarten	Planumsatz
Bestandsverminderungen an unfertigen und fertigen Erzeugnissen	(geplante Absatzmenge × geplante Absatzpreise)
	Bestandserhöhungen
	geplante aktivierte Eigenleistungen
Planbetriebsgewinn	Planbetriebsverlust

Abb. 9.4 Betriebsergebnisplanung nach dem Umsatz- und Gesamtkostenverfahren

Die Liquiditätsplanung ist eine zeitpunktbezogene Rechnung und basiert auf Prognosen über die Entwicklung der Einzahlungen und Auszahlungen innerhalb der Planungsperiode. Sie ergänzt die kurzfristige Finanzplanung eines Unternehmens. Die Finanzplanung ist ein Element der taktischen Planung. Dabei werden partiell, auf einzelne Tage, Wochen oder Monate bezogen, die voraussichtlichen Zahlungsströme ermittelt und gegenübergestellt. Die Finanzplanung dient der kurzfristigen Liquiditätssicherung des Unternehmens und ist eine Zeitraumbetrachtung.

Die Liquiditätsplanung kann auf zweierlei Wegen aufgestellt werden. Zum einen über direkt geplante Ein- und Auszahlungen. Zum anderen ist es möglich, von den Einzahlungen alle Kosten abzuziehen und die Abschreibungen als gesonderte Größe wieder zuzurechnen. Diese Form der Liquiditätsplanung ist gängig, da sie auf die Informationen der Kostenplanung zurückgreifen kann.

Die Liquiditätsplanung ist dabei wie folgt aufgebaut:

Anfangsbestand Zahlungsmittel
+ geplante Umsatzerlöse (aus der Erfolgsplanung)
– geplante Materialeinkaufszahlungen (aus der Beschaffungsplanung)
– geplante Materialgemeinkosten (aus der Kostenplanung)
– geplante Fertigungseinzelkosten (aus der Kostenplanung)
– geplante Fertigungsgemeinkosten (aus der Kostenplanung)
– geplante Verwaltungsgemeinkosten (aus der Kostenplanung)
– geplante Vertriebsgemeinkosten (aus der Kostenplanung)
– geplante Investitionsausgaben (aus der Investitionsplanung)
+/– geplante Veränderung Kreditorenbestand (Zunahme (+) oder Abnahme (–) an Verbindlichkeiten)

+/– geplante Veränderung Debitorenbestand (Zunahme (–) oder Abnahme (+) an
   Forderungen)
+ geplante kalkulatorische Abschreibungen
= Endbestand Zahlungsmittel

Der Bestand an Zahlungsmitteln wird in der Planbilanz berücksichtigt. Diese hat den
gleichen Aufbau wie die Bilanz des Jahresabschlusses. Sie wird mit den geplanten Werten befüllt, die sich aus den vorangegangenen Teilplänen ergeben.

9.3.9 Planungsbeispiel

Aus den vorangegangenen Darstellungen geht hervor, dass zwischen den einzelnen Teil-
plänen vielschichtige Zusammenhänge und gegenseitige Abhängigkeiten bestehen. Die
Abb. 9.5 zeigt die wesentlichen Informationsflüsse zwischen verschiedenen Teilplänen.
   Ein geschlossenes Planungsbeispiel soll im Weiteren die Zusammenhänge zwischen
den einzelnen Teilplänen verdeutlichen. Die nachfolgende Nummerierung entspricht den
Teilplannummern aus der Abbildung.

(1) Absatzplanung
Ein Unternehmen plant den Absatz von zwei Produktarten (A und B). Dabei wird die in
Tab. 9.1 dargestellte Absatzplanung für den Planungszeitraum vorgelegt.

(2) Warenlagerplanung
In der Warenlagerplanung wird der Bestand an fertigen Erzeugnissen geplant (Tab. 9.2). In
Tab. 9.1 ergeben sich die Werte der Spalte 1 aus der Absatzplanung. Die Spalten 2 und 3
sind gegebene Annahmen, aus denen sich die Werte der Spalte 4 errechnen.

(3) Produktionsplanung
Aus der Warenlagerplanung und den darin festgeschriebenen, geplanten Anfangs- und
Endbeständen ergibt sich die geplante Produktionsmenge (Tab. 9.3). Die Spalten 1 bis 3
ergeben sich aus der Tab. 9.2. Die Spalte 4 ist das rechnerische Ergebnis der Spalten
1 bis 3.
   Auf eine weitergehende Darstellung der Elemente der Produktionsplanung wird an
dieser Stelle verzichtet.

(4) Bereitstellungsplanung
Die Bereitstellungsplanung legt die erforderlichen Ressourcen für die Produktion der
geplanten Mengen fest: im Wesentlichen betrifft dies die erforderlichen Materialien, die
personellen Ressourcen und die Investitionen zur Kapazitätsbereitstellung.
   Aus Einfachheitsgründen bestehen die Produkte A und B jeweils aus zwei Materialarten (M1 und M2) und durchlaufen nur eine Fertigungskostenstelle (F1). Dabei
werden in der Bereitstellungsplanung (Abb. 9.6) folgende Annahmen getroffen: Die
nachfolgend dargestellten Verbrauchsmengen ergeben sich aus den vorgegebenen

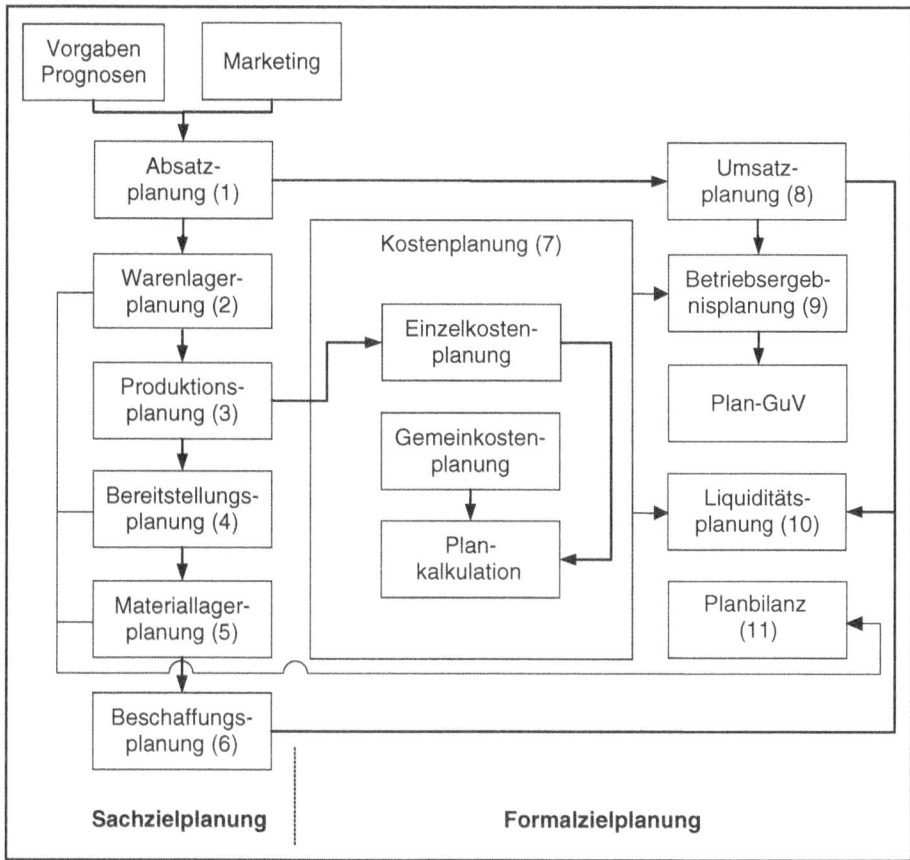

Abb. 9.5 System der Teilpläne innerhalb der operativen Planung

Tab. 9.1 Beispielhafte Darstellung der Absatzplanung

Produkt	erstes Halbjahr			zweites Halbjahr			Jahr
	Inland	Ausland	Gesamt	Inland	Ausland	Gesamt	Gesamt
A	50	70	120	60	120	180	300
B	210	90	300	110	90	200	500

Alle Angaben in Tsd. Stück

Materialverbräuchen je Produkt und den geplanten Produktionsmengen gemäß Produktionsplanung in Tab. 9.3.

Des Weiteren werden Bearbeitungszeiten je Produkt vorgegeben die, multipliziert mit den Produktionsmengen aus Tab. 9.3, so genannte geplante Produktionszeiten ergeben.

Tab. 9.2 Beispielhafte Darstellung der Warenlagerplanung

Produkt	Absatzziel aus der Absatzplanung (1)	geplanter Anfangsbestand (2)	geplanter Endbestand (3)	Planbestandsveränderung (4) (3) − (4)
A	300	20	15	−5
B	500	10	25	15

Alle Angaben in Tsd. Stück

Tab. 9.3 Beispielhafte Darstellung der mengenmäßigen Produktionsplanung

Produkt	Absatzziel aus der Absatzplanung (1)	geplanter Anfangsbestand (2)	geplanter Endbestand (3)	geplante Produktionsmenge (4) (1) − (2) + (3)
A	300	20	15	295
B	500	10	25	515

Alle Angaben in Tsd. Stück

Tab. 9.4 Beispielhafte Darstellung der Personalbereitstellungsplanung

Produktart	Standardbearbeitungszeit in Stunden	geplante Produktionsmenge in Tsd. Stück	geplante Produktionszeit in Tsd. Stunden
A	1,2	295	354
B	0,2	515	103

Diese werden mit den bestehenden Mitarbeiterkapazitäten verglichen und zeigen den Personalbedarf für die Planperiode an (Tab. 9.4).

Darüber hinaus werden im Rahmen der Bereitstellungsplanung Investitionen in Gebäude in Höhe von 150 Millionen Euro sowie in Maschinen und Ausrüstungen in Höhe von 260 Millionen Euro geplant. Auf eine gesonderte Investitionsplanung in tabellarischer Form wird an dieser Stelle verzichtet.

(5) Materiallagerplanung
Die Materiallagerplanung stellt die geplanten Anfangs- und Endbestände der einzelnen Materialarten dar. Diese gesonderte Darstellung ist für die Planbilanz erforderlich, in die alle Bestände bewertet eingehen. Die Spalten 1 und 2 der Tab. 9.5 sind Vorgaben, aus denen sich die Werte der Spalte 3 errechnen lassen.

Aus der Materialbereitstellungsplanung werden die notwendigen Materialbestände für die Materiallagerplanung abgeleitet.

Tab. 9.5 Beispielhafte Darstellung der Materiallagerplanung

Materialart	geplanter Anfangsbestand (1)	geplanter Endbestand (2)	Planbestandsveränderung (3) (2) − (1)
1	12.000	1.659	−10.341
2	1.000	1.350	350

Vorgaben gemäß Stücklisten			geplante Produktions- menge	Verbrauchs- menge Materialart 1	Verbrauchs- menge Materialart 2
Produkt	Materialart 1	Materialart 2	Tsd. Stck.	Tsd. kg	Tsd. kg
	kg	kg			
A	50	20	295	14.750	5.900
B	10	20	515	5.150	10.300
				19.900	16.200

Abb. 9.6 Beispielhafte Darstellung der Materialbereitstellungsplanung

Tab. 9.6 Beispielhafte Darstellung der Beschaffungsplanung

Materialart	geplanter Verbrauch der Produktion (1)	geplanter Anfangsbestand (2)	geplanter Endbestand (3)	geplante Beschaffungsmenge (4) (1) − (2) + (3)
1	19.900	12.000	1.659	9.559
2	16.200	1.000	1.350	16.550

Alle Angaben in Tsd. kg

(6) Beschaffungsplanung
Die Materiallagerplanung sowie die Bereitstellungsplanung bilden wiederum die Voraussetzung für die Beschaffungsplanung (Tab. 9.6). Der geplante Verbrauch der Produktion ergibt sich aus der Abb. 9.6, während die Spalten 2 und 3 aus der Materiallagerplanung (Tab. 9.5) stammen. Die Werte der Spalte 4 ergeben sich rechnerisch aus den Spalten 1 bis 3.

(7) Kostenplanung
Nach Fertigstellung der Sachzielplanung beginnt die Kostenplanung. Dabei werden zunächst die Einzelkosten (Tab. 9.7) geplant, die sich aus der Bereitstellungsplanung (Tab. 9.4) ergeben. Für die Planung der Materialeinzelkosten werden geplante Materialpreise pro kg (10 Euro für M1 und 1,80 Euro für M2) angenommen. Als Plankostensatz für die Fertigungsstunden werden 16 Euro angenommen. Sondereinzelkosten fallen für die Produkte nicht an.

In Abb. 9.6 wurden geplante Materialverbrauchsmengen festgestellt, die nun mit den angegebenen Materialpreisen multipliziert werden. Des Weiteren werden die geplanten Produktionszeiten der Tab. 9.4 mit dem Plankostensatz pro Stunde bewertet (457 h*16 €/h).

Die Gemeinkostenplanung besteht aus einer detaillierten Kostenstellenplanung, auf deren Darstellung an dieser Stelle verzichtet wird. Es werden lediglich die Ergebnisse der Kostenstellenplanung zusammenfassend dargestellt (Tab. 9.8).

In der Gemeinkostenplanung sind Abschreibungen in Höhe von 140 Millionen Euro (80 Millionen für Maschinen und 60 Millionen für Gebäude) enthalten.

Aus der Einzel- und Gemeinkostenplanung ergibt sich die Plankalkulation für die Produkte A und B (Tab. 9.9). Dabei werden die Materialeinzelkosten bestimmt aus den in Abb. 9.6 vorgegebenen Materialverbräuchen, bewertet mit den unter (7) angegebenen Materialkosten pro kg. Die Fertigungseinzelkosten ergeben sich aus der Bewertung der Produktbearbeitungszeiten aus Tab. 9.4 mit dem vorgegebenen Stunden-Kostensatz aus (7). Die Gemeinkosten ergeben sich aus der Anwendung der Gemeinkostenzuschlagssätze aus Tab. 9.8.

Die Stückgewinne ergeben sich wiederum als Differenz aus den vorgegebenen Planpreisen der Produkte A (1.020 €) und B (850 €) und den errechneten Selbstkosten pro Stück.

Tab. 9.7 Beispielhafte Darstellung der Einzelkostenplanung

Materialeinzelkosten	
M1	199.000
M2	29.160
Fertigungseinzelkosten	
F1	7.312
Summe Einzelkosten	235.472

Alle Angaben in Tsd. €

Tab. 9.8 Beispielhafte Darstellung der Gemeinkostenplanung

Kostenstelle	Kostenwert	Bezugsgröße	Gemeinkosten-zuschlagssätze
Materialkostenstelle	34.224	Materialeinzelkosten	15 %
Fertigungskostenstelle	3.656	Fertigungseinzelkosten	50 %
Verwaltungskostenstelle	27.335	Herstellkosten	10 %
Vertriebskostenstelle	54.670	Herstellkosten	20 %

Alle Angaben in Tsd. €

Tab. 9.9 Beispielhafte Darstellung der Plankalkulation

		A in €	B in €
Plan-Materialeinzelkosten		536,00	136,00
Plan-Materialgemeinkosten	15 %	80,40	20,40
Plan-Fertigungseinzelkosten		19,20	3,20
Plan-Fertigungsgemeinkosten	50 %	9,60	1,60
Plan-Herstellkosten		645,20	161,20
Plan-Verwaltungsgemeinkosten	10 %	64,52	16,12
Plan-Vertriebsgemeinkosten	20 %	129,04	32,24
Plan-Selbstkosten		838,76	209,56
Plan-Gewinn		181,24	640,44
Plan-Preis		1.020,00	850,00

Betriebsergebnisplanung nach dem Umsatzkostenverfahren in €

Herstellkosten		Umsatz	
= 645,20 x 300.000		= 1.020 x 300.000	
+ 161,20 x 500.000	= 274.160.000	+ 850 x 500.000	= 731.000.000
Verwaltung/Vertrieb	= 82.005.000		
Betriebsergebnis	**374.835.000**		

Abb. 9.7 Beispielhafte Darstellung der Betriebsergebnisplanung nach dem Umsatzkostenverfahren

(8) Umsatzplanung

Aus der Absatzplanung und der Plankalkulation ergibt sich der geplante Umsatz (Tab. 9.10). Die geplante Absatzmenge ergibt sich aus der Absatzplanung Tab. 9.1. Die Plan-Preise wurden beispielhaft angenommen und bereits in Tab. 9.9 angewendet.

(9) Betriebsergebnisplanung

An die Umsatzplanung schließt sich die Betriebsergebnisplanung an. Das Betriebsergebnis ist der aus dem Betriebszweck sich ergebende Gewinn des Unternehmens. Dabei können zwei Verfahren zur Anwendung gelangen. Zum besseren Verständnis werden beide Verfahren, das (Umsatzkosten- und das Gesamtkostenverfahren) beispielhaft in den Abb. 9.7 und 9.8 dargestellt.

Im Umsatzkostenverfahren müssen verschiedene Vorergebnisse verwendet werden. Die Herstellkosten sind das Ergebnis der Multiplikation der geplanten Herstellkosten pro Stück (Tab. 9.9) mit den geplanten Absatzmengen der Tab. 9.1. Die Kosten

Betriebsergebnisplanung nach dem Gesamtkostenverfahren in €			
Gesamtkosten		Umsatz	
Einzelkosten	235.472.000	= 1.020 x 300.000	
Materialkostenstelle	34.224.000	+ 850 x 500.000	= 731.000.000
Fertigungskostenstelle	3.656.000		
Verwaltungskostenstelle	27.335.000		
Vertriebskostenstelle	54.670.000	Bestandserhöhungen (B)	
	= 355.357.000	= 161,20 x 15.000	= 2.418.000
Bestandsverminderungen (A)			
= 645,20 x 5	= 3.226.000		
Betriebsergebnis	**374.835.000**		

Abb. 9.8 Beispielhafte Darstellung der Betriebsergebnisplanung nach dem Gesamtkostenverfahren

Tab. 9.10 Beispielhafte
Darstellung der Umsatzplanung

Produktart	geplante Absatzmenge in Tsd. Stück	Planpreis in €	Planumsatz in Tsd. €
A	300	1.020,00	306.000
B	500	850,00	425.000
			731.000

von Verwaltung und Vertrieb können der Tab. 9.8 entnommen werden, während die Umsatzerlöse in der Tab. 9.10 geplant wurden.

Für das Gesamtkostenverfahren wurden die Erlöse gemäß Umsatzplanung (Tab. 9.10) um die Bestandserhöhungen der Produkts B gemäß Warenlagerplanung (Tab. 9.2) ergänzt. Die Bestandserhöhung der Produkts B wurde mit den Herstellkosten des Produkts B gemäß Plankalkulation (Tab. 9.9) bewertet. Als Gesamtkosten wurden alle Einzelkosten der Tab. 9.7 sowie alle Gemeinkosten gemäß Tab. 9.8 summiert. Darüber hinaus wurde die Bestandsverminderung des Produkts A gemäß Tab. 9.2 mit den Herstellkosten aus Tab. 9.9 multipliziert.

Die Betriebsergebnisse der beiden Verfahren stimmen logischerweise überein.

(10) Liquiditätsplanung

In der Liquiditätsplanung werden die Ein- und Auszahlungen des Planungszeitraums gegenübergestellt (Tab. 9.11).

Tab. 9.11 Beispielhafte Darstellung der Liquiditätsplanung

	Anfangsbestand Zahlungsmittel	50
+	geplante Umsatzerlöse (aus der Umsatzplanung)	731.000
−	geplante Materialeinkaufszahlungen (Materialeinkaufsmengen aus der Beschaffungsplanung bewertet mit Materialkostensätzen)	125.380
−	geplante Materialgemeinkosten (aus der Kostenplanung – Tab. 9.9)	34.224
−	geplante Fertigungseinzelkosten (aus der Kostenplanung – Tab. 9.8)	7.312
−	geplante Fertigungsgemeinkosten (aus der Kostenplanung – Tab. 9.9)	3.656
−	geplante Verwaltungsgemeinkosten (aus der Kostenplanung – Tab. 9.9)	27.335
−	geplante Vertriebsgemeinkosten (aus der Kostenplanung – Tab. 9.9)	54.670
−	geplante Investitionsausgaben (aus der Investitionsplanung gemäß Angaben unter (4))	410.000
+/−	geplante Veränderung Kreditorenbestand (Zunahme (+) oder Abnahme (−) an Verbindlichkeiten (Vorgabe))	−100.000
+/−	geplante Veränderung Debitorenbestand (Zunahme (−) oder Abnahme (+) an Forderungen (Vorgabe))	−108.400
+	geplante kalkulatorische Abschreibungen (gemäß Angaben unter (7))	140.000
=	Endbestand Zahlungsmittel	73

Alle Angaben in Tsd. €

	Anfangsbestand	Endbestand		Anfangsbestand	Endbestand
Gebäude	600.000	690.000	Eigenkapital	1.076.366	1.076.366
Maschinen	540.000	720.000	Gewinn		374.835
Fertigerzeugnisse	14.516	13.708	Kreditoren	400.000	300.000
Material	121.800	19.020			
Debitoren	200.000	308.400			
Zahlungsmittel	50	73			
Gesamt	1.476.366	1.751.201		1.476.366	1.751.201

Alle Angaben in Tsd. €

Abb. 9.9 Beispielhafte Darstellung der Planbilanz

(11) Planbilanz

In der nachfolgenden Planbilanz (Abb. 9.9) werden alle voraussichtlichen Bestandspositionen aufgeführt. Die grau unterlegten Felder beinhalten Annahmen, die sich nicht aus den vorangegangenen Teilplänen ergeben. Alle anderen Bilanzwerte ergeben sich aus vorhergehenden Teilplänen.

Die AKTIVA wurden wie folgt bestimmt:

Die Endbestände an Gebäuden und Maschinen ergeben sich aus den angenommenen Anfangsbeständen zuzüglich der geplanten Investitionen und abzüglich der geplanten Abschreibungen. Der Bestand an Fertigerzeugnissen ist der mit Herstellkosten bewertete

Anfangs- und Endbestand der Warenlagerplanung (Tab. 9.2). Die Materialbestände sind die mit den angegebenen Materialkostensätzen bewerteten Anfangs- und Endbestände der Materiallagerplanung (Tab. 9.5). Der Debitoren-Endbestand ergibt sich aus dem angenommenen Anfangsbestand und der Abnahme an Forderungen gemäß Liquiditätsplanung (Tab. 9.11). Die Zahlungsmittelbestände können ebenfalls in der Tab. 9.11 nachvollzogen werden.

Die PASSIVA wurden wie folgt bestimmt:

Das Eigenkapital ist vorgegeben während sich das Betriebsergebnis aus der Planung (Abschn. 9) ergibt und in der Bilanz als Gewinn ausgewiesen wird. Die Veränderung des Kreditorenbestands ist in der Liquiditätsplanung ausgewiesen (Abb. 9.9).

9.4   Planungskoordination

Die vorangegangene Darstellung verdeutlicht die starken Interdependenzen zwischen den einzelnen Teilplänen. Dies erfordert eine strukturierte Planungskoordination zwischen diesen Teilplänen. Dabei werden verschiedene Koordinationsverfahren unterschieden, wie Abb. 9.10 zeigt. Insgesamt ergibt sich daraus die Planbilanz, wie sie Abb. 9.9 zeigt.

(1) Hierarchische Planungskoordination
Bei dieser Form der Planungskoordination steht die Übertragung der Planziele auf die verschiedenen Hierarchieebenen des Unternehmens im Vordergrund. Die retrograde Planung sieht eine Verteilung der Planziele ausgehend vom ganzheitlichen Unternehmenziel über die einzelnen Hierarchiestufen vor. Diese Form der Planung wird auch als Top-down-Planung bezeichnet. Demgegenüber erfolgt in der progressiven Planung die Zusammenführung der Planwerte über einzelne Hierarchieebenen des Unternehmens zu ganzheitlichen Unternehmenszielen, was durch die Namensgebung Bottom-up-Planung zum Ausdruck kommt. Während die Top-down-Planung in der Unternehmenspraxis häufig demotivierend wirkt, da die Planwerte „von oben" vorgegeben sind, hat die Bottom-up-Planung den Nachteil, dass die Gesamtziele aus Sicht der Unternehmensleitung unbefriedigend sein können. Aus diesem Grund hat sich das so genannte Gegenstromverfahren in der Planungspraxis durchgesetzt, welches die Mischung vom Top-down- und Bottom-up-Prinzip darstellt. Die Zielwerte werden über die Hierarchieebenen heruntergebrochen und von den untersten Ebenen auf Erreichbarkeit geprüft und gegebenenfalls angepasst. Diese korrigierten Werte werden anschließend über die Hierarchieebenen zu ganzheitlichen Zielen verdichtet. Dieses Planungsprozedere kann sich mehrfach wiederholen, bis der gewünschte Zielkorridor erreicht ist. Abb. 9.11 verdeutlicht die Unterschiede zwischen den verschiedenen hierarchischen Verfahren der Planungskoordination.

(2) Zeitliche Planungskoordination
Bei der zeitlichen Planungskoordination geht es um die Art der Verknüpfung der einzelnen Planungszeiträume. Dabei wird zwischen vier Formen unterschieden.

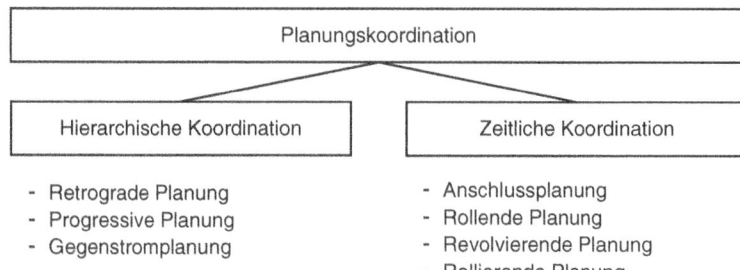

Abb. 9.10 Verfahren der Planungskoordination

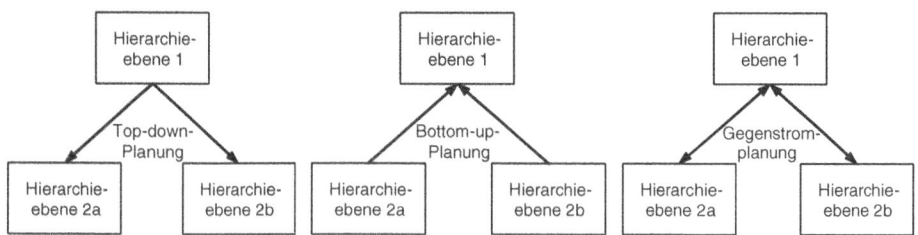

Abb. 9.11 Hierarchische Planungskoordination im Überblick

- Anschlussplanung
  Die Planung wird für mehrere Jahre erstellt und bleibt für diesen Planungszeitraum unverändert gültig. Nach Ablauf des Planungszeitraums wird erneut eine Mehrjahresplanung aufgebaut (Abb. 9.12).
- Rollende Planung
  Eine Planung wird für einen feststehenden Planungszeitraum erstellt. Im Folgejahr wird diese Planung um ein weiteres Planungsjahr ergänzt, ohne dass die Planwerte ihre Gültigkeit verlieren (Abb. 9.13).
- Revolvierende Planung
  Eine Mehrjahresplanung wird erstellt. Im Folgejahr wird diese Planung für die verbleibende Planungszeit den veränderten Bedingungen angepasst und um ein weiteres Planjahr ergänzt (Abb. 9.14).
- Rollierende Planung
  Eine Jahresplanung wird detailliert erstellt und um eine Grobplanung für ein oder mehrere Folgejahre ergänzt. Nach Ablauf des Jahres wird erneut eine detaillierte Jahresplanung aufgebaut und die ursprüngliche Grobplanung um ein weiteres Jahr ergänzt (Abb. 9.15).

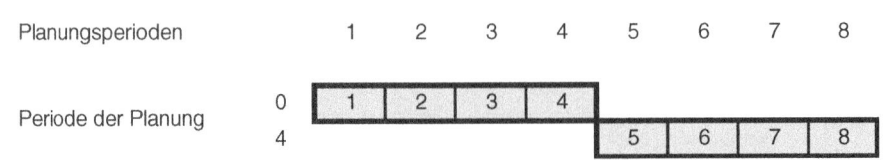

Abb. 9.12 Anschlussplanung. (Quelle: Baus 2008, S. 53)

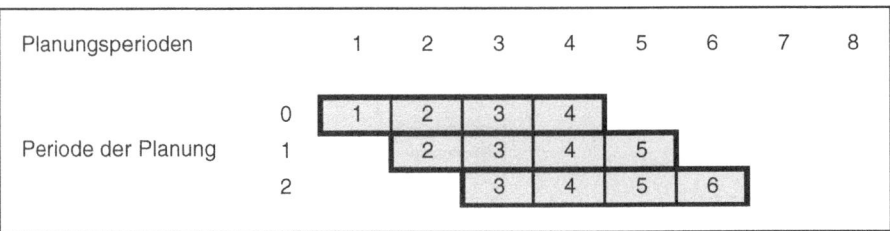

Abb. 9.13 Rollende Planung. (Quelle: Baus 2008, S. 53)

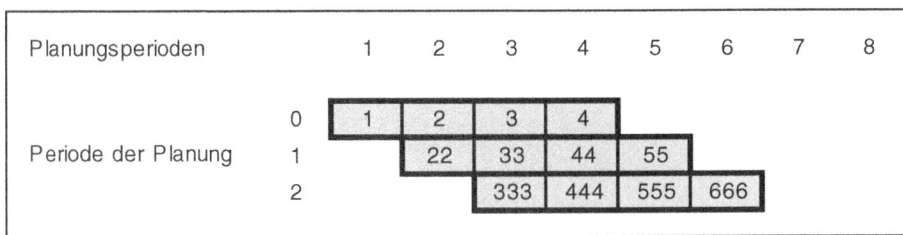

Abb. 9.14 Revolvierende Planung. (Quelle: Baus 2008, S. 53)

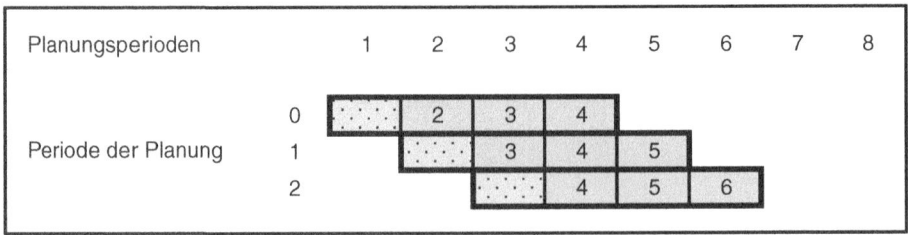

Abb. 9.15 Rollierende Planung. (Quelle: Baus 2008, S. 53)

In der Unternehmenspraxis hat sich die revolvierende Planung durchgesetzt, da sie den höchsten Grad der Genauigkeit erreicht. Die anderen Koordinationsverfahren haben aufgrund des hohen Grades an üblicher technischer Unterstützung des Planungsprozesses durch teilweise sehr komplexe Planungssoftware heute keine nennenswerte Bedeutung mehr. Sie wurden in Zeiten angewendet, als der Planungsprozess mit einem sehr großen manuellen Aufwand bewerkstelligt werden musste, was die Unveränderlichkeit von Plänen im Zeitablauf begründet.

9.5 Phasen der Planung

Der Planungsprozess durchläuft verschiedene Phasen, die aus Abb. 9.16 ersichtlich werden.

In der Zielbildungsphase werden auf der Ebene der Geschäftsleitung die wesentlichen Ziele und Planwerte festgelegt. In enger Anlehnung an die Strategie und die strategische Planung des Unternehmens werden Werte bestimmt, die eine gewünschte Ertrags-, Vermögens-, Liquiditäts- und eventuell eine Risikolage zum Ausdruck bringen. Typische Zielwerte sind beispielsweise Umsatz, Gewinn oder Eigenkapitalrentabilität. Die Wahl der Zielwerte hängt von der Unternehmensgröße und Rechtsform des Unternehmens ab.

In der Problemstellungsphase werden Gründe für die Zielstellungen analysiert. Diese lassen sich sowohl aus dem Unternehmensumfeld ableiten als auch aus den internen Gegebenheiten begründen. So können die Zielwerte mit Markt- und Wettbewerbsbedingungen erklärt oder durch andere externe Gegebenheiten begründet werden. Gleichzeitig besteht die Möglichkeit, dass interne Rahmenbedingungen, wie beispielsweise vorhandene Kapazitäten oder die bestehende Ertrags- und Vermögenssituation, die Zielwerte beeinflusst haben. Die Problemstellungsphase dient der nachvollziehbaren Erklärung des Zielfindungsprozesses für alle Beteiligten.

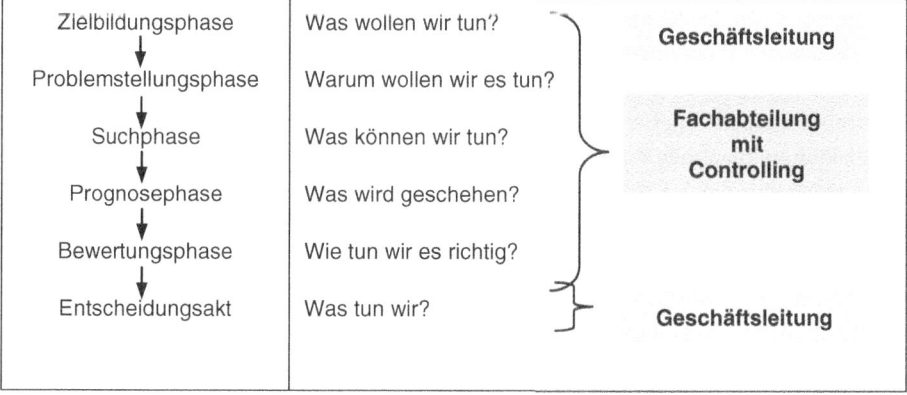

Abb. 9.16 Planungsablauf. (Quelle: Baus 2008, S. 48)

In der Suchphase werden die Umsetzungsmöglichkeiten der gegebenen Zielwerte bestimmt. Dabei werden die verschiedenen Maßnahmen zur Zielerreichung durch die Fachabteilungen des Unternehmens analysiert. In dieser Phase ist insbesondere das Fachwissen der an der Umsetzung beteiligten Mitarbeiter maßgeblich. Durch ihre Einschätzung werden gangbare Wege zur Zielerreichung bestimmt.

Die Prognosephase ist ein technischer Planungsvorgang. Die verschiedenen Umsetzungsvarianten werden in einem Planungssystem verarbeitet und die Planungsergebnisse werden verifiziert. Dabei steht die Frage nach der Erreichbarkeit der vorgegebenen Zielwerte bei Umsetzung der vorher erarbeiteten Varianten im Vordergrund. Die Prognosephase liefert verschiedene Eckwertplanungen passend zu den Umsetzungsvarianten.

In der Bewertungsphase wird auf der Basis der prognostizierten Werte und unter Abwägung der Realisierbarkeit der dabei zugrunde gelegten Umsetzungsvarianten der den meisten Erfolg versprechende Ansatz ausgewählt. Dieser wird in der Entscheidungsphase durch die Geschäftsleitung bestätigt oder abgeändert.

9.6   Einordnung der Planung in die Unternehmenssteuerung

Die Unternehmenssteuerung hat sich, historisch betrachtet, stufenweise entwickelt. Aus heutiger Sicht kann der Entwicklungsprozess der Unternehmenssteuerung über sieben Stufen erklärt werden. Jede Stufe bedeutet gleichzeitig eine wesentliche Verbesserung und Ergänzung des bisher erreichten Entwicklungsstands in der Unternehmenssteuerung. Der Entwicklungsprozess kann nachträglich betrachtet nicht als bewusste Gestaltung der Unternehmenssteuerung erklärt werden. Vielmehr haben sich die verschiedenen Stufen teilweise parallel und in unterschiedlicher Entwicklungsgeschwindigkeit herausgebildet (vgl. Mann 1990, S. 93). Eine der sieben Stufen stellt die operative Planung dar, wie Abb. 9.17 verdeutlicht.

Die Finanzbuchhaltung bildet nicht nur die historische Ausgangsbasis für die Unternehmenssteuerung, sondern stellt gleichzeitig das Fundament einer systematischen Steuerung dar. Die Finanzbuchhaltung folgt dabei der Erkenntnis, dass sich wirtschaftliches Handeln durch Zahlen abbilden und vergleichen lässt. Über viele Jahrhunderte war die Finanzbuchhaltung das einzige Instrument der Unternehmenssteuerung und genügte den Bedürfnissen einer Unternehmensleitung bis zu dem Moment, als erforderlich wurde, Entscheidungssituationen durch kurzfristige, detaillierte und unterjährige Informationen zu unterstützen.

Die Kosten- und Leistungsrechnung ist somit als Weiterentwicklung der Finanzbuchhaltung zu verstehen, da sie die zahlenmäßigen Informationen sowohl des Unternehmens als auch des Geschäftsjahres detaillierter aufbereitet, als es die Finanzbuchhaltung ermöglicht. Mann führt an dieser Stelle an, dass die Kostenrechnung das Unternehmen und das Jahr in Teilbereiche gliedert (Mann 1990, S. 95).

Demgegenüber fußt die operative Planung auf der Erkenntnis, dass Zahlen auch geeignet sind, um gedachte, zukünftige Abläufe abzubilden. Dies war ein Wendepunkt

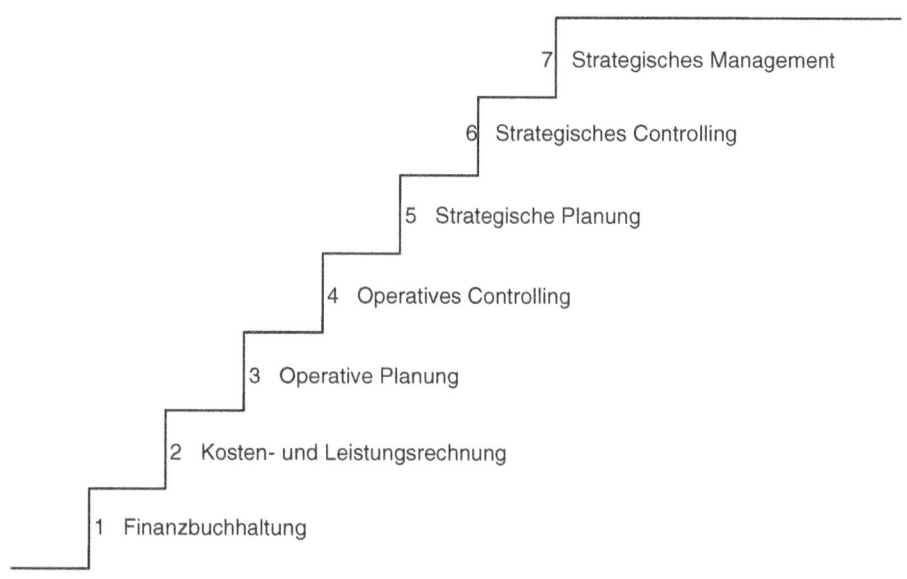

Abb. 9.17 Stufen der Unternehmenssteuerung. (Quelle: eigene Darstellung auf der Basis von Mann 1990, S. 94)

in der Entwicklung der Unternehmenssteuerung, da erstmalig von einer Ex-post- auf eine Ex-ante- Betrachtung der wirtschaftlichen Aktivitäten umgestellt wurde.

Die Verbindung zwischen geplanten und tatsächlichen Aktivitäten und den damit verbundenen Werten stellt den Kern des operativen Controllings mit seinen Plan-Ist-Vergleichen dar. Dabei wurde im Laufe der Zeit festgestellt, dass die operative Planung umso unrealistischer wurde, je weiter sie in die Zukunft reichte. Dies war der wesentliche Impuls für die Entwicklung der strategischen Planung.

Der strategischen Planung liegt die Erkenntnis zugrunde, dass Beobachtung und Analyse der unternehmensinternen und -externen Bedingungen es ermöglichen, zukünftige Entwicklungstrends zu erkennen, bevor diese in den Zahlen des Unternehmens ankommen. „Damit wurde die Grundlage für ein Steuerungssystem gefunden, um vor die Zahlen zu sehen und damit weitsichtiger und sensibler zu steuern" (Mann 1990, S. 98).

Auch ohne Betrachtung der weiteren Stufen einer ganzheitlichen Unternehmenssteuerung wird deutlich, dass die strategische und die operative Planung wesentliche Wendepunkte in der Entwicklung der Steuerungssystematik von Unternehmen darstellen.

9.7   Fragen zur Planungsrechnung

1. Welche Merkmale kennzeichnen den Planungsbegriff?
2. Was zeichnet die herausragende Bedeutung der Planungsrechnung in einem Unternehmen aus?

3. Welche Planungsdimensionen werden unterschieden?

4. Welche Planungsgrundsätze sind zu beachten?

5. Welche Funktionen muss die Planung erfüllen?

6. Welche Unterschiede kennzeichnen Sach- und Formalziele der betrieblichen Planung?

7. Aus welchen Teilplänen setzt sich die betriebliche Planung zusammen?

8. Welche Merkmale kennzeichnen die verschiedenen betrieblichen Teilpläne?

9. Welche Formen der Planungskoordination gibt es?

10 Wie sind die verschiedenen Arten der hierarchischen Planungskoordination aufgebaut?

11. Wie funktionieren die verschiedenen Formen der zeitlichen Planungskoordination?

12. Welche Planungsphasen kennzeichnen den Planungsprozess?

13. Wie lässt sich die Planung in die Unternehmenssteuerung einordnen?

Controlling als eigene wissenschaftliche Disziplin?

Obwohl der Begriff des „Controlling" nicht einheitlich definiert ist, gibt es scheinbar keinen Bereich der Betriebswirtschaft, der nicht im Zusammenhang mit dem Controlling genannt wird. Viele betriebliche Bereiche werden mit der Suffix „Controlling" versehen und man spricht hier etwa von „Personal-Controlling", „Marketing-Controlling", „Finanz-Controlling" etc. Dieses „Bindestrich-Controlling" hat dazu geführt, dass es bis heute keine einheitliche Auffassung darüber gibt, was Controlling ist oder sein soll. Eine der herrschenden Lehrmeinungen will das Controlling als eigenständige betriebswirtschaftliche Teildisziplin entwickeln, die andere kritisiert die Theorielosigkeit des Controlling und die „Selbstbeweihräucherung des Controllers zum Supermann".

Bei der gewinnzielorientierten Controlling-Konzeption ist oberstes Ziel des Controlling die Sicherung und Steigerung der Wirtschaftlichkeit des Unternehmens. Weil vielfach die Unternehmensbereiche Partikularinteressen vertreten, hat das Controlling die Beachtung des Gesamterfolgs des Unternehmens zu gewährleisten. Dabei kommt der Gewinnerzielung oberste Priorität zu. Zu bedenken sind dabei aber auch nicht-pekuniäre Ziele, etwa Zeitziele, Qualitätsziele, Effektivität und Effizienz. Da die Ziele grundsätzlich auch einander ausschließen können, muss das Controlling gegebenenfalls Zielprioritäten festlegen.

Bei der informationsorientierten Controlling-Konzeption wird Controlling als zentrale Einrichtung des betrieblichen Informationswesens betrachtet. Dem Controlling kommt damit die Hauptaufgabe zu, die entscheidungsproblembezogene Informationsversorgung des Managements zu gewährleisten. Controlling hat hier eine Service- bzw. Unterstützungsfunktion, die der Entscheidungsvorbereitung dienen soll. Entscheidungen selbst fällt dann das Management. Das Informationssystem wird auch als Kennzahlensystem bezeichnet, und stellt die Datenbasis für das Controlling dar.

Die koordinationsorientierte Controlling-Konzeption wird als die Grundauffassung des Controlling in der Literatur am häufigsten genannt. Die Koordination wird als die zentrale Aufgabe des Controlling hervorgehoben. Sie bezieht sich auf das Abstimmen

© Springer-Verlag Berlin Heidelberg 2016
L. Buchholz und R. Gerhards, *Internes Rechnungswesen,* BA KOMPAKT,
DOI 10.1007/978-3-662-48405-0_10

einzelner Teilbereiche im Führungssystem, also auf das Planungs-, Kontroll-, Personal-
führungs- und Informationssystem. Durch die zunehmende Verselbständigung dieser
Teilbereiche wird die Notwendigkeit einer zentralen Koordination durch das Controlling
begründet.

Die planungs- und kontrollorientierte Controlling-Konzeption kann in drei Tätigkeits-
bereiche zerlegt werden. Diese sind die Entwicklung von Planungsverfahren, die Durchführung von Planungsprozessen sowie das Aufzeigen der finanziellen Auswirkungen der
einzelnen Planalternativen.

Im Vordergrund der Unternehmensplanung steht die Liquiditätssicherung. Dabei
reicht das Spektrum von tagesgenauer Liquiditätsvorschau bis hin zu langfristiger, struk-
tureller Liquiditätssicherung. Entsprechend differenziert die Literatur das so genannte
„operative Controlling" und das so genannte „strategische Controlling".

Controlling wird auch als Aufgabe aller Mitarbeiter betrachtet (Controlling als Denk-
haltung). Es ist sicherzustellen, dass Controlling in den Köpfen aller Mitarbeiter seinen
Anfang nimmt. Dies bedeutet, dass planungs-, kontroll- und informationsorientiertes
Denken als Controlling bezeichnet wird. Demnach gibt es aber dann kein eigenständiges
Berufsbild des Controlling. Wenn man dieses Denken als traditionelle Aufgabe aller Mit-
arbeiter betrachtet, wäre Controlling eine bloße neue Namensgebung.

Mit der Auffassung, Controlling sei „alter Wein in neuen Schläuchen", soll zum Ausdruck gebracht werden, dass Controlling nur ein neuer Begriff darstellt für bestehende
betriebswirtschaftliche Problemstellungen und vor allem auf das interne Rechnungswesen bezogen ist. Das Controlling greift demnach nicht neue Problemstellungen auf. Die
neue Namensgebung und die damit intendierte Aufwertung speziell des Rechnungswesens liegt unter Umständen darin begründet, dass das Rechnungswesen oftmals nicht im
Ruf von Produktivität oder Kreativität steht.

Literatur

Baus, J. (2008): Controlling-Grundlagen-Konzeption, Lehrmaterial der Fachhochschule Ludwigshafen am Rhein, Ludwigshafen 2008.

Coenenberg, A. G. (2003): Kostenrechnung und Kostenanalyse, 5. Auflage, Stuttgart 2003.

Coenenberg, A. G. (2003): Kostenrechnung und Kostenanalyse: Aufgaben und Lösungen. 5. Auflage, Stuttgart 2003.

Däumler, K.-D.; Grabe, J. (1993): Kostenrechnung 1, 6. Auflage, Herne/Berlin, 1993.

Drucker, P. (1974): Management: Tasks, Responsibilities, Practices, New York, 1974.

Ehrmann, H. (1995): Planung, Ludwigshafen 1995.

Gälweiler, A. (2005): strategische Unternehmensführung, 3. Auflage, Frankfurt/New York, 2005.

Gutenberg, E. (1983): Grundlagen der Betriebswirtschaftslehre, Erster Band: Die Produktion, 24. Auflage, Berlin/Heidelberg/New York, 1983.

Haberstock, L. (2005): Kostenrechnung I, 12. Auflage, Berlin, 2005.

Haberstock, L. (1987): Kostenrechnung I, 8. Auflage, Berlin, 1987.

Haberstock, Lothar: (Grenz-)Plankostenrechnung. 7. Auflage. Hamburg 1986.

Holland, H.; Reimers, J. (1993): Kosten- und Leistungsrechnung, 13. Auflage, Bad Homburg vor der Höhe, 1993.

Kalenberg, F. (2008): Kostenrechnung, 2. Auflage, München/Wien, 2008.

Kloock, J.; Sieben, G.; Schildbach, T.; Homburg, C. (2005): Kosten- und Leistungsrechnung, 9. Auflage, Stuttgart, 2005.

Koch, H. (1958): Zur Diskussion über den Kostenbegriff, in: ZfhF, 10. Jg., 1958, S. 55–399.

Kosiol, Erich: Kosten- und Leistungsrechnung. Berlin, New York 1979.

Kosiol, Erich: Kostenabweichungen, Analyse der, In: Handwörterbuch das Rechnungswesen Hrsg.: Erich Kosiol, Stuttgart 1970, S. 907–929.

Mann, R. (1990): Strategisches Controlling, in: Mayer, E.; Weber, J.: Handbuch Controlling, Stuttgart, 1990, S. 91–116.

Miller, Jeffrey/Vollmann, Thomas: The hidden factory. In: Harvard Business Review, Vol 63 (1985), S. 142–150.

Olfert, K. (2005): Kostenrechnung, 14. Auflage, Ludwigshafen 2005.

Riebel, P. (1972): Einzelkosten- und Deckungsbeitragsrechnung, Opladen, 1972.

Riebel, P. (1994): Einzelerlös-, Einzelkosten- und Deckungsbeitrgasrechnung als Kern einer ganzheitlichen Führungsrechnung, in: krp, 38. Jg. 1994, S. 9–31.

Schamlenbach, E. (1963): Kostenrechnung und Preispolitik, 8. Auflage, Köln/Opladen, 1963.

Schnieder, Dieter: Versagen des Controlling durch eine überholte Kostenrechnung -Zugleich ein Beitrag zur innerbetrieblichen Verrechnung von Dientleistung. In: Der Betrieb, Jg. 44 (1991), S. 765–772.

© Springer-Verlag Berlin Heidelberg 2016
L. Buchholz und R. Gerhards, *Internes Rechnungswesen*, BA KOMPAKT,
DOI 10.1007/978-3-662-48405-0

Weber, H.K. (1993): Betriebswirtschaftliches Rechnungswesen, 4. Auflage, München, 1993.

Weber, J.; Schäffer, U. (2006): Einführung in das Controlling, 11. Auflage, 2006.

Wöhe, G. (2005): Einführung in die Allgemeine Betriebswirtschaftslehre, 22. Auflage, München 2005.

Stichwortverzeichnis

© Springer-Verlag Berlin Heidelberg 2016
L. Buchholz und R. Gerhards, *Internes Rechnungswesen,* BA KOMPAKT,
DOI 10.1007/978-3-662-48405-0

The manufacturer's authorised representative in the EU is Springer
Nature Customer Service Centre GmbH, Europaplatz 3, 69115 Heidelberg,
Germany. If you have any concerns regarding our products, please
contact ProductSafety@springernature.com

Printed and bound by CPI Group (UK) Ltd, Croydon, CR0 4YY

27/04/2026

02097666-0004